LESE-ZEICHEN

Lehrerband

Lesebuch

Ausgabe A/B

für Gymnasien und Realschulen

8. Schuljahr

Erarbeitet von
Siegfried Hein
Gerhard Kluge
Dieter Schrey
Dietrich Steinbach
Siegfried Weinmann
Hans Wetzel
Hildegard Wittenberg

Ernst Klett Verlag

LESEZEICHEN

Lehrerband zum Lesebuch A/B 8

Siegfried Hein · Gerhard Kluge · Dieter Schrey · Dietrich Steinbach ·
Siegfried Weinmann · Hans Wetzel · Hildegard Wittenberg

ISBN 3-12-303830-0

1. Auflage 1 5 4 3 2 1 | 1990 89 88 87 86

Die letzte Zahl bezeichnet das Jahr dieses Druckes.

Satz: Setzerei Lihs, Ludwigsburg.
Druck: W. Röck, Weinsberg.

Inhalt

Wir sehen andere, andere sehen uns – Berichte und Erzählungen

I. Zur Konzeption des Kapitels

II. Zu den einzelnen Texten

Handeln im Widerstreit – Formen des Tragischen

I. Zur Konzeption des Kapitels

II. Zu den einzelnen Texten

Reise zum Mond – Zukunftsgeschichten von gestern und heute

I. Zur Konzeption des Kapitels

II. Zu den einzelnen Texten

Ein Mensch erblickt das Licht der Welt – Humoristische Dichter

Aber Jakob habe ich geliebt – Jugendroman

Die unwürdige Greisin – Literaturverfilmung

Zur Konzeption von LESEZEICHEN A/B

Die im Lehrerband 5 ausführlich vorgestellten Grundsätze der Gesamtkonzeption des Lesebuchs LESEZEICHEN A/B bestimmen auch Textauswahl und Aufbau des Bandes 8:

▷ Weisen der Wirklichkeitserfahrung und Darstellungsformen der Literatur lassen sich einander zuordnen. Beide zusammen lenken wesentlich das Leseinteresse.

▷ Lesen und Verstehen erfolgen in einem in drei Schritten ablaufenden hermeneutischen Prozeß: Vom Vor-Urteil über die differenzierte immanente Betrachtung zum kritischen Urteil.

Der Doppelaspekt in der Auswahl und Anlage der einzelnen Kapitel wird durch deren *Doppelüberschriften* angekündigt: Die erste Hälfte jeder Überschrift verweist auf einen ausgewählten, literarisch deutlich faßbaren Aspekt der Wirklichkeit, häufig in paradigmatischer Weise formuliert, die zweite auf die ihm zugeordneten Textarten und Gattungsformen, die zum Thema eine gewisse intentionale Affinität besitzen. Durch die solchermaßen aufgebauten Kapitel wird die in der Vergangenheit beobachtete Aufsplitterung der Lesebücher in gattungsorientierte oder aber in themenorientierte Konzeptionen (mit häufig nicht literaturnahen Themen) vermieden. Das Interesse des Lehrers an einer Textauswahl, die ihm die Vermittlung der literarischen Schreibweisen erleichtert, und das Interesse der Schüler an spannenden Inhalten werden auf diese Weise integriert. Die im Band enthaltenen Gattungsformen und Textarten sind zudem in einem eigenen Verzeichnis am Ende des Bandes noch einmal übersichtlich zusammengestellt.

Die Abfolge der Texte innerhalb der Kapitel und die Art der Arbeitsanregungen sind durch die drei Phasen des Verstehensprozesses bestimmt: Jedes Kapitel wird eröffnet durch Texte oder Bilder, die das Kapitelthema anschlagen und die für die Leser unmittelbar zugänglich sind; die zugehörigen Arbeitsanregungen sollen ein spontanes Einlassen auf den Text ermöglichen. Im Mittelteil wird das Thema formal und inhaltlich variiert und entfaltet; die Arbeitsanregungen führen zu einer vorwiegend textimmanenten Untersuchungsarbeit und, angeregt durch die Textkonstellation, zu Textvergleichen. Der letzte Teil eines Kapitels soll eine Reflexion und vorsichtige Problematisierung erreichen; kreative und distanzierende Aufgaben sind dementsprechend zugeordnet.

Im groben folgen auch die sechs Jahrgangsbände der Dreiphasenkonzeption: Die Bände 5 und 6 legen das Schwergewicht auf Texte, die die Freude am Lesen wecken sollen; die Bände 7 und 8 sind stärker von den Schreibweisen her konzipiert und fordern einen analytischen Zugang heraus; die Bände 9 und 10 werden schließlich den Akzent auf die historische Betrachtung legen.

Beispiel aus Band 8

An einem Beispiel aus Band 8 soll die Konzeption innerhalb der Lesebuchkapitel verdeutlicht werden:

Abschied von der Kindheit – Autobiographische Geschichten. Dem für die Literatur wie auch für die Sozialisation des jugendlichen Lesers relevanten Thema „Abschied von der Kindheit" ist die Textart „Autobiographische Geschichten" zugeordnet, da diese Textart sich mit Vorliebe dieses Themas annimmt und umgekehrt.

Das Kapitel wird eröffnet durch die beiden Texte von Hesse, welche Thema und Textart des Kapitels auf gut zugängliche Weise vorstellen. Die Texte von Keller, Heinrich Mann, Härtling, Glaeser und Rinser, die die zweite Phase des Kapitels bilden, entfalten sodann Thema und Textart in unterschiedlichen Aspekten ihrer Erscheinung, wobei der Reflexionsgrad, der in den Texten steckt, zunimmt. In den Texten der dritten Phase (Weiss, Doris Lessing und Drewitz) wird die Reflexion des Themas eigentlicher Gegenstand; hierdurch sind sie für eine abschließende Behandlung von Thema und Textart besonders geeignet.

Der Kapitelaufbau in LESEZEICHEN A/B

Inhaltaspekt des Kapitels
(Thema)

Auswahlkriterien: Pädagogische Relevanz des Themas; Leseinteresse; Affinität des Themas zur Literatur; Lehrplan

Formaspekt des Kapitels
(Schreibweise/Textart)

Auswahlkriterien: Korrespondenz zum gewählten Thema; Lehrplan; Systematik des Lesekurses in LESEZEICHEN A/B

Abschied von der Kindheit – Autobiographische Geschichten . . 7

Einsatzmöglichkeiten der Kapitel im Unterricht:

▷ **Einzeltextbehandlung. LESEZEICHEN A/B** enthält ausschließlich Texte, die für sich stehen können und deshalb auch zur Besprechung als Einzeltext geeignet sind. Entsprechende Aufgabenstellungen finden sich in den Arbeitsvorschlägen.

▷ **Textsequenzen.** Die Einzeltexte in den Kapiteln sind so zusammengestellt, daß Textgruppen entstehen, die im Sinne von kurzen Unterrichtssequenzen einsetzbar sind. Entsprechende Anregungen finden sich ebenfalls in den Arbeitsvorschlägen.

▷ **Unterrichtseinheiten.** Alle Kapitel in **LESEZEICHEN A/B** sind so aufgebaut, daß sie als durchgeplante Unterrichtseinheiten im Unterricht Verwendung finden können. Der Lese- und Verstehensprozeß wird hierbei durch folgenden dreiphasigen Aufbau angeleitet und abgesichert (siehe oben):

Phase ① Ausgewählte Texte, die geeignet sind, beim Schüler Lesemotivation zu wecken, und die zugleich das Thema und die Textart/Schreibweise exemplarisch vorzustellen vermögen.

Phase ② Ein Spektrum von Texten, die das Thema und die Textart/Schreibweise aus verschiedenen Perspektiven darbeiten und so dem Schüler Orientierung ermöglichen.

Phase ③ Texte, die zur Hinterfragung der bisherigen Texte und des gesamten Kapitels anregen. Dies geschieht entweder durch stärker analytische Texte, historisierende Texte oder Texte, die das Thema auf eine ungewöhnliche Art und Weise reflektiern.

Der Leseprozeß in den **LESEZEICHEN-**Kapiteln wird solchermaßen vom spontanen Leseimpuls über das orientierende Lesen zum reflektierenden Lesen gelenkt. Der Verstehensprozeß läuft dementsprechend vom Vor-Urteil über die differenzierte Auseinandersetzung zur mündigen Urteils- und Handlungsfähigkeit.

Zum Inhalt von Band 8

Das Kapitel „Abschied von der Kindheit – Autobiographische Geschichten" bringt zum Auftakt des Bandes, wie in den bisherigen LESEZEICHEN-Bänden, ein für die Sozialisation des jugendlichen Lesers bedeutsames Thema. Das Kapitel „Abschied von der Kindheit" führt das Thema Identität, das bereits in den früheren Bänden, z. B. in den Kapiteln „Der fliegende Robert – Traumgeschichten" (A/B 5) oder „Wer bin ich – Geschichten und Gedichte" (A/B 6) eingeführt wurde, auf einer neuen Stufe fort. Autobiographisches Schreiben kann als eines der wesentlichen Anliegen der Literatur begriffen werden. Identitätsfindung durch Erinnerung, Vergegenwärtigung und kreative Verarbeitung ist ein Gebiet, auf dem die Literatur einen eigenständigen, durch andere Disziplinen nicht ersetzbaren Gebrauchswert entfaltet. Das Thema „Abschied von der Kindheit" ist unter dem Gesichtspunkt der Affinität zur Sozialisationsphase der ca. 14jährigen Schüler der Klasse 8 ausgewählt. Die Jugendlichen verlassen in diesem Alter die kindliche Entwicklungsstufe und stehen vor der Aufgabe, eine neue Identität aufbauen zu müssen. Erfahrungsaustausch und Aufarbeitung werden deshalb notwendig. Autobiographische Literatur kann hierbei hilfreich vermitteln, indem sie Erfahrungswerte zur Verfügung stellt und den Reflexionsprozeß phantasievoll anleitet.

Das Kapitel „Wir sind ein Teil der Erde – Gedichte" verknüpft, nachdem in A/B 5 mit dem propädeutischen Sprachspielkapitel „Flügelflagel", in A/B 6 mit dem Naturlyrikkapitel „Jahr und Tag" und in A/B 7 mit dem Prosagedicht- und Erzählgedichtkapitel „Zusammen leben" wesentliche Elemente der Lyrik vorgestellt worden sind, diese Formen und Inhalte auf einer anspruchsvolleren Ebene. Die Themen „Mensch und Natur" und „Mahnung vor Hybris und Krieg", die in diesem Kapitel angesprochen werden, gehören zweifellos zu den Themen, in deren Bearbeitung gerade die Lyrik traditionell eine ihrer verantwortlichen Aufgaben sieht. Ihre gesellschaftliche Relevanz beweist die Lyrik heute u. a. sehr eindrucksvoll, indem sie auf die drohende Zerstörung der Natur durch den Menschen aufmerksam macht. Im vorliegenden Kapitel wird diese aktuelle Naturlyrik als verantwortungsbewußte Weiterentwicklung der traditionellen Naturlyrik unter veränderten gesellschaftlichen Bedingungen gezeigt. Die Naturlyrikreihe mündet in eine zweite Lyrikreihe, in der die Frage nach der Hybris des Menschen gestellt und im anschließenden Thema Krieg historisierend vertieft wird. Im abschließenden dritten Teil des Kapitels wird mit Variationen zum metaphorischen Thema „Kain und Abel" die Möglichkeit eröffnet, die beim Durchgang des Kapitels gewonnenen Fragen und Erkenntnisse noch einmal zu reflektieren und zu verdichten.
Die Arbeitsvorschläge zu diesem Kapitel legen neben der inhaltlichen Aufarbeitung besonderen Wert auf die Verdeutlichung der Anlässe und Techniken lyrischen Schaffens.

Das Kapitel „Wir sehen andere, andere sehen uns – Berichte und Erzählungen" nimmt sich des für unsere Gesellschaft relevanten Themas des Zusammenlebens von Angehörigen verschiedener Völker an. Es ist dabei keine sozialkundliche Systematik angestrebt, sondern ein dem Literaturunterricht angemessenes Feature, welches die Probleme auf sinnfällige Weise in den Blickpunkt rückt und dadurch Anlässe für Reflexionen und Diskussionen schafft. Dementsprechend bietet das Kapitel eine anregende Mischung von Sachtexten und erzählerischen Texten, die ermöglicht, mit den Mitteln von Identifikation und Distanz zu arbeiten.

Das Kapitel „Handeln im Widerstreit – Formen des Tragischen" ist im Aufbau stark am Aspekt der literarischen Schreibweisen orientiert. Unter dem Thema „Handeln im Widerstreit" werden verschiedene Schreibweisen, welche die Literatur zur Darstellung von Tragischem benutzt, vorgestellt. Im Schwerpunkt werden spannende Kurzgeschichten geboten; außerdem sind Erzählung, Anekdote, Ballade, Sage und Drama vertreten. Das Kapitel stellt im Gesamtaufbau von LESEZEICHEN das Pendant zum Kapitel „Komisches“ in Band A/B 7 dar. Das Kapitel kann natürlich auch unabhängig vom Aspekt des Tragischen, in Teilen, z.B. als Kurzgeschichtenkapitel, benutzt werden.

Das Kapitel „Reise zum Mond – Zukunftsgeschichten von gestern und heute“ stellt ein Gebiet der Literatur vor, das so alt wie diese selbst ist. Schon immer hat es Schriftsteller gereizt, die Zukunft erzählerisch zu antizipieren; und schon immer hat wohl diese Art von Literatur Jugendliche besonders fasziniert. Im vorliegenden Kapitel werden einige klassische Anlässe solch fiktionalen Schreibens vorgestellt: Lust am ungebundenen Fabulieren, verbunden mit satirischen Seitenhieben auf die Jetztzeit (Bürger: Münchhausens Fahrt zum Mond); Fortschreibung der Gegenwart in die Zukunft hinein (Jules Verne: Reise zum Mond); Kritik der Gegenwart durch die Utopie (H. G. Wells: Die ersten Menschen auf dem Mond). Um diese Sachverhalte den Schülern besser sichtbar zu machen, wurde ein Fiction-Thema gewählt, das heute bereits von der Realität eingeholt ist. Dementsprechend bietet der abschließende Kapitelteil Sachtexte zur ersten realen Fahrt zum Mond im Jahr 1969.

Das Kapitel „Ein Mensch erblickt das Licht der Welt – Humoristische Dichter“ stellt mit Busch, Morgenstern, Kästner und Valentin vier Schriftsteller vor, die sich mit Vorliebe in den Formen des lyrischen Humors geäußert haben. Das Moment der Schreibweise steht hier im Vordergrund; beigeordnet ist ein autobiographisches Moment.

Zum Kapitel „Aber Jakob habe ich geliebt – Jugendroman“: Fester Bestandteil der Leselehre von LESEZEICHEN ist die Hinführung zur Ganzschriftenlektüre. Nachdem bereits in den Bänden 5 und 6 Jugendbücher vorgestellt wurden, setzt der Band 8 nun diesen Bereich mit der Vorstellung des international prämierten Jugendromans „Aber Jakob habe ich geliebt“ von Katherine Paterson fort. Der literarisch niveauvoll verfaßte Jugendroman schildert die schwierige Identitätsfindung eines dreizehnjährigen Mädchens, das sich von den Eltern gegenüber der Schwester zurückgesetzt fühlt. Die Probleme der Pubertät, die hierbei zum Ausdruck kommen, stiften einen unmittelbaren Anknüpfungspunkt zur lebensgeschichtlichen Situation der Schüler der 8. Klasse. Die umfangreichen Ausschnitte aus dem Roman werden durch einen Sachtextteil ergänzt, der sich dem Thema Buchrezension und Buchmarkt widmet.

Das Kapitel „Die unwürdige Greisin – Literaturverfilmung“ steht in der Reihe der Medienkapitel in LESEZEICHEN A/B. Seine besondere Relevanz für den Literaturunterricht erhält dieses Kapitel, das die Kalendergeschichte „Die unwürdige Greisin“ von Brecht mit ihrer Verfilmung durch René Allio vergleicht, durch den Sachverhalt, daß heute viele literarische Stoffe verfilmt sind und im Literaturunterricht zu beobachten ist, daß die Schüler häufig dem Irrtum erliegen, es sei gleichgültig, ob sie das Buch lesen oder einfach nur die Verfilmung anschauen, da beides inhaltlich identisch sei. Hier ist es deshalb wichtig zu zeigen, daß Buch und Film zwei eigenständige Medien mit verschiedenartigen Möglichkeiten und Reizen sind.

Abschied von der Kindheit – Autobiographische Geschichten

I. Zur Konzeption des Kapitels

Begründung und Zielsetzung

Der Begriff „autobiographische Geschichte“ ist weder literaturwissenschaftlich und gattungstypologisch verbindlich, noch bezeichnet er ein genau und eindeutig bestimmtes literarisches Genre. „Autobiographische Geschichten“ begegnen uns vielmehr in allerlei verschiedenen epischen Gattungsformen und Gestalten. So können sie eine eigene und selbständige Erzählung bilden: Heinrich Manns „Maskenball“, die beiden Erzählungen Hesses, „Du und ich“ von Ingeborg Drewitz (Letztere Geschichte hat ihren ursprünglichen Ort allerdings in dem autobiographisch geprägten Roman „Gestern war heute“. Sie wurde von der Autorin für das vorliegende Kapitel jedoch auch als selbständige autobiographische Erzählung geformt).
Andererseits können die „autobiographischen Geschichten“ annähernd geschlossene Teile aus einer Autobiographie oder einer stark autobiographisch bestimmten Darstellung sein: Peter Härtlings „Nachgetragene Liebe“, Luise Rinsers „Anlaß zur Klage“ (aus „Den Wolf umarmen“), „Der Ernst des Lebens“ von Peter Weiss (aus „Abschied von den Eltern“).
Und nicht zuletzt können sie auch eine relativ selbständige Episode aus einem Roman darstellen, der autobiographische Züge trägt: Kellers „Erinnerung an meine Teufelei“ (aus „Der grüne Heinrich“), Ernst Glaesers „Turnstunde“ (aus „Jahrgang 1902“), „Rebellion“ von Doris Lessing (aus „Martha Quest“).
Wie verschieden und vielgestaltig die autobiographischen Erzählungen oder die epischen Gattungsformen, denen sie entstammen, auch sein mögen, so ist ihnen doch eines gemeinsam: die autobiographische Dimension und die ihr entsprechende Erzählperspektive. Sie entstehen und formen sich, indem der Erzähler (das sich erinnernde, nachdenkliche autobiographische Ich) von einem späteren Zeitpunkt und Standort aus auf seine Kindheit und Jugend blickt, auf vergangene, in die Gegenwart des Erzählers indes noch hineinwirkende, meist noch unabgegoltene Geschehnisse und Erlebnisse. Und darin vor allen Dingen bestehen die Einheit und die Vergleichbarkeit der autobiographischen Geschichten. Und gerade auch in dieser Hinsicht haben sie viel mit den jugendlichen Lesern, mit ihrem Leben und ihren Erfahrungen zu tun. Meist spiegeln die autobiographischen Geschichten, in einem lebensgeschichtlich entscheidenden Augenblick und Erlebnis, Entwicklungs- und Reifeprozesse, die manchmal, im Sinne des „Abschieds von der Kindheit“, zu Ablösungsprozessen werden und in denen mögliche Lebensentwürfe, Identitätssuche und Identitätsfindung Gestalt gewinnen. Auch die Gefährdung durch Verstrikkungen, Krisen und frühe Leiderfahrungen wird in ihnen sichtbar.
Zugleich stiftet das autobiographische Ich, das in doppelter Perspektive als sich erinnerndes (erwachsenes) Ich und als erinnertes (jugendliches) Ich erscheint, vielfältige Möglichkeiten der Identifikation.
Allerdings – und das ist ein weiterer wesentlicher Gesichtspunkt – wird eine besinnungslose Identifikation vereitelt, da die autobiographischen Geschichten, wie gesagt, janusgesichtig sind und da in der doppelten Perspektive zwischen dem erinnerten und dem sich erinnernden Ich, zwischen Einst und Jetzt ein bemerkenswerter epischer Schwebezustand entsteht, der Unmittelbarkeit und Eingedenken, Schilderung und Reflexion, Nähe und Distanz zu verbinden vermag. Gerade dieser Gesichtspunkt wird in dem „Selbstporträt“

von Horst Janssen auf der Kapitelauftaktseite (S. 7) sichtbar, das mit zeichnerischen Mitteln und auf anschauliche Weise die literarische Perspektive der autobiographischen Geschichten eröffnet und sinnlich vorführt.

Aufbau des Kapitels

Phase I:
Hermann Hesse: Der Kavalier auf dem Eise
Hermann Hesse: Der kleine Mohr

Phase II:
Gottfried Keller: Erinnerung an meine Teufelei
Heinrich Mann: Der Maskenball
Peter Härtling: Nachgetragene Liebe
Ernst Glaeser: Die Turnstunde
Luise Rinser: Anlaß zur Klage

Phase III:
Peter Weiss: Der Ernst des Lebens
Doris Lessing: Marthas Rebellion
Ingeborg Drewitz: Du und ich

Zu **Phase I:** Die beiden Erzählungen von Hesse, die den Auftakt bilden, sind relativ leicht lesbar. In ihnen stecken kaum Widerhaken, so daß die Leser unmittelbar in die Ereignisse des „Abschieds von der Kindheit“ hineinkommen.
Zugleich schlagen die beiden Erzählungen den Grundakkord der autobiographischen Geschichten an: Der sich erinnernde Erzähler wird der Bedeutung inne, die neue Erfahrungen, die Glückserfahrung des „allerersten Liebesabenteuers“ und die Leiderfahrung der ersten Begegnung mit dem Tode, für sein erinnertes alter ego der Jugend gewonnen haben: damals nämlich fiel „ein Stück Kindheit von mir ab“.
Zu **Phase II:** In den folgenden Geschichten (von Keller bis Rinser), die mehr als die beiden Erzählungen von Hesse eine eindringliche Lektüre erfordern, werden die einzelnen inhaltlichen und formalen Aspekte des autobiographischen Erzählens sichtbar.
Zu **Phase III:** Die drei letzten Geschichten stellen gleichsam die Konsequenz aus den vorigen Erlebnissen dar: Der Abschied von der Kindheit, der hier radikaler als in den anderen autobiographischen Erzählungen geschieht, wird als ein stark bewegendes, das Leben veränderndes Ereignis, zum Teil auch als ein schmerzhafter Riß erfahren, der aber gleichzeitig den Sprung ins eigene Leben möglich macht.

II. Zu den einzelnen Texten

Zum Titelbild (S. 7)

Das abgebildete Plakat hat der 1929 geborene Zeichner und Graphiker Horst Janssen 1978 für eine Ausstellung in der Stadt Oldenburg, wo Janssen einige Zeit seiner Jugend verbracht hat, entworfen. Es zeigt zwei Selbstporträts des Künstlers vor dem Haus in der Lerchenstraße 14 in Oldenburg, in dem Horst Janssen in seiner Jugend gewohnt hat.

Arbeitsvorschläge

▷ Welche Beziehung haben die beiden Personen in dem Bild zueinander? Erfindet eine Geschichte, die eurer Meinung nach hinter diesem Bild stecken könnte.

▷ Könnt ihr euch denken, warum dieses Bild als Titelbild für das Kapitel „Abschied von der Kindheit – Autobiographische Geschichten" ausgesucht worden ist? Was für eine Art von Geschichten kündigt es wohl an?

▷ Beantwortet, nachdem ihr einige Geschichten aus dem Kapitel gelesen habt, die Frage, ob Horst Janssens Bild und die Geschichten mit verschiedenen künstlerischen Mitteln ähnliche Absichten verfolgen?

Hermann Hesse: Der Kavalier auf dem Eise (S. 8)
Hermann Hesse: Der kleine Mohr (S. 10)

Die beiden Erzählungen bilden eine kontrapunktische Einheit, die als Präludium zu den folgenden Geschichten betrachtet werden kann: In ihnen werden, teils deutlich betont, teils verhaltener, die meisten Motive des autobiographischen Erzählens angeschlagen.

- Das autobiographische Ich, der Schriftsteller und Erzähler Hermann Hesse, erinnert sich seiner Calwer Jugendzeit, die ihm in zwei erregenden Erlebnissen wieder lebendig wird.
- Die beiden Erlebnisse ergeben eine kontrapunktische Konstellation: Sie enthüllen viel von der bewegenden Dialektik eines jungen Lebens, indem die beglückende Erfahrung des „allerersten Liebesabenteuers" (Der Kavalier auf dem Eise) durch die tiefe Leiderfahrung eines unbegreiflichen Todes ergänzt und erweitert wird (Der kleine Mohr). Beidemal sind es eingreifende neue Erfahrungen, die das bisherige Leben verändern und steigern: damals „fiel ein Stück Kindheit von mir ab" (S. 11, Z. 22/23).
- Es ist die Sicht des sich später erinnernden Ich-Erzählers, der sich nachdenklich seiner eigenen Vergangenheit und Geschichte vergewissert und sie in der fiktiven Unmittelbarkeit und Subjektivität des erinnerten alter ego vergegenwärtigt.
- Der epische Schwebezustand der doppelten Perspektive wird hier besonders sinnfällig (freilich auch in einer etwas schematischen Form, die jedoch gerade für die Einführung in die autobiographischen Geschichten wiederum geschickt ist): nämlich im Aufbau der beiden Erzählungen, in der Zäsur zwischen der Schilderung des Erlebnisses und der Reflexion im letzten Abschnitt.

Arbeitsvorschläge

Hermann Hesse (1877–1962) wurde in Calw im Schwarzwald geboren. Dort hatte er auch die Jugenderlebnisse, die er in den beiden Geschichten „Der Kavalier auf dem Eise" und „Der kleine Mohr" schildert.

▷ Die beiden Geschichten bilden inhaltlich einen starken Gegensatz. Was macht sie denn so gegensätzlich?

▷ Der Kavalier auf dem Eise erlebt sein „allererstes Liebesabenteuer". Wie stellt er es denn an?

▷ Die Welt des jungen Hans Mohr stellt eine Art Gegenwelt zur Welt des Erzählers und der anderen Jungen in Calw dar.
Was macht den Gegensatz aus? Worin unterscheidet sich sein Leben von dem der andern?

▷ Für den Erzähler bedeutet das Erlebnis mit dem kleinen Hans Mohr ein Stück Abschied von seiner Kindheit.
Wie erklärt sich dies?
Warum „fiel an diesem Tage ein Stück Kindheit" von ihm ab?

▷ Autobiographisches Schreiben und Erzählen macht den Wesenszug beider Geschichten aus.
In ihnen geht es um Jugenderlebnisse, deren sich das *autobiographische Ich* als Erzähler später erinnert.
Es gibt also das *sich erinnernde* (erwachsene) *Ich* und das *erinnerte* (jugendliche) *Ich.*
An welchen Stellen in den Geschichten spricht das später sich erinnernde Ich? Auf welche Weise geschieht das?

Gottfried Keller: Erinnerung an meine Teufelei (S. 12)
Heinrich Mann: Der Maskenball (S. 14)

Auch diese beiden Geschichten, wiederum „Kindheitserinnerungen“, die „gewiß auch mein Leben beeinflußt“ haben (Heinrich Mann), aus späterer Sicht betrachtet und gedeutet, bilden erneut eine kleine Einheit und eine Konstellation, die für das autobiographische Erzählen aufschlußreich ist.

● Der engere Zusammenhang besteht darin, daß es diesmal in den einst erlebten und jetzt erinnerten „Abenteuern“ um Verfehlungen, um „angerichtetes Unheil“ und „frühes Unrecht“, um „eigene Schuld“ des Ich-Erzählers geht.

● Doch es gibt auch einen Unterschied: Er liegt darin, daß es sich das eine Mal (Keller) um den Widerspruch zwischen der damaligen objektiven Schuld und dem Gefühl der subjektiven Unschuld handelt: ein Widerspruch, der sich erst später, in der autobiographischen Vergegenwärtigung und Reflexion des Vorfalls und seiner Folgen, aufzulösen beginnt.
Das andere Mal (Heinrich Mann) verhält es sich fast umgekehrt: Ein Ungeschick des jungen Ich-Erzählers bewirkt übersteigerte Gefühle der „eigenen Schuld“, die sich dann später, im nachdenklichen Rückblick, zu relativieren beginnen.

● Verschieden ist auch die von den Erlebnissen gezeitigte Erfahrung.
Für Keller ist es die faszinierende Erfahrung der Wirkung der Einbildungskraft und Erfindungsgabe: die Erfahrung des angehenden Dichters, daß „mein schöpferisches Wort“, daß Erfindungen und Erzählungen, daß poetische Lügen reale Folgen haben: „daß etwas Auffallendes geschah, gehandelt und gelitten wurde“. Dies ist eine frühe Erfahrung des jungen Erzählers, dem „poetische Gerechtigkeit“, die reales Unrecht stiftet und anderen Verletzungen zufügt, mehr bedeutet als zwischenmenschliche Gerechtigkeit. Der sich erinnernde Erzähler wird dann der Problematik dieser radikalen „poetischen Gerechtigkeit“ inne.

● Ganz anders bei Heinrich Mann: Hier geht es, in einer dunklen, noch vorbewußten Ahnung, in der sich die spätere Haltung des Autors ankündigt, um eine soziale Erfahrung. Sie entspringt dem Maskenball in dem patrizischen Hause der Familie Mann und der irritierenden Konfrontation des Bürgerkinds mit der Armut. Es ist der Widerspruch zwischen dem „äußeren Glanz des Lebens“ in der Lübecker Bürgerwelt und der Misere derer, die auf der Schattenseite leben. (Der Gegensatz zwischen Glanz und Dunkel gehört zu den gestalterischen Prinzipien der Erzählung.)

Arbeitsvorschläge

Zu Gottfried Keller: Erinnerung an meine Teufelei:
Gottfried Keller (1819–1890) ist in Zürich aufgewachsen. In seinen Roman „Der grüne Heinrich“, dem die vorliegende Geschichte entnommen ist, hat er viele Episoden aus seinem eigenen Leben hineingeflochten; so auch die Geschichte von seiner jugendlichen Verstrickung, die in „Erinnerung an meine Teufelei“ erzählt wird.

▷ Der Ich-Erzähler, das *autobiographische Ich,* erfindet und dichtet eine tolle Lügengeschichte. Wie kommt er dazu? Warum macht er das?

▷ Wie geht er dabei vor? Zeichnet die Entwicklung seiner Erfindung, seiner Einfälle und der so entstehenden Geschichte nach.

▷ Was bewirkt er eigentlich mit seiner Lügengeschichte? Welche Folgen hat sie?

▷ Wie steht der Ich-Erzähler selber zu den Wirkungen und Folgen seiner Geschichte?
In dieser Hinsicht stellt er eine aufschlußreiche Überlegung an: Er spricht von seiner „Befriedigung“, „daß die poetische Gerechtigkeit meine Erfindung so schön und sichtbarlich abrundete, daß etwas Auffallendes geschah, gehandelt und gelitten wurde, und das infolge meines schöpferischen Wortes.“ Setzt euch mit dieser Überlegung auseinander.
Worin beruht die Befriedigung des Erzählers?
Wie beurteilt ihr seine Haltung?

▷ Ändert sich eigentlich die Haltung des Erzählers gegenüber seiner Geschichte? Von dieser Frage aus gelangt ihr zur Unterscheidung zwischen dem *erinnerten* (jugendlichen) *Ich* und dem sich später *erinnernden* (erwachsenen) *Ich.*

Könnt ihr euch an Situationen in eurem Leben erinnern, in denen ihr euch auch in solche Lügengeschichten hineinverstrickt habt, oder in denen ihr in eine solche verwikkelt wurdet? Erzählt sie.

Zu Heinrich Mann: Der Maskenball

Die Familie von Heinrich Mann (1871–1950) gehörte zu den wohlhabendsten in Lübeck; sein Vater war ein angesehener Kaufmann und Senator der Stadt Lübeck; die gesellschaftliche Stellung der Familie wird aus der autobiographischen Erzählung „Der Maskenball" sehr gut ersichtlich.

▷ Wie beurteilt ihr das ‚Vergehen' des Ich-Erzählers?
Wird er zu Recht von einem schlechten Gewissen und von dem Gefühl der „eigenen Schuld" gepeinigt?

▷ Heinrich Manns „Kindheitserinnerung" ist sehr stark von der Erfahrung eines Gegensatzes, eines Widerspruchs gepägt: Welche zwei Welten stoßen hier aufeinander?
Beschreibt und charakterisiert sie in ihrer Gegensätzlichkeit.

▷ Auch im „Maskenball" geht am Ende ein Stück Kindheit verloren.
Worin besteht eurer Meinung nach, aber auch in der Sicht des Ich-Erzählers der Verlust?
Könnte er zugleich auch ein Gewinn sein?

▷ Welche „Lehre" zieht wohl der Ich-Erzähler später aus seinem damaligen Erlebnis?

Peter Härtling: Nachgetragene Liebe (S. 17)

Mit Härtlings Text gibt es einen Blickwechsel in den autobiographischen Geschichten: Jetzt kommt es zu den Konflikten mit der übermächtigen Erwachsenenwelt.

Bei Härtling geht es um die verzweifelte Suche nach dem Vater und um die nachträgliche, die nachgetragene Auseinandersetzung mit ihm. In Glaesers „Turnstunde" wird die Konfrontation mit einer mörderischen politischen Ideologie, dem Antisemitismus, dargestellt. Und für Luise Rinser wird die Auseinandersetzung mit der autoritären Obrigkeit der Schule zum entscheidenden Erlebnis.

● Härtlings Auseinandersetzung mit dem Vater – der Titel „Nachgetragene Liebe" enthüllt den Widerspruch der Beziehung und zugleich die doppelte Perspektive der autobiographischen Darstellung – ist ein Zeugnis für die unabgeschlossene Bemühung um die eigene Geschichte, für die Anstrengung der Erinnerungsarbeit: „Er hinterließ mich mit einer Geschichte, die ich seit dreißig Jahren nicht zu Ende schreiben kann. Ich habe über ihn geschrieben, doch nie von ihm sprechen können" (S. 17, Z. 6ff.).

● Es geht dem sich erinnernden Ich um Aufklärung: um Aufklärung der Gründe, die zum Scheitern der Beziehung geführt haben.

Dabei ist das Verhältnis zum Vater dialektisch bestimmt: Nähe und Ferne, Liebe und Enttäuschung, Verständnis und Abrechnung durchkreuzen einander.

● Entscheidend ist, daß der Vater in lebenswichtigen Augenblicken nicht als Gesprächspartner anwesend war, sondern nur in „stummer Strenge" reagierte.

Ein solches Erlebnis bildet den Kern des autobiographischen Textes von Härtling.

Arbeitsvorschläge

Die Geschichte von der „großen Reise" nach Burgstädt ist der Beginn eines Erinnerungsbuches, das der 1933 geborene Schriftsteller Peter Härtling über seinen Vater geschrieben hat.

▷ Warum wohl hat der Autor Peter Härtling, der als Erwachsener zurückblickt, sein Erinnerungsbuch „Nachgetragene Liebe" genannt?

▷ Was denkt ihr über diese Art der autobiographischen Erinnerungs- und Jugendgeschichte? Was ist das Besondere an ihr? Ihre Eigenheiten stechen ins Auge, wenn ihr sie mit den andern Geschichten vergleicht.

▷ In der Geschichte fallen zwei Zeitebenen auf. Diese beiden Ebenen solltet ihr unterscheiden und kenntlich machen.

▷ Was stimmt an der Beziehung zwischen Vater und Sohn eurer Meinung nach nicht?
Welchen Mangel empfindet der Ich-Erzähler?

Nach was für einer Beziehung sehnt er sich?
Was ist der Sinn der am Ende von ihm gestellten Fragen, mit denen er nachträglich mit dem Vater ins Gespräch zu kommen versucht?
Steckt in diesen Fragen vielleicht auch etwas von der „nachgetragenen Liebe"?

Ernst Glaeser: Die Turnstunde (S. 19)

In Glaesers „Turnstunde", einer Szene aus dem 1928 erschienenen autobiographischen Zeitroman „Jahrgang 1902" (des Autors Jahrgang) wird die Konfrontation mit der politischen Ideologie des Antisemitismus sowie mit militaristischem Denken und Handeln dargestellt, und zwar in einer konkreten historischen Situation: während der Wilhelminischen Zeit im Jahre 1914, als sich die Erwachsenen in den Ersten Weltkrieg hineinjubelten.
Darin liegt das Besondere des Glaeserschen Romans und der Szene „Die Turnstunde" im Vergleich mit den anderen autobiographischen Erzählungen: Sie erkunden die eigene Geschichte im Horizont der politischen Zeitgeschichte, und zwar aus der individuellen Perspektive des Jungen vom Jahrgang 1902.

● Der Begriff der „Szene" ist von vornherein aufschlußreich: Hier wird, im Unterschied zu den meisten anderen autobiographischen Geschichten, die entscheidende Begebenheit – und um eine dramatisch zugespitzte Begebenheit handelt es sich – unvermittelt ereignishaft und auf weite Strecken dialogisch dargestellt.

● Das Erzähler-Ich ist diesmal nicht der unmittelbar Betroffene, sondern der genaue Beobachter und Zuschauer, der Außenstehende, der allerdings in das Geschehen hineingezogen wird. Diese Haltung und Perspektive des Jungen sind für den ganzen Roman charakteristisch.

● Die entscheidende Begebenheit ist die Auseinandersetzung zwischen dem antisemitischen Turnlehrer Dr. Brosius und dem jüdischen Schüler Leo Silberstein, der von Brosius gedemütigt und gequält wird.
Die besondere Aufmerksamkeit wird sich auf den Verlauf der Auseinandersetzung sowie auf die Haltungen, die Verhaltens- und Handlungsweisen von Lehrer und Schüler richten. Die Darstellung des Dr. Brosius enthüllt auf schlagende Weise eine zeittypische Mentalität und einen zeittypischen Charakter.

Arbeitsvorschläge

Die Turnstunde ist ein Ereignis aus der Jugendzeit des Autors Ernst Glaeser (1902–1963), das er in seinem Roman „Jahrgang 1902" erzählt. Erlebt hat er es im Jahre 1914. Damals waren er und seine Klassenkameraden 12 Jahre alt.

▷ Ihr solltet euch zunächst ein paar Gedanken über die Zeitverhältnisse machen: Was war denn im Jahre 1914 los? (Ihr könnt auch in einem Geschichtsbuch nachschlagen.)

▷ Was steht im Mittelpunkt der Geschichte? Könnt ihr euch denken, warum der Autor sich gerade an dieses Ereignis so lebhaft erinnert und welche Reaktion er sich vom Leser erhofft?

▷ Um solche Fragen letztlich etwas stichhaltiger beantworten zu können, solltet ihr den Ablauf der Turnstunde genau untersuchen und wiedergeben.

▷ Ein zweiter Schritt: Beschreibt und charakterisiert das Verhalten von Dr. Brosius und Leo Silberstein. Dabei ist auch an die Rolle zu denken, die Brosius in der Stadt und in deren gesellschaftlichen Kreisen spielt.
Was ist der Dr. Brosius für ein Typ? (Betrachtet hierzu auch das Gemälde „Freiübung" von Renzo Vespignani auf S. 21, das die Atmosphäre einer solchen Leibeserziehung, wie sie Dr. Brosius betreibt, bildlich zum Ausdruck zu bringen versucht.)

▷ Welche Erklärung gibt es für das Verhalten von Dr. Brosius und Leo Silberstein? (Dabei solltet ihr wieder an die Zeitverhältnisse denken, die den geschichtlichen Hintergrund des Ereignisses bilden.)

▷ Wie beurteilt ihr den ganzen Vorfall? Was haltet ihr vom Verhalten der Klassenkameraden von Leo Silberstein?

Luise Rinser: Anlaß zur Klage (S. 23)

Luise Rinsers „Anlaß zur Klage“ entstammt ihrer Autobiographie „Den Wolf umarmen“. Ausgehend von einem erinnerten Vorfall, dem Hinauswurf aus dem der Schule angegliederten Heim, schildert die Autorin ihre Auseinandersetzungen mit der Obrigkeit des Heims, die den Anlaß zur Klage bilden.

Zweierlei tritt in auffälligen Zügen hervor:

● Erzählstruktur und Aufbau. In ihnen erfahren einige typische Merkmale der autobiographischen Erzählung ihre sinnfällige Ausgestaltung: a) die doppelte Perspektive, b) die zeitliche Distanz zwischen den erinnerten Ereignissen und dem Zeitpunkt und biographischen Standort der Erinnerung, c) die konkrete Situation und das Motiv für den Blick zurück: nach dem Tod des Vaters die Durchsicht seiner Papiere und der an ihn gerichteten Briefe.

Die Lektüre des Briefs an den Vater steht am Anfang und setzt die Erinnerung an die „über ein halbes Jahrhundert“ zurückliegenden Ereignisse in Bewegung.

Am Ende kehrt die Erinnerung in die Zeit und die Situation der Lektüre des Briefs zurück: „Ich lese jenen Brief der Vorsteherin nach über einem halben Jahrhundert wieder.“ Dazwischen werden, unter der bewegenden Frage „Was war wirklich geschehen?“, die erinnerten Vorgänge und Erlebnisse vergegenwärtigt, und zwar in zwei Szenen: in der „Szene im Vorplatz“ und in der Szene des Besuches der Prinzessin Pilar, unter deren Patronat das Heim stand.

● Ein weiterer auffälliger Zug, der hier stärker als in den anderen autobiographischen Geschichten in Erscheinung tritt, ist die Selbsterforschung und Selbstcharakterisierung der Ich-Erzählerin. Diese selbstbewußte Reflexion mischt sich in die Schilderung der erinnerten Ereignisse ein. Sie bildet dann aber vor allem den Abschluß der autobiographischen Geschichte.

Arbeitsvorschläge

„Anlaß zur Klage“ ist ein Ausschnitt aus der Autobiographie „Den Wolf umarmen“, in der die 1911 geborene Schriftstellerin Luise Rinser im Alter von 70 Jahren ihre Lebensgeschichte niedergeschrieben hat. Zu der Zeit, zu der die Geschichte spielt, war sie 15 Jahre alt.

▷ Diese autobiographische Geschichte zeigt besonders gut, wodurch die Erinnerung an vergangene Ereignisse angestoßen und bewegt wird.
Wie geschieht das hier?

▷ „Was war wirklich geschehen“, damals?

▷ Wie charakterisiert sich das autobiographische Ich selbst im Rückblick auf das damalige Geschehen?

▷ Wie beurteilt ihr die Charaktereigenschaften und das Verhalten der Ich-Erzählerin?
War der Schulverweis eurer Meinung nach berechtigt?

▷ Der erinnerte und erzählte Vorfall hat sich im Jahre 1926 ereignet. Glaubt ihr, daß Ähnliches auch heute noch geschehen kann?

Peter Weiss: Der Ernst des Lebens (S. 25)

Der Text „Der Ernst des Lebens“ von Peter Weiss, der den dritten Teil der autobiographischen Geschichten eröffnet, entstammt seiner Autobiographie „Abschied von den Eltern“. Abschied von den Eltern, Abschied von der Kindheit: So lautet ja auch das Stichwort für das im ganzen Kapitel vielseitig dargestellte Problem. Peter Weiss gestaltet das Problem der Auseinandersetzung mit den Eltern in schneidender Schärfe. Dreierlei fällt auf:

● Die radikale Gegensätzlichkeit zwischen den Eltern und dem jungen Ich-Erzähler, die Unversöhnlichkeit der Standpunkte, Neigungen und Interessen. Es scheint kaum noch eine Möglichkeit der Verständigung und des gegenseitigen Verständnisses zu geben.

● Es ist der anscheinend unversöhnliche Widerspruch zwischen dem phantasievollen, künstlerischen, idealen Lebensentwurf des Jungen und den auf Nützlichkeit pochenden Ansprüchen der Eltern, die den Sohn in ihre Lebensvorstellungen pressen wollen: der Grundwiderspruch zwischen dem jugendlichen Traum des Lebens und der fatalen „Realität des Daseins".

● Diese Auseinandersetzung (zunächst mit der Mutter, dann mit dem Vater) ereignet sich in der fiktiven Perspektive des erinnerten Ichs, fast in der Art eines inneren Monologs. Der sich später erinnernde Erzähler, der den Abschied von den Eltern reflektiert, mischt sich nicht ein, so daß die doppelte Perspektive des autobiographischen Erzählens nicht offen in Erscheinung tritt.

Arbeitsvorschläge

In seiner Autobiographie „Abschied von den Eltern", aus der die vorliegende Geschichte ein Ausschnitt ist, beschreibt der Schriftsteller Peter Weiss (1916–1982) den Prozeß seiner allmählichen Loslösung vom Elternhaus. Peter Weiss' Vater war in Berlin Textilfabrikant und wünschte sich den Sohn als Nachfolger im Geschäft; dieser träumte jedoch von einem Leben als Künstler, was natürlich Konflikte mit dem Vater heraufbeschwor.

▷ Woran denkt ihr eigentlich, wenn man euch mit dem „Ernst des Lebens" kommt? Vergleicht eure Überlegungen mit den Erfahrungen, die der Autor Peter Weiss in seiner Jugend gemacht hat.

▷ Was ereignet sich denn damals in der „Stunde zwischen zwei und drei"?

▷ Welche Forderungen stellen die Mutter und der Vater an den Ich-Erzähler?
Welche Vorstellungen und Auffassungen vom Leben kommen darin zum Ausdruck?

▷ Was stellt der Ich-Erzähler diesen Forderungen entgegen?
Welche Vorstellungen vom Leben stecken in seiner Haltung?
Kommt er mit ihnen wohl durch?

▷ Was haltet ihr von dem Gebot des Vaters am Ende: „Schluß mit den Träumereien, dann wirst du dich endlich der Realität des Daseins widmen"?
Wie steht es überhaupt mit dem Gegensatz, der Alternative: „Träumereien" – „Realität des Daseins"? Ist das ein Widerspruch?
Ist das der „Abschied von der Kindheit"? (Beachtet auch die Collage auf S. 26, in der Peter Weiss seine Gefühle verbildlicht hat.)

▷ *Überlegt euch Argumente, mit denen ihr auf die Forderung von Peters Vater reagieren würdet.*

Doris Lessing: Marthas Rebellion (S. 27)

In „Marthas Rebellion", einer Szene aus Doris Lessings autobiographischem Roman „Martha Quest", sind zwei Züge der beiden vorigen autobiographischen Geschichten vereinigt: die Härte der Auseinandersetzung mit den Eltern und gleichzeitig der Versuch, mit der Erzählperspektive (Erzählen in der dritten Person) Distanz zu gewinnen.
Zwei weitere Gesichtspunkte liegen nahe:

● Die einläßliche Untersuchung der sich zuspitzenden Begebenheit (Marthas Aufenthalt im Schlafzimmer der Eltern und ihre Rebellion): Selbstwahrnehmung im Spiegel – Veränderung der Kleider als stellvertretende Handlung für das erwachende Selbstbewußtsein – Auseinandersetzung mit den Eltern.

● Die Frage nach den gesellschaftlichen Verhältnissen, die den Hintergrund des Befreiungsversuchs und der Rebellion der Martha darstellen: Sie werden, aus der auktorialen Sicht der sich erinnernden Erzählerin, in das erinnerte Ereignis eingeblendet.

Arbeitsvorschläge

Die Schriftstellerin Doris Lessing wurde 1919 geboren und ist auf einer Farm in Rhodesien (heute: Zimbabwe) aufgewachsen. Ihre Erlebnisse aus dieser Zeit sind die Grundlage für ihren Roman „Martha Quest“, aus dem die vorliegende Geschichte ein Ausschnitt ist.

▷ In einem von vornherein auffälligen Punkt unterscheidet sich diese autobiographische Geschichte von allen anderen: Sie wird nicht in Ich-Form erzählt. Bedeutet das etwa, daß der Vorgang nicht aus der Sicht, aus der Erlebnis-Perspektive der Martha erzählt wird?

▷ Könnt ihr die Haltung Marthas verstehen? Ist es euch schon ähnlich ergangen? Habt ihr ähnliche Erfahrungen gemacht?

▷ Erzählt wird der „Höhepunkt nach einer langen, schwelenden, mühsam unterdrückten Rebellion“.
Gegen wen richtet sie sich?
Wie kommt es dazu? Welche Gründe hat diese Rebellion?
Wie äußert sie sich? Zu welchen Mitteln greift sie?
Und welches Ziel hat diese Rebellion?

▷ „Abschied von der Kindheit“ heißt das Kapitel.
Inwieweit gilt dieser Titel für die Rebellion der Martha?

Ingeborg Drewitz: Du und ich (S. 31)

Die auf sehr einfühlsame Weise geschilderte Entdeckung des eigenen Lebens, die neue Erfahrung und die emphatische Wahrnehmung der Veränderung, die auf einmal im Erlebnis der Liebe da ist, sollten nicht durch allzu viel Interpretation zerredet werden. (Ein behutsamer Vergleich mit Hesses Erzählung „Der Kavalier auf dem Eise“ liegt nahe.)
Ein Hinweis auf die Erzählperspektive ist allerdings wichtig: „Du und ich“ ist neben „Marthas Rebellion“ die einzige der autobiographischen Geschichten, in der das autobiographische Ich nicht unmittelbar, sondern in der dritten Person erscheint und so gleichsam etwas weggerückt wird. Das ist der Versuch der Autorin, in der Nähe gleichzeitig Distanz zu sich selbst zu gewinnen.

Arbeitsvorschläge

Die Geschichte „Du und ich“ der 1923 in Berlin geborenen Schriftstellerin Ingeborg Drewitz, wird, wie Doris Lessings „Marthas Rebellion“, nicht in der Ich-Form erzählt; dennoch ist auch dies eine Geschichte, die nach Aussagen der Autorin auf eigenen Erlebnissen beruht.

▷ Die Frage, inwieweit die vorliegende Geschichte autobiographisch ist, könnt ihr ansatzweise lösen, wenn ihr in ihrem Ablauf einmal genau untersucht, ob die Autorin unbeteiligte Beobachterin ist oder aber sich in die Person und die Gefühle Gabrieles hineinversetzt.

▷ Gabriele macht auf ihrem Gang durch Berlin allerhand für sie neuartige Erfahrungen. Welche sind das? Wie reagiert sie darauf?

▷ Beschreibt den Weg Gabrieles in seinem zeitlichen Ablauf und achtet dabei auch auf die sprachliche Darstellung, z. B. auf bestimmte wiederkehrende Motive wie Geräusche, Schritte ... Welche Bedeutung haben diese?

Wir sind ein Teil der Erde – Gedichte, Skizzen und Bilder

I. Zur Konzeption des Kapitels

Aufbau und Zielsetzung

Unter der Doppelüberschrift „Wir sind ein Teil der Erde – Gedichte, Skizzen, Bilder“ sind 25 Gedichte, 5 Prosatexte und 11 Gemälde bzw. Zeichnungen so angeordnet, daß sich im Verlauf des Kapitels unterschiedliche thematische Schwerpunkte ergeben.

I. Machet euch die Erde untertan
Altes Testament: Machet euch die Erde untertan

II. Verantwortung des Menschen gegenüber der Schöpfung
1. Leben in der Natur – Naturgedichte und Rede

a) Frühlings- und Sommergedichte
Walther v. d. Vogelweide: Muget ir schouwen
Unbekannter Verfasser: Der Lenz
Eduard Mörike: Er ist's
Marie Luise Kaschnitz: Juni

b) Abend- und Stadtgedichte
Johann Wolfgang v. Goethe: Dämmrung
Heinrich Heine: Abenddämmerung
Andreas Gryphius: An die Sterne
Eduard Mörike: Um Mitternacht
Joseph v. Eichendorff: In Danzig 1842
Theodor Storm: Die Stadt

c) Zeitgenössisches Naturgedicht und Rede
Alfred Tillich: Erde
Häuptling Seattle: Wir sind ein Teil der Erde

2. Auf der Flucht vor dem Beton – Zeitgenössische Natur- und Warngedichte

Thomas A. Merk: Abschied vom Lande
Walter Helmut Fritz: Bäume
Bertolt Brecht: Der Pflaumenbaum
Günter Kunert: Unterwegs nach Utopia
Margarete Hannsmann: Landschaft

3. Größe des Menschen – gedankliche Gedichte

Wolf Biermann: Größe des Menschen
Johannes Bobrowski: Das Wort Mensch
Marie Luise Kaschnitz: Und immer war einer

4. Des Krieges Buchstaben – gedankliche und politische Gedichte

Andreas Gryphius: Tränen des Vaterlandes
Friedrich von Logau: Des Krieges Buchstaben
Matthias Claudius: Kriegslied
Anne Frank: Warten auf die Befreiung
Marie Luise Kaschnitz: Hiroshima
Günter Grass: In Ohnmacht gefallen

III. Kain und Abel – Prosa und gedankliche Gedichte

Altes Testament: Kain und Abel
Emanuel bin Gorion: Kain und Abel
Walter Helmut Fritz: Kain
Hilde Domin: Abel steh auf
Lothar Zenetti: Das Wort Hoffnung

Das Kapitel beginnt mit dem Schöpfungsauftrag aus dem Alten Testament „Machet euch die Erde untertan“ und mündet in die Frage, wie die Menschen im Verlauf ihrer Geschichte ihre Schöpfungsverantwortung wahrgenommen haben. Daraus ergeben sich die in der Übersicht angedeuteten thematischen Schwerpunkte des Kapitels. Die Gedichte, Prosaskizzen und Gemälde preisen die Schönheit der Schöpfung, in der sich die Menschen geborgen fühlen, die sie pflegen und bewahren und als Werk Gottes anerkennen („Leben in der Natur“). Sie zeigen aber auch das zeitweise rücksichtslose, ausbeuterische Verhalten der Menschen gegenüber der Natur, das nicht nur zur Zerstörung gewachsener Kultur, sondern auch zum Verlust der Lebensqualität und zur Entfremdung der Menschen führen kann („Auf der Flucht vor dem Beton“). Deshalb wird im folgenden Abschnitt die Frage nach der „Größe des Menschen“ gestellt, der die ihm anvertraute Erde vielfach vernichten kann, der aber auch die Fähigkeit zu einem Leben in brüderlicher Gemeinschaft, Liebe und Gerechtigkeit sowie in Frieden und Freiheit besitzt („Größe des Menschen“). In einem Kapitel über die Verantwortung des Menschen gegenüber der Schöpfung darf die Auseinandersetzung mit den Verbrechen und Greueln der Kriege nicht fehlen, die die menschliche Geschichte von den Anfängen bis in die Gegenwart begleitet haben und die zu immer umfangreicheren und grauenvolleren Zerstörungen von Menschen und Natur geführt haben („Des Krieges Buchstaben“). Deshalb setzen sich die letzten Prosaskizzen und Gedichte dieses Kapitels, ausgehend vom biblischen Kain und Abel-Motiv, mit dem Problem menschlicher Schuld auseinander und verweisen außerdem auf die Möglichkeit zur Versöhnung der Menschen mit der gesamten Schöpfung („Kain und Abel“).

Neben die lockere thematische Bindung der Gedichte, Bilder und Prosaskizzen tritt eine formale Perspektive, denn im Verlauf des Kapitels gelangen mit traditionellen Naturgedichten, zeitgenössischen Natur- und Warngedichten, gedanklichen und politischen Gedichten nacheinander unterschiedliche lyrische Genres in den Blick der Schüler (vgl. jeweils den zweiten Teil der Doppelüberschriften). Außerdem enthalten die Abschnitte über Naturgedichte (II, 1/2) und gedankliche bzw. politische Gedichte (II, 3/4) Texte aus verschiedenen Epochen der Literaturgeschichte vom Mittelalter über das Barock bis zur Gegenwart, denn gerade die Vielfalt der lyrischen Ausdrucksformen dürfte für Schüler anregend sein. Die geschichtliche Anordnung der Gedichte und Prosaskizzen in den einzelnen Abschnitten führt die Schüler zu der Erkenntnis, daß in lyrischer Dichtung zwar bestimmte Grundfragen – Mensch und Natur, Größe des Menschen, Krieg und Friedenssehnsucht – immer wieder gestellt werden, daß sich aber in den verschiedenen Jahrhunderten mit den Antworten und Lösungen zugleich die lyrischen Schreibweisen und Ausdrucksformen verändert haben.

Darüber hinaus läßt sich das Textarrangement von den Prinzipien des Vergleichs und der Kontrastierung leiten. So ist z. B. in der Anordnung der Texte der Weg von der Freude an der Schönheit der Natur bis zur Erfahrung ihrer Bedrohung und Zerstörung erkennbar (vgl. II, 1/2). Die Gedichte zeigen das ausbeuterische Verhalten der Menschen gegenüber ihrer Umwelt, aber auch ihren Willen, die Natur in ihrer Schönheit und Fülle zu erhalten (vgl. II, 1, Teil c). Sie verweisen auf die „Zerstörungskraft“ der Menschen in Kriegen, aber auch auf ihre Fähigkeit, sich an Werten wie Freiheit, Gerechtigkeit und Liebe zu orientieren (vgl. II, 3); und sie dokumentieren die Spannweite menschlicher Möglichkeiten von Mord und Pogrom bis zur Fähigkeit, Frieden mit anderen Menschen, Völkern und der gesamten Schöpfung zu schließen (vgl. II, 4 und III).

Möglichkeiten des Aufbaus der Unterrichtseinheiten

Wegen des Umfangs des Kapitels ist es notwendig, die Gedichte entsprechend ihrer Gliederung in mehreren Unterrichtsreihen zu behandeln, z. B. „Leben in der Natur" (Teil 1, b und c), „Auf der Flucht vor dem Beton", „Größe des Menschen" usw. Es ist aber auch sinnvoll, die kontrastive Anordnung der Textgruppen für den Unterricht zu nutzen, z. B.

- traditionelle „Frühlings- und Sommergedichte" (II, 1, Teil a) und zeitgenössische Natur- und Warngedichte aus dem Abschnitt „Auf der Flucht vor dem Beton",
- Gedichte aus den Abschnitten „Des Krieges Buchstaben" und „Kain und Abel".

Vieles spricht auch dafür, Gedichte zwar häufig, aber immer in kleinen Einheiten von zwei bis vier Unterrichtsstunden zu bearbeiten. Für diesen Zweck eignen sich besonders kontrastierende Einzeltexte und kleine Konstellationen:

1. J. W. v. Goethe: „Dämmrung" und Heinrich Heine: „Abenddämmerung".
2. Andreas Gryphius: „An die Sterne" und Eduard Mörike: „Um Mitternacht".
3. Alfred Tillich: „Erde" und Häuptling Seattle: „Wir sind ein Teil der Erde".
4. Marie Luise Kaschnitz: „Juni" und Margarete Hannsmann: „Landschaft".
5. Wolf Biermann: „Größe des Menschen", Johannes Bobrowski; „Das Wort Mensch" und Marie Luise Kaschnitz: „Und immer war einer".
6. Andreas Gryphius: „Tränen des Vaterlandes", Matthias Claudius, „Kriegslied" und Hilde Domin: „Abel steh auf".
7. Marie Luise Kaschnitz: „Hiroshima", Günter Grass: „In Ohnmacht gefallen" und Walter Helmut Fritz: „Kain".
8. Anne Frank: „Warten auf die Befreiung", Marie Luise Kaschnitz: „Hiroshima" und Lothar Zenetti, „Das Wort Hoffnung".
9. Altes Testament: „Kain und Abel", Emanuel bin Gorion: „Kain und Abel", Walter Helmut Fritz: „Kain" und Hilde Domin, „Abel steh auf".

II. Zu den einzelnen Texten

Altes Testament: Machet euch die Erde untertan (S. 34)

Nach Abschluß des Schöpfungswerkes Gottes heißt es im biblischen Text:
„Machet euch die Erde untertan und herrschet über die Fische im Meer und über die Vögel unter dem Wasser."
Eine Aufforderung, die nicht im Sinne einer grenzenlosen Ausbeutung für die gegenwartsbezogenen Selbsterhaltungs- und Machtinteressen der Menschen mißverstanden werden darf. Dieser Gefahr sind die Menschen im Sog des naturwissenschaftlichen Fortschrittsglaubens in den letzten Jahrhunderten oft erlegen. Herrschaft bedeutet im Alten Testament aber nicht Zerstörung und Ausbeutung. Der Mensch soll gerade darin Abbild (Ebenbild) Gottes sein, daß er wie Gott fürsorglich und liebevoll bewahrend die Schöpfung hegt und pflegt. Weil die Erde Gott gehört (Ps. 24,1), darf sich der Mensch nicht als willkürlicher Eigentümer der Natur betrachten. Er darf die Erde nicht als Steinbruch für immer neue „babylonische Turmbauten" benutzen (vgl. das Gemälde von Pieter Breughel dem Älteren auf S. 48 des Lesebuchs). Vielmehr erfüllt der Mensch als Treuhänder und Statthalter Gottes seine Schöpfungsverantwortung, wenn er die ihm anvertraute Erde als Lebensraum für alles Lebendige liebevoll schützt und verantwortlich gestaltet.

Methodische Hinweise

Als Hinführung zum Thema der Unterrichtsreihe bieten sich zwei Ansätze an:

● Es ist möglich, vom biblischen Auftrag auszugehen (eventuell in Kooperation mit dem Religionsunterricht) und anschließend die Frage zu diskutieren, inwieweit die Menschen ihre Verantwortung für die Schöpfung wahrgenommen haben.

● Denkbar ist aber auch, das Titelbild von Albrecht Altdorfer zum Anlaß zu nehmen, den Zusammenhang zwischen dem Gemälde und dem Thema des Kapitels „Wir sind ein Teil der Erde" zu erörtern.

Arbeitsvorschläge

▷ Nach dem Text des Alten Testaments wird den Menschen ein Auftrag gegeben. Worin besteht er? Haben die Menschen ihren Schöpfungsauftrag wohl erfüllt?

▷ Betrachtet auf S. 33 das um 1520 entstandene Bild von Albrecht Altdorfer: „Gebirgslandschaft bei Sonnenuntergang".
Achtet auf die Eigenart der Landschaft und die im Spiel der Farben dargestellte Tageszeit.
Wie sind die Menschen und ihr Werk in die Landschaft eingeordnet? Welcher Zusammenhang besteht wohl zwischen dem Gemälde und dem Thema dieses Kapitels „Wir sind ein Teil der Erde"?

▷ Lest die Gedichte, in denen das Verhalten der Menschen gegenüber der Schöpfung angesprochen wird, z. B. Alfred Tillich: Erde; Margarete Hannsmann: Landschaft; Häuptling Seattle: Wir sind ein Teil der Erde.
Welche Einstellungen und Verhaltensweisen der Menschen gegenüber der Schöpfung erkennt ihr?
Was meint ihr: haben die Menschen ihren Auftrag erfüllt?

Thema „Leben in der Natur", Teil 1 (S. 35–37):

Walther von der Vogelweide: Muget ir schouwen;
Volkslied aus dem 13. Jahrhundert: Der Lenz;
Eduard Mörike: Er ist's;
Marie Luise Kaschnitz: Juni

Die aus verschiedenen Jahrhunderten stammenden Frühlingslieder und -gedichte zeigen das Fortschreiten der Jahreszeit und preisen die Schönheit der erwachenden Natur mit der Fülle ihrer Farben, Düfte und Töne, die das Leben der Menschen von Grund auf verändern.

Einführende Arbeitsvorschläge

▷ Tragt die Frühlingsgedichte laut vor.

▷ Könnt ihr eine Verbindung zwischen dem Thema des Kapitelabschnitts „Leben in der Natur" und den Gedichten erkennen? Welche Einstellungen der Menschen gegenüber der Frühlingsnatur kommen zum Ausdruck?

▷ Vergleicht die Frühlingsgedichte mit dem **Gemälde von Claude Monet: „Felder im Frühling" (S. 36).** Achtet dabei auf die Darstellung der Natur (Farbeindrücke, Bewegung ...) und die Beziehung der Menschen zur Natur.

▷ Wählt zur genauen Untersuchung einige Frühlingsgedichte aus, die euch besonders gefallen. Ihr findet auf den folgenden Seiten Aufgaben zu allen Gedichten.

Walther v. d. Vogelweide: Muget ir schouwen (S. 35)
Volkslied aus dem 13. Jahrhundert: Der Lenz (S. 35)

Interpretationskizzen

Walthers Frühlingslied ist wahrscheinlich nach dessen erstem Abschied vom Babenberger Hof aus Wien im Jahre 1198 entstanden. Von den insgesamt sechs Strophen des Minneliedes sind im Lesebuch die ersten drei, die Strophen des sogenannten Natureingangs, abgedruckt. Frühlingsstimmung und Freude des Sprechers zeigen sich deshalb vor allem in der Personifizierung der Natur: Der Mai übt herr-

schende Gewalt aus (vgl. den Vers “grôz ist sîn gewalt“, Z. 7, den Terminus „wie dû scheidest/ alles âne haz“ = richterlich schlichtest, Z. 19/20 und die Anrede „Wol dir, meie ...“, Z. 19), er besitzt Zauberkräfte (Z. 8), mit seinem Reichtum an Farben verschönt er die zu neuem Leben erwachte Natur (Z. 21/ 22), und selbst die tanzenden Menschen verjüngen sich im Soge seiner Wirkung („swar er vert in sîner wünne,/ dân ist niemen alt“, Z. 9/ 10). Außerdem unterstreicht die metrisch-rhythmische Gestalt die fröhliche Grundstimmung des Tanzliedes. Der Daktylus des ersten Verses leitet die tanzende Bewegung ein, die in den folgenden Versen durch den ständigen Wechsel zwischen vier- und dreihebigen Versen weitergeführt wird (vgl. auch die Enjambements in Z. 3/4, Z. 19/20 und 21/22). Jede Strophe beginnt in steigernder rhythmischer Bewegung mit einem Aufgesang aus zwei Stollen (Kreuzreim abab); der Abgesang setzt mit einem isolierten, deutlich abgehobenen Vers ein, ehe die metrisch-rhythmische Bewegung in den folgenden Versen des Abgesangs beschleunigt wird und auf den bedeutungsschweren letzten Vers zuläuft (umschließender Reim cddc).
In dem *Volkslied aus dem 13. Jahrhundert* wird die Schönheit der Frühlingsnatur in den tradierten Topoi der Lieddichtung als Gesichts-, Gehörs- und Geruchsempfindung zum Ausdruck gebracht. Besonders hervorzuheben sind die Farbenspiele des Frühlings („Blumen rot und blau“, „grüne Linden“, „weiße Kleid“), der fröhliche Gesang der Vögel (Z. 11), der Maientanz der Jugend (Z. 9/ 10 und Z. 13ff.), der laue Duft des Frühlingswindes (Z. 4) und die personifizierende Darstellung des Frühlingsmonats bzw. der zu neuem Leben erwachten Natur („Nun will der Lenz uns grüßen“, Z. 3; die Heide webt „sich ein Gewand gar fein/ und lädt im Festtagskleide/ zum Maientanze ein“, Z. 8 bis 10). Die Frühlingsstimmung beider Strophen, die hellen Klänge der dreihebigen Verse (vgl. die Dominanz heller Vokale in den wechselnd weiblichen und männlichen Kreuzreimen) und die tänzerisch bewegte Volksliedmelodie durchdringen einander und bringen die Freude des Sprechenden bzw. Singenden zum Ausdruck.

Methodische Hinweise

Walthers Gedicht sollte zunächst bei geschlossenen Büchern vom Lehrer vorgetragen werden, ehe die Schüler mit Hilfe von Peter Wapnewskis Übertragung unbekannte Wendungen klären und das Lesen üben. ①. Die Interpretation kann mit dem besonders eingängigen „Dialog der Frühlingsblumen“ in den drei Schlußversen beginnen ②. Daran schließt sich die Frage nach weiteren Personifizierungen in den drei Strophen des Mailiedes an ③. Die Untersuchung der metrisch-rhythmischen Gestalt kann exemplarisch auf die erste Strophe beschränkt bleiben ④. In dem abschließenden *Vergleich mit dem Volkslied* rückt die Untersuchung der Frühlingstopoi und der Personifikationen in den Vordergrund ⑤. Der Vergleich der beiden Lieder kann aber auch wie in den Arbeitsvorschlägen unmittelbar nach der Klärung unbekannter Wörter und Wendungen erfolgen.

Arbeitsvorschläge

▷ Besonders Walthers Lied dürfte euch wegen seiner Sprache fremd erscheinen: Klärt mit Hilfe von Peter Wapnewskis Übertragung alle Wendungen, die ihr nicht auf Anhieb versteht.

▷ In beiden Liedern wird vom Mai und von der Natur wie von Menschen gesprochen:
Die Heide wob „sich ein Gewand gar fein ...“
„Wol dir meie, wie dû scheidest/ alles âne haz ...“
Erklärt diese Wendungen, indem ihr die Wirkung des Frühlingsmonats auf Menschen, Pflanzen und Tiere zeigt.

▷ Sprecht Walthers Lied so, daß ihr den Tanzliedcharakter heraushört. Zeichnet deshalb die Betonungsfolge der Verse in der ersten Strophe auf (– = Hebung, ◡ = Senkung) und zeigt die Wirkung der wechselnden Hebungszahl und der Sprechpausen in den Versen.

▷ Tragt anschließend eines der beiden Lieder auswendig vor.

Eduard Mörike: Er ist's (S. 36)

Interpretationsskizze

Mörikes Gedicht – entstanden am 9. März 1829 – ist ein auf wenige Sprachzeichen reduziertes Miniaturbild des Frühlings: „Blaues Band" und „Veilchen" verweisen auf die Farbe des zartblauen Frühlingshimmels; das Veilchen ist Vorbote des Frühlings und weckt im Zusammenspiel mit dem Sinneneindruck der „süßen ... Düfte" die Hoffnung auf künftige Blütenpracht. Die Intensität der Bilder steigert sich von der optischen zur akustischen Wahrnehmung eines „leisen Harfentons", mit dem die Vorstellung eines hellen, zarten und schönen Klangs geweckt wird. Hoffnung und Vorfreude des Sprechers gipfeln schließlich in dem emphatischen Ausruf:

„Frühling, ja du bist's!
Dich hab' ich vernommen!"

Die Schönheit des Frühlings und die innere Bewegtheit des Sprechers werden in der Klangfülle der Verse (vgl. das Spiel mit wechselnden Vokalfolgen: „Veilchen träumen schon,/ wollen balde kommen" und mit Assonanzen: Frühling – Lüfte – süße – Düfte oder schon – wollen – kommen – horch – Harfenton) und in der rhythmischen Dynamik der wechselnd vier-, drei- und fünfhebigen trochäischen Verse sichtbar. Hinzuweisen ist insbesondere auf die Zeilenenjambements (Vers 1/2 und 3/4), den sich jeweils über zwei Verse schwingenden rhythmischen Spannungsbogen in den ersten vier und den Wechsel zur Dreihebigkeit in den beiden folgenden Versen. Der fünftaktige siebente Vers mit den Sprechpausen zu Anfang und Ende hält die dynamische Bewegung zunächst an, ehe sie in den beiden dreihebigen Schlußversen mit dem emphatischen Ausruf des Sprechers zum Höhepunkt gelangt.

Methodische Hinweise

Außer dem in den Aufgaben angedeuteten (vgl. Aufgabe 1) ist folgender Zugang sinnvoll: Nach dem Lehrervortrag und dem stillen Nachlesen vergleichen die Schüler Mörikes Frühlingsgedicht mit dem Gemälde Claude Monets: „Felder im Frühling". Dazu erhalten sie den Denkanstoß, auf die Darstellung der Natur (Farbeindrücke, Bewegung ...) und die Einstellungen der Menschen zur Frühlingsnatur zu achten.

Arbeitsvorschläge

▷ In dem Gedicht finden sich einige ungewöhnliche Formulierungen, die ihr zunächst erklären müßt, z. B.: „Frühling läßt sein blaues Band/ Wieder flattern durch die Lüfte ..."

▷ Wo überall macht sich der Frühling bemerkbar? Mit welchen Sinnen wird er wahrgenommen?

▷ In den letzten drei Versen des einstrophigen Gedichtes erkennt ihr eine deutliche Veränderung in der Satzart, im Tempus und im rhythmischen Fluß der Verse.
Erklärt, warum die Schlußverse von der übrigen Strophe abgehoben sind.

Marie Luise Kaschnitz: Juni (S. 37)

Interpretationsskizze

Das mit dem emphatischen Vers „Schön wie damals sah ich jüngst die Erde" einsetzende Gedicht preist das neue Leben, die Farben, das Licht und die Schönheit der frühsommerlichen Natur (vgl. die Licht- und Farbangaben sowie die Abfolge der Sommerbilder). Der Blick erfaßt zunächst aus kosmischer Perspektive den „einer Insel gleich ... im Winde" schwebenden Planeten Erde (Str. I), er richtet sich danach in deutlicher Verengung auf die sommerliche Landschaft (auf „blaue Seen", „Ströme zwischen Wiesenufern" und „lichte Wälder", Str. II), auf die neugeborenen Tiere (die „Fohlen", „Vögel" und „im Schilf die Brut", Str. III) und die Menschen (die „roten Häuser im Holunder", „die spielenden Kinder“, Str. IV). In den beiden Schlußstrophen weitet sich der Blick erneut, indem er zunächst die sommerliche Küstenlandschaft („die grünen/ jungen Felder in des Windes Atem“, „der Mühlen schwere Flügel“, „die Segel auf dem Haff“, Str. V) und schließlich den „durch das siebenfache Licht des Himmels“ schwebenden Planeten Erde erfaßt. Ausgewogenheit und Harmonie spiegeln sich im Ebenmaß der Komposition. In symmetrischer Anordnung entsprechen sich die erste und sechste (das Bild der Erde in den Rahmenstrophen), die zweite und fünfte (die frühsommerliche Küstenlandschaft) sowie die dritte und vierte Strophe (spielende Tiere und Menschen). Das symmetrische Aufbauprinzip zeigt sich auch in der Strenge des strophischen Aufbaus, im Gleichmaß der durchgehend fünfhebigen Trochäen und im stumpfen männlichen Ausgang des letzten Verses jeder Strophe (abrundende Wirkung).

Desto mehr überraschen in den beiden Schlußversen des Gedichtes (VI, 3/4) die Motive der Dunkelheit:

„flüchtig nur wie *einer Wolke Schatten*
lag auf ihrem [der Erde] Angesicht *die Nacht*“.

Sie verweisen auf die Vergänglichkeit der Schönheit frühsommerlicher Natur, aber auch auf die Bedrohung der Erde. Dabei wird der Leser an die Zerstörungen des 2. Weltkriegs (Erstveröffentlichung des Gedichts im Jahr 1947) oder an die gegenwärtige ökologische Bedrohung denken.

Methodische Hinweise

Nach dem Lehrervortrag und dem stillen Nachlesen ① kann die Interpretation von einem Vergleich mit Mörikes Frühlingsgedicht (Darstellung der Natur: Licht- und Farbeindrücke, Jahreszeit), aber auch von der Perspektive des Betrachters ausgehen (Verengung und Erweiterung des Blickwinkels ②). Daraus ergibt sich die Möglichkeit, die Abfolge und die Funktion der Sommerbilder ③ und die symmetrische Anordnung der Strophen zu erarbeiten ④. Zur Veranschaulichung des symmetrischen Kompositionsprinzips könnten sich die Schüler eines einfachen Strukturbildes bedienen:

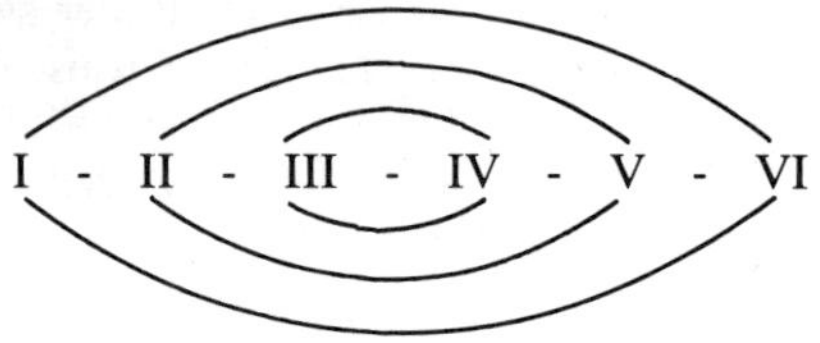

Mit der Interpretation der Schlußverse ⑤ und einigen Schülervorträgen ⑥ findet die Erarbeitung ihre Abrundung (weiteres vereinfachtes Verfahren siehe Arbeitsvorschläge).

Arbeitsvorschläge

▷ Tragt das Gedicht vor. Zeigt im Vergleich zu Mörikes Versen die fortgeschrittene Jahreszeit in der Darstellung der Landschaft, Tiere und Menschen.

▷ Untersucht die erste und letzte Strophe genauer: die Gemeinsamkeiten der jeweils ersten Verse (I, 1–4 und VI, 1/2 = *Rahmenstruktur*) und den Kontrast zu den beiden letzten Versen des Gedichtes:
„flüchtig nur wie einer Wolke Schatten
lag auf ihrem (der Erde) Angesicht die Nacht“.

Thema „Leben in der Natur“, Teil 2 (S. 38–41)

Johann Wolfgang von Goethe: Dämmrung;
Heinrich Heine: Abenddämmerung;
Andreas Gryphius: An die Sterne;
Eduard Mörike: Um Mitternacht;
Theodor Storm: Die Stadt;
Joseph von Eichendorff: In Danzig

Die Natur- und Stadtgedichte aus dem 17. und 19. Jahrhundert sind durch die Motive des Abends und der Nacht miteinander verbunden und verweisen auf unterschiedliche Betrachtungsweisen der Natur. Sie erscheint als Gleichnis für die Größe des Schöpfer-Gottes (Gryphius), als Ort der Ruhe, des Friedens und der Geborgenheit, aber auch als Raum sehnsüchtigen Nachdenkens und der Hoffnung auf eine bessere Welt (Goethe, Heine, Mörike, Eichendorff, Storm).

Einführende Arbeitsvorschläge

- ▷ Lest alle Gedichte. Verständigt euch über eure Eindrücke und überlegt, welche Gedichte eurer Meinung nach zusammengehören.
- ▷ Bei einigen Gedichten stehen Gemälde. Welche Beziehungen erkennt ihr zwischen Gedichten und Bildern?
- ▷ *Kennt ihr noch andere Gedichte zum Thema „Abend“ oder „Stadt“? Bringt sie mit und tragt sie euren Mitschülern vor.*
- ▷ Wählt zur genauen Untersuchung einige Gedichte aus, die euch besonders gefallen. Aufgaben zu allen Gedichten findet ihr auf den folgenden Seiten.

Johann Wolfgang von Goethe: Dämmrung (S. 38)
Heinrich Heine: Abenddämmerung (S. 38)

Interpretationsskizzen

Der 78jährige *Goethe* zieht im Mai 1827 noch einmal für einige Wochen in sein Gartenhaus an der Ilm. Dort schreibt er das zum Zyklus der „Chinesisch-deutschen Jahres- und Tageszeiten“ gehörige Abendgedicht. Der dargestellte Vorgang der Abenddämmerung lebt aus der *polaren Spannung zwischen einbrechender Dunkelheit und aufsteigenden Lichtern der Nacht.* Die Wiedergabe des ausschließlich mit den Augen wahrgenommenen Naturvorgangs beginnt mit der Beobachtung der hereinbrechenden Dämmerung, die die Konturen aller Dinge verschwimmen läßt. Als erster Bote der Nacht steigt das Licht des Abendsterns am Himmel auf. Dennoch wächst die Schattenhaftigkeit aller Dinge, weil aufsteigende Abendnebel ihre Umrisse verschleiern. Erst bei vollem Mondenschein treten die Gestalten der Dinge wieder hervor, so daß selbst die auf dem Wasser tanzenden Schatten der Weidenzweige wahrnehmbar sind. Als die Dunkelheit ihren Höhepunkt erreicht hat, heißt es: „Nun im östlichen Bereiche / Ahn' ich Morgenglanz und -glut“ (Z. 11/12). „Diese Ahnung ist die Erwartung dessen, der weiß, daß niemals kein Licht sein kann, denn das würde der in polarem Wechsel schwingenden Weltgesetzlichkeit widersprechen ... Goethe nennt das den ‚stillen Widerspruch, den jedes Lebendige zu äußern gedrungen ist, wenn ihm irgendein bestimmter Zustand dargeboten wird. So setzt das Einatmen schon das Ausatmen voraus und umgekehrt; so jede Systole die Diastole. Es ist die ewige Formel des Lebens, die sich auch hier äußert. Wie dem Auge das Dunkle geboten wird, so fordert es das Helle ...‘ Diese Ahnung als sich vor den Augen vollziehende Wirklichkeit zu erfahren ..., das ist ... Glück, und dadurch wird die gegenständlich-klare Naturschilderung erst bedeutsam.“[1] Deshalb löst die Anschauung des Naturvorgangs beim Sprecher ein Gefühl des Glücks aus; der Anblick der Nacht schafft Ruhe und Frieden, Ausgleich und Besänftigung:

> „Und durchs Auge schleicht die Kühle
> Sänftigend ins Herz hinein“ (Z. 17/18).

Das aus den „Nordsee-Bildern“ entnommene *Abendgedicht Heines* ist 1825 während einer Reise nach Norderney entstanden. Das sich in ruhigen freien Rhythmen bewegende reimlose Gedicht lebt aus dem strukturbildenden Kontrast zwischen erlebter Gegenwart und erinnerter Vergangenheit, zwischen Darstellung eines Natur- und Seelenvorgangs, zwischen Realität und Vision (Bruchstelle nach Z. 12). Der Sprecher beklagt „gedankenbe-

---

(1) Karl Vietor, Goethes Altersgedichte, in: Jost Schillemeit (Hrsg.), Interpretationen. Deutsche Lyrik von Weckherlin bis Benn, Bd. 1, Fischer Bücherei 695, Frankfurt a. M., S. 81

kümmert" seine Einsamkeit, schildert das Farbenspiel der im Meer versinkenden Sonne (optische Wahrnehmung) und nimmt in außergewöhnlicher Sensibilität die geheimnisvollen Laute des Wassers wahr (akustische Wahrnehmung). Die Intensität der sinnlichen Wahrnehmung (vgl. Häufung lautnachahmender Verbalsubstantive, Z. 10/11) evoziert die visionäre Wendung in die Vergangenheit. Das Ich taucht in die Erinnerung an die eigene Kindheit ein: „Mir war, als hört ich verschollene Sagen ..." Der gegenwärtigen Einsamkeit des Sprechers wird die Sehnsucht nach dem Glück der Kindheit, nach Geborgenheit, Gemeinschaft (Verschwisterung) und Zukunftserwartung entgegengestellt.
Anders als in Goethes Gedicht wird menschliche Glückserfahrung nicht mehr aus dem Einklang des Sprechers mit den Gesetzen der Natur gewonnen. Glückserfahrungen wie Geborgenheit und Gemeinschaft werden aus der Beschwörung der Kindheit gewonnen und haben nur einen visionären Augenblick lang Bestand.

Methodische Hinweise

Abweichend vom Gang der Aufgaben können die Schüler die beiden Abendgedichte zunächst mit dem Gemälde „Mann und Frau in Betrachtung des Mondes" von Caspar David Friedrich vergleichen, den Goethe geschätzt hat und von dem er sich einige Wolkenstudien anfertigen ließ (Sachaspekte vgl. letzte Aufgabe).

Arbeitsvorschläge

▷ Vergleicht die beiden Gedichte:
Beschreibt den Ablauf der „Abenddämmerung".
Mit welchen Sinnen wird der Vorgang der Dämmerung in Goethes und Heines Gedicht wahrgenommen?

▷ Im letzten Teil beider Gedichte wird die Wirkung des heraufziehenden Abends auf den Sprecher gezeigt (vgl. Goethe, Z. 17/18; Heine, Z. 13–26). Welche Gemeinsamkeiten und Unterschiede erkennt ihr?

▷ Neben diesen beiden Gedichten steht das Gemälde „Mann und Frau in Betrachtung des Mondes" von Caspar David Friedrich.
Welche Beziehungen erkennt ihr zwischen Gedichten und Gemälde? Achtet besonders auf
die dargestellte Situation (Ort, Tageszeit),
die Entfaltung des Lichtmotivs und
die Wirkung auf den Menschen.

Andreas Gryphius: An die Sterne (S. 39)
Eduard Mörike: Um Mitternacht (S. 40)

Interpretationsskizzen

Die beiden etwa 180 Jahre auseinanderliegenden, in der Zeit des Barock bzw. der Romantik entstandenen Gedichte verbindet das Motiv der Nacht. Gryphius hat sein Gedicht zum ersten Mal in der Ausgabe seiner „Sonette" von 1643 veröffentlicht. Wahrscheinlich aber ist das Gedicht bereits in den Jahren zwischen 1637 und 1643, d.h. zwischen dem 21. und 27. Lebensjahr des an der Universität Leiden beschäftigten Hochschullehrers entstanden. Mörike hat das vor September 1827 verfaßte Gedicht als dreiundzwanzigjähriger Vikar – er hatte im Oktober 1826 sein theologisches Abschlußexamen bestanden – im Mai 1828 im Stuttgarter „Morgenblatt für gebildete Stände" veröffentlicht.
Gryphius' Sonett ist als Lobpreis der Gestirne und der gesamten Schöpfung Gottes zu verstehen. Deshalb sind die preisenden Anreden „An die Sterne" (vgl. Überschrift) ein entscheidendes Strukturmerkmal dieses Sonetts. Während die metaphorischen Anreden „Ihr Lichter", „Fackeln", „Diamante" und „Blumen" die Schönheit der Gestirne preisen, spielt der Zusatz „die ihr ... ohn' Aufhören brennt" bereits auf die Überzeitlichkeit und Ewigkeit der Gestirne an. Weil der Sprecher nach immer schöneren und bildkräftigeren

Anreden sucht, kommt ihre Häufung zustande. Die Sterne sind „Wächter“ des Himmels, die auf die Schönheit der Weltordnung Gottes verweisen. Sie sind aber auch „Bürgen“ für die Begeisterung („Lust“) des Sprechers, in der Betrachtung der Schönheit der göttlichen Weltordnung nicht zu ermüden. Die Bildreihe endet mit der Anrede ihr „Herolde dieser Zeit“.

„Herolde verkündigen etwas“ und „handeln dabei immer im Auftrage der Obrigkeit. Die Sterne ... verkündigen ..., daß es einen ‚Himmel‘ gibt, einen Bereich ‚ohn‘ Aufhören“, einen Bereich Gottes. In diesem Sinne sind sie ‚Herolde‘ innerhalb ‚dieser Zeit‘“.[1]

Das paßt zu den vorigen Bildern: Die Sterne sind „Wächter“ des Himmels, die auf Gottes Weltordnung verweisen, und sie sind „Bürgen“ für die Freude des Sprechenden, Gottes Schöpfung zu betrachten. In diesem Sinne ist die Welt ein „mundus symbolicus“ oder „mundus significatus“, wie man damals sagte.

Im letzten Terzett nennt der Sprecher entschiedener als in den übrigen Strophen eigene Erfahrungen und Hoffnungen. Während er zunächst in bildhafter Rede seine Sehnsucht nach der Ewigkeit andeutet („Ihr Lichter, die ich nicht auf Erden satt kann schauen“, 1. Vers; „Wie manche schöne Nacht/ Hab' ich, indem ich euch betrachtete, gewacht!“, Z. 11/12), spricht er in den Schlußversen seine Sicherheit und Gewißheit aus, eines Tages, von irdischen Sorgen befreit, vom Himmel aus die Sterne unter sich zu sehen. Somit gipfelt das Sonett in der Formulierung einer persönlichen Heilshoffnung.

In *Mörikes Gedicht* verweist die Überschrift „Um Mitternacht“ auf einen Moment der Zeitlosigkeit zwischen vergangenem und neuem Tag, in dem sich Abend und Morgen, Dunkelheit und Licht, Ruhe und neues Erwachen für einen Augenblick die Waage halten: Die Nacht „sieht die goldne Waage .../ der Zeit in gleichen Schalen stille ruhn“ und hört „der flücht'gen Stunden gleichgeschwungnes Joch“.

Die zur Gestalt gewordene (personifizierte) Nacht steigt ans Land, „lehnt träumend“ an den Bergen, „sieht die goldne Waage .../ der Zeit“ und achtet nicht auf das „Schlummerlied“ der Quellen. Bei dem Quellenmotiv ist die Personifizierung schwächer ausgebildet, denn sie bleiben gestaltlos, aber sie „singen“ und reden. Während die Nacht ein Symbol der Ruhe, des Träumens und der Aufhebung der Zeit bzw. der Vergänglichkeit ist, steht ihr in den Quellen die Fülle naturhaften Lebens gegenüber. Das Quellenmotiv verweist auf das wache Leben, aber auch auf das Fließen bzw. das ständige Vergehen der Zeit; die Erfahrung von Lebensfülle und unaufhaltsamer Vergänglichkeit findet hier ihren Niederschlag. Vor allem aber deutet sich in den Quellen die Macht des Tages, seine trotz aller Vergänglichkeit dauernde lebendige Gegenwart an.

Der Kontrast zwischen Nacht- und Quellenversen ist für Schüler auch in der insgesamt harmonischen metrisch-rhythmischen Gestalt beider Strophen feststellbar. Auf zwei ruhige, regelmäßig alternierende Vierheber folgen zwei gleichmäßige Fünfheber. Da alle vier Verse des ersten Strophenteils mit männlicher Kadenz stumpf enden, nehmen Gleichmaß und Ruhe zum Ende hin zu. Dagegen steigert sich das Sprechtempo der beiden ersten rhythmisch bewegten daktylischen (vierhebigen) Quellenverse erheblich. Es folgt zwar ein kurzes Einhalten in dem Kurzvers „vom Tage“, ehe sich aber im refrainartigen Schlußvers die bereits festgestellte Dynamik der Quellenverse erneut durchsetzt.

Methodische Hinweise

Nach dem Vortrag ①, nach der Klärung unbekannter Wörter und Wendungen ② und nach ersten vorläufigen Verstehensäußerungen ③ läßt sich *Gryphius' Gedicht* am besten über die besonders augenfälligen, strukturbestimmenden bildhaften Anreden „An die Sterne“ erschließen (vgl. Interpretationsskizze). Indem die Schüler über die semantische Füllung der einzelnen Metaphern nachdenken, erschließt sich zugleich der Sinn des Sonetts ④.

Da der Gegensatz von ruhigem und bewegtem Rhythmus in *Mörikes „Um Mitternacht“*

(1) Erich Trunz, Andreas Gryphius' Gedicht „An die Sterne“, in: Jost Schillemeit (Hrsg.). Interpretationen. Deutsche Lyrik von Weckherlin bis Benn, Fischer Bücherei, Bd. I, Frankfurt a. M., S. 21.

so bestimmend ist, daß er leicht als Gestaltungsanreiz und Verstehensimpuls wirksam werden kann, sollte das Gedicht in der Regel vom sprechenden Nachgestalten her erschlossen werden. Nur besonders geschulte Lerngruppen können mit der beschreibenden Darstellung des Kontrastes zwischen Nacht- und Quellenversen einsetzen ①, die Leistung der Personifikationen bestimmen ② und abschließend die symbolische Bedeutung des Nacht- und Quellenmotivs erarbeiten ③.

Arbeitsvorschläge

Zu Gryphius

▷ Ein erster Blick auf das Druckbild zeigt euch die besondere Form dieses Gedichtes. Beschreibt sie und zeichnet das Metrum der Langverse auf (Das vierstrophige Gedicht aus 14 Zeilen nennen wir *Sonett*. Den zwei Vierzeilern = *Quartetten* folgen zwei Dreizeiler = *Terzette*. Der Langvers wird Alexandriner genannt).

▷ Könnt ihr aus der Überschrift „An die Sterne" und der Anrede im ersten Vers Hinweise auf den Ton des Sonetts entnehmen?

▷ Nennt und erklärt alle bildhaften (metaphorischen) Anreden an die Sterne: „ihr Lichter", „ihr Fackeln" ...

▷ Untersucht in den letzten vier Versen die Veränderungen im Tempus (Zeitstufe des Verbs), in der Satzart und in den Wünschen bzw. Hoffnungen des Sprechers.

Zu Mörike

▷ Tragt das Gedicht mehrfach laut vor, klopft beim Sprechen den Takt der Verse leise mit und zeichnet das Metrum auf (1. Strophe). Beschreibt und erklärt die sich verändernde rhythmische Bewegung in den „Nacht"- und „Quellen"-Versen.

▷ Von der Nacht und den Quellen wird wie von Menschen gesprochen:
Die Nacht „stieg ... an Land", ist „gelassen", „lehnt träumend" ...
Die Quellen rauschen „kecker", sie „singen" ...
Könnt ihr den Kontrast in der Darstellung erklären?

Joseph von Eichendorff: In Danzig, 1842 (S. 40)
Theodor Storm: Die Stadt (S. 41)

Interpretationsskizzen

Die beiden in den Jahren 1842 (Eichendorff) und 1851 (Storm) entstandenen Gedichte verbindet eine vor allem für Eichendorff überraschend gegenständliche Darstellung der Stadt.

Zu Storm: Als 1851 dänische Truppen Schleswig besetzten, mußte *Storm* seine Heimatstadt Husum verlassen, weil er sich im Revolutionsjahr 1848 bei der Volkserhebung gegen die Dänen engagiert hatte, die Schleswig ihrem Staat einverleiben wollten. Storm arbeitete zunächst als unbesoldeter Gerichtsassessor in Potsdam, später als Richter in Heiligenstadt. Erst nach der Niederlage der Dänen im Jahre 1864 konnte Storm als Richter des Kreises Husum in seine Heimatstadt zurückkehren. Deshalb ist das 1851 entstandene Gedicht als eine Huldigung an die „graue Stadt am Meer" zu verstehen.

Nicht die seitab liegende Stadt, sondern den grauen Strand und die „eintönige" Meeresszenerie stellt der Sprecher in den Vordergrund seiner Betrachtung. Bilder wie der „Nebel", der schwer über den Dächern der Stadt liegt, wie das „eintönig" brausende Meer, wie der Schrei der Wandergans und das am Strande wehende Gras lassen die Stadt und ihre Umgebung unfreundlich und abweisend erscheinen. Die insgesamt ruhige und verhaltene metrisch-rhythmische Bewegung der wechselnd fünf- und vierhebigen jambischen Verse erhält ihre Spannung durch zwei angehobene Senkungen in den Verseingängen der Zeilen sieben und neun, so daß die sinnschweren Wörter „eintönig" und „kein Vogel" (schlägt) deutlich herausgestellt werden. Die Eintönigkeit der Landschaft ist allerdings nicht allein in den Bildern zu sehen, sondern im Klang der Verse buchstäblich zu hören. Die angedeutete Wirkung entsteht durch die Wieder-

kehr gleicher Reimwörter (identische Reime: Meer – Meer; Stadt – Stadt), die Häufung ähnlicher männlicher Reime (Meer – schwer – Meer; Mai – Schrei – vorbei), und sie wird durch parallelistische Formulierungen verstärkt („Am grauen Strand, am grauen Meer“, Z. 3; „Es rauscht kein Wald, es schlägt im Mai ...“ Z. 8).
In dem rhythmisch hervorgehobenen „Doch“ (erstes Wort der 3. Strophe) deutet sich eine überraschende Wendung an. Der Sprecher tritt erstmals deutlich hervor (Häufung der Personalpronomina „mein“, „du“, „dir“), spricht die „graue Stadt am Meer“ liebevoll an (Z. 14 und 17) und bekundet der Heimatstadt aus der Erinnerung an die Jugend seine Zuneigung („hängt mein ganzes Herz an dir“, „Der Jugend Zauber .../Ruht ... lächelnd doch auf dir“). Die stärkere rhythmische Bewegung der Verse und die deutliche Aufhellung im Klang („... hängt mein Herz an dir; für und für; lächelnd doch auf dir, auf dir“) verstärken diese Wirkung der letzten Strophe.

Zu Eichendorff: Das im Zusammenhang mit einer Reise nach Marienburg, Danzig und Königsberg entstandene Lied ist eines der wenigen gegenständlichen Gedichte Eichendorffs. „Dunkle Giebel“, „hohe Fenster“, „Türme“ und „bleiche Statuen“ verweisen auf die in der Überschrift genannte geschichtsträchtige Stadt, ohne daß diese Umrisse ein individuelles Bild Danzigs ergeben. Vielmehr verschwimmen die Konturen („Türme tief aus Nebeln sehn“, Z. 4; „Statuen wie Gespenster“, Z. 5), und die nächtliche Stadt wird zu einer verzauberten Märchenwelt („Träumerisch der Mond drauf scheinet“, Z. 7; „zauberhaft versteinet“, Z. 9; „eine Märchenwelt“, Z. 10), in deren Mauern sich der Sprecher heimisch und geborgen fühlt („wunderbare Einsamkeit“).

Methodische Hinweise

Folgende methodische Zugriffe bieten sich an:

● Ton und Stimmung des Stormschen Gedichtes lassen sich über einen Vergleich mit dem 1638 entstandenen Gemälde „Der Valkhof in Nimwegen“ des niederländischen Malers Jan van Goyen erfassen (Charakter der Landschaft, Farben etc.).

● Das relativ leicht faßbare Stormsche Gedicht läßt sich auch über das Erlesen erarbeiten. Die Aufgabe, einzelne Verse und Strophen angemessen vorzutragen, führt zu deren Interpretation, die wiederum die Kriterien für einen angemessenen Vortrag liefert. Während des Erlesens sollte neben der metrisch-rhythmischen Gestalt der Verse auch deren Klangwirkung zur Sprache kommen: z.B. wird ein zu schnelles und zu starke Akzente setzendes Lesen der beiden ersten oder ein zu gleichförmiges Lesen der letzten Strophe nach intensivem Nachdenken im wiederholten Vortrag korrigiert. Die Klangwirkung des Gedichtes läßt sich am leichtesten über den Kontrast zwischen der ersten und letzten Strophe erarbeiten (Überbetonung der Reimwörter in den beiden Strophen). Daraus ergibt sich schließlich die für das Verständnis wichtige Frage, warum die letzte Strophe anders gestaltet ist.

Die folgenden Aufgaben enthalten weitere methodische Hinweise.

Arbeitsvorschläge

▷ Tragt Theodor Storms Gedicht vor. Erfüllen sich die Erwartungen, die durch den Gedichttitel „Die Stadt“ ausgelöst werden?

▷ Welchen Charakter hat die in den beiden ersten Strophen dargestellte Landschaft?
Beachtet die Schlüsselwörter (Substantive und Adjektive): graue Stadt, graues Meer ...
Wenn ihr die beiden Strophen mehrmals vortragt, werdet ihr die Besonderheiten im Klang der Verse und Reime heraushören.

▷ Das Wörtchen „doch“ in der 3. Strophe deutet auf eine Veränderung hin. Worin besteht sie?
Achtet auf den Inhalt des ersten Verses, die häufige Verwendung von Personalpronomina, die Schlüsselwörter und die veränderte Klangwirkung der Verse (besonders der Reime).

▷ Vergleicht die beiden Gedichte von Storm und Eichendorff:
Welche Zeitangaben findet ihr?
Worin unterscheiden sich die Städte?
Welches Verhältnis der Sprecher zu den Städten wird erkennbar?
Betrachtet vergleichend dazu das 1638 entstandene Gemälde „Der Valkhof in Nimwe-

gen" des niederländischen Malers Jan van Goyen (S. 41), das den von Karl dem Großen (747–814) als Pfalzburg gegründeten und 1155 durch Kaiser Friedrich Barbarossa ausgebauten Falkhof in der niederländischen Stadt Nimwegen zeigt.

▷ *Tragt die Gedichte so vor, daß im Vortrag ihr besonderer Charakter erkennbar wird. Sprecht eines der beiden Gedichte auswendig.*

Thema „Leben in der Natur", Teil 3 (S. 42/43):

Alfred Tillich: Erde;
Häuptling Seattle: Wir sind ein Teil der Erde
Die beiden Texte zeigen unterschiedliche Einstellungen und Verhaltensweisen der Menschen gegenüber der Natur. Menschen unseres Zeitalters neigen dazu, sich selbst als Mittelpunkt bzw. Maß der Welt und die Natur als Objekt willkürlicher Ausbeutung zu betrachten (Tillich). Menschen anderer Kulturen dagegen haben sich eher als Teil der Natur verstanden. Sie betrachteten die Natur als ein ihnen anvertrautes Haus, in dem sie wohnten, das sie aber auch pflegten und bewahrten (Häuptling Seattle).

Alfred Tillich: Erde (S. 42)
Häuptling Seattle: Wir sind ein Teil der Erde (S. 42/43)

Interpretationsskizzen

Zu Alfred Tillich: Das aus freien Rhythmen bestehende Gedicht ist als Preislied auf die Schöpfung, aber auch als ein gegen die Zerstörungswut der Menschen gerichtetes Anklage- und Warngedicht zu verstehen. Aus dem strukturbestimmenden Gegensatz zwischen dem hymnischen Preis auf die Schönheit der Erde in den beiden Rahmenstrophen (Z. 3 bis 11 und 44 bis 49) und dem anklagenden bzw. warnenden Ton in den Binnenstrophen (Z., 12 bis 43) erhält das Gedicht seine appellative Wirkung.
Mit seinem hymnischen Ton, der Anthropomorphisierung („Erde, unendlich Geliebte", Z. 44) und dem Preis der schönen Erde („einmalig ist sie, köstlich und schön", Z. 6) schließt das Gedicht an die literarische Tradition von Walther über Gryphius bis Kaschnitz an. Neu in dem 1970 entstandenen Gedicht ist die Klage über das unverantwortliche, ausbeuterische Verhalten der Menschen. Die Schlüsselwörter „Gier", „Zerstörung" und „Habsucht" kennzeichnen ihr Handeln, und die durch die anaphorische Stellung exponierten Verben „zerstampfen", „zertrümmern" und „vernichten" zeigen die sinnlose und irreparable Zerstörung der Erde (Z. 17 bis 20), die „in Liebe gepflegt" werden müßte, wenn die Menschen ihren biblischen Auftrag ernst nähmen. Die 1. Person Plural des Personalpronomens *wir* deutet an, daß sich der Sprecher selbst als Mitschuldiger versteht („so aber trampeln wir blind / auf ihre blühenden Beete", Z. 15/16).
In der folgenden Versgruppe entwirft der Sprecher ein düsteres, ja hoffnungsloses Bild von der Zukunft der Menschen, die sich in ihrer Sehnsucht nach „Unberührtem und Reinem", nach „Wäldern", „Wiesen und Weiden", „nach klaren und reinen Gewässern", „nach windüberwanderten Hängen" und „leuchtendem Äther" verzehren werden (Z. 33 bis 43). Die Dynamik des sich über 10 Verse hinwegschwingenden Satzgefüges, die über die Versenden hinausdrängende rhythmische

Bewegung (Enjambements in Z. 33/34, 35/36, 39/40, 42/43), die Reihe der Aufzählungen, die alle die Schönheit der Natur heraufbeschwören, und die zahlreichen Alliterationen (Wälder, Wiesen und Weiden, matt und müde, windüberwandert, in leuchtendem Äther/ wilde Vögel lauernde Kreise zieh'n) verleihen der Warnung Nachdruck, sich mit der Zerstörung der Natur nicht der eigenen Lebensgrundlage zu berauben.

Zu Häuptling Seattle: Der Duwamish Häuptling Seattle führte um 1850 unter den Stämmen des heutigen Staates Washington den inneren Widerstand gegen den „Amerikanismus" an. Bei Verhandlungen über Landabgaben versuchte Seattle seinen Standpunkt dem Gouverneur des Oregon Territory, Isaac Stephens, klarzumachen. Die Rede ist als Kontrasttext zu Tillichs Gedicht besonders geeignet, weil Seattle der Zerstörungsmentalität der weißen Rasse das Bewußtsein der Indianer entgegenstellt.
Indianer verstehen sich als Teil der Natur, niemals als autonome Individuen, die ausschließlich eigene Interessen kennen und sie unbekümmert durchsetzen: „Wir sind ein Teil der Erde, und sie ist ein Teil von uns. Die duftenden Blumen sind ihre Schwestern, die Rehe, das Pferd, der große Adler – sind unsere Brüder. Die felsigen Höhen – die saftigen Wiesen, die Körperwärme des Ponys – und des Menschen – sie alle gehören zur gleichen Familie". Der Amerikanist Werner Müller dokumentiert die Übrzeugung der Indianer, „mit Pflanzen, Tieren, Wolken und Winden verwandt zu sein", indem er auf folgenden indianischen Brauch verweist: „Die Omaha, ein Siouxvolk auf der Prärie, kündigen die Geburt eines Kindes dem gesamten Kosmos an: Sonne, Mond, Sterne, Winde, Wolken, Regen, Nebel, Hügel, Täler, Flüsse, Seen, Bäume, Gräser, Vögel, Vierfüßler, Würmer – alle werden mit Namen genannt und gebeten, das neue Leben geschwisterlich in ihre Mitte zu nehmen".[1] Deshalb fühlt sich kein Indianer an eine ihm feindliche Umwelt ausgeliefert. Vielmehr halten sie sich für Kinder der allgemeinen Mutter Erde, in deren nie endender Fürsorge sie sich geborgen fühlen, „denn alle Dinge teilen denselben Atem – das Tier, der Baum, der Mensch – sie alle teilen denselben Atem" (S. 43, Z. 10/11).
Obwohl die Echtheit der Rede des Duwamish-Häuptlings in jüngster Zeit bezweifelt wird, sind die in ihr enthaltenen Aussagen über indianische Welterfahrung unbestritten. Die athapaskischen Tahltan in West-Kanada sagen es kaum anders:[2]

„Die Erde lebt und ist dasselbe wie unsere Mutter. Denn bestünde die Erde nicht, gäbe es keine Menschen. Die Menschen sind ihre Kinder, und ebenso die Tiere. Sie achtet auf sie alle und versorgt sie mit Nahrung. Die Steine sind ihre Knochen und das Wasser ihre Milch ... Die Tiere sind dasselbe wie die Menschen; sie sind von gleichem Blut; sie sind Verwandte."[3]

Hier stoßen wir auf den Kern indianischer Frömmigkeit, auf den Glauben an den geschwisterlichen Verband aller Wesen und Erscheinungen. In diesen Verband gehört auch der Mensch. Die Rituale predigen es immer wieder: Du gehörst *in* das Welthaus; du lebst in brüderlicher Gemeinschaft mit Wildrose, Schmetterling, Wolke und Morgenröte; du bist selbst ein Stück Schöpfung, das außerhalb dieser Schöpfung nicht atmen kann.
Solche Gedankengefüge müssen den europäisch-amerikanischen Beobachtern schon sehr früh aufgefallen sein. Zu unseren ersten Zeugen gehört Heckewelder [...] Seine Überlegungen zeigen, wie nahe er dem Sinn der indianischen Philosophie gekommen ist, die doch ihm, dem überzeugten Herrnhuter, so fremd war wie ein Planet am Ende der Milchstraße:

„Sie [die Indianer] sehen, so schreibt er, alle Wesen, die der Schöpfer mit Willen und freier Beweglichkeit ausgestattet hat, als eine große Gemeinschaft an. Zwar ist der Mensch imstande und befugt, die anderen Lebewesen zu lenken. Doch zwischen ihm und der Tierwelt bestehen intime Verwandtschaftsbande, oder sie bestanden einmal in Urzeiten. So halten sie sich selbst nur für die Ersten unter Gleichen. Die Menschen beherrschen zwar legitim und erblich die gesamte Tierwelt, allein sie reihen sich hier ein als ein unabtrennlicher Teil. [...] Die gesamte belebte Natur, in welchem Rang auch immer, ist in ihren Augen ein großes Ganzes. Von ihr sich zu trennen, haben sie bis jetzt noch nicht gewagt. Sie schließen die Tiere nicht einmal

(1) Werner Müller, Indianische Welterfahrung, Klett/Cotta, Stuttgart ^{2}1985, S. 72.
(2) Werner Müller, Indianische Welterfahrung, Klett/ Cotta, Stuttgart ^{2}1985, S. 42 bis 47. Müller bezieht sich in diesem Abschnitt auf folgende Literatur:
(3) Teit: Tahltan Tales. Journal of American Folklore 32 (1919), 219.

aus der Geisterwelt aus, jenem jenseitigen Ort, an den sie nach ihrem Tode zu kommen hoffen."[4]

Heckewelders Erkenntnisse betreffen die Delaware des achtzehnten Jahrhunderts, doch klingt es bei den heutigen Pueblo nicht viel anders. Die Ethnologin Ruth Bunzel beschreibt ihre Erfahrungen bei den Zuñi in New Mexico mit folgenden Sätzen:

„Der Mensch ist nicht der Herr der Welt. Wald und Boden wurden ihm nicht übereignet, damit er sie ausplündere. Er steht auf der gleichen Stufe wie Kaninchen, Hirsch und die aufsprießenden Maispflanzen, und er muß sich ihnen behutsam nähern, als wolle er sie überreden, ihr Leben für die Lust oder die Notwendigkeiten des Menschen herzugeben. Deswegen jagt man den Hirsch in ritueller Weise; man lockt ihn mit heiligen Gesängen, erlegt ihn dann auf vorgeschriebene Weise und empfängt ihn zu Hause wie einen geehrten Gast. Schließlich sendet man ihn mit reichen Gaben fort, um den anderen Hirschen zu berichten, wie wohl man ihn in seines Vaters Haus aufgenommen habe. Auch die große Gottheit, die Sonne, und all die kleineren Gottheiten wie die Katschinas, Regenmacher, Tiergötter, Kriegsgötter, die Alten, muß man daran erinnern, daß der Mensch von ihrer Güte abhängt, und daß umgekehrt auch ihre Dauer und ihr Glück der Anhänglichkeit des Menschen entfließen."[5] [...]

In solchen Überzeugungen wurzelt auch die indianische Erziehung mit ihrer Dämpfung des menschlichen Ehrgeizes und ihrer ständigen Mahnung zur Rücksicht. So berichtet der Ottawa George Copway, seine Eltern hätten ihm Schreien und Singen im Walde untersagt, da der Wald den Tieren gehöre, und die Tiere hätten einen Anspruch darauf, vom menschlichen Lärm unbelästigt zu bleiben – eine Seelenregung, die jede Zivilisation beschämt.[6] Hier gründet auch eine Art indianischen Naturschutzes. Die Vorstellung des neunzehnten Jahrhunderts, der „Primitive" oder der vorgeschichtliche Mensch habe sich mit hochgeschwungenem Knüppel auf die Tierwelt gestürzt und rechts und links alles totgeschlagen, bis die Reviere leergejagt waren, entbehrt jeden Wahrheitsgehaltes und vertritt lediglich die Voreingenommenheiten darwinistischen Stils.
In Nordamerika jedenfalls bleibt das jägerische Handeln erheblich eingeengt, einmal durch rituelle Vorschriften, sodann durch den Glauben an die „Vollständigkeit" der Schöpfung: das kosmische Haus muß mit seinem Inhalt lückenlos vorhanden sein, um leben und wirken zu können; es darf keine einzige Erscheinung fehlen, weder Tier noch Pflanze; sie müssen also notfalls geschont werden. Eindringliche Zeugnisse belegen das Entsetzen der Indianer über das brutale Vorgehen der Weißen, über ihre Geldgier, die den Kontinent in kürzester Frist ausraubte.
„Die Weißen verderben unser Land, sie machen die ganze Natur seufzen. Sie schneiden die Kräuter mit langen Messern, sie verderben die Kräuter, und die Kräuter weinen. Sie töten die Bäume mit mörderischem Eisen, sie tun den Bäumen Unrecht, und die Bäume weinen. Sie reißen die Eingeweide der Erde auf, sie tun der Erde weh, und die Erde weint. Sie vergiften das Wasser unserer klaren Flüsse und machen es trübe, die Fische sterben, und die Fische und die Flüsse weinen. So seht ihr: die Fische und Flüsse weinen, die Bäume weinen, die Erde weint, die Wiesenkräuter weinen – ja, die ganze Natur machen die Weißen seufzen. Oh, die Undankbaren! Auch sie wird Strafe ereilen!" [...]

„In solchen Aussagen wirkt durchaus nicht nur der Gedanke an den ökonomischen Verlust, der mit der Vernichtung der Wildreisfelder, Lotosbeete, Büffelherden, Wandertauben, Labradorenten einhergeht, sondern vor allem die Scheu vor der Störung der Weltsymmetrie. Diese Erhaltung des Gleichgewichts in der Natur kümmert den Weißen überhaupt nicht; das Erlöschen einer Spezies läßt ihn vollkommen gleichgültig, für ihn gibt es nur den Nutzen. Für den Indianer dagegen besitzt die Vorstellung der Weltsymmetrie höchstes Gewicht.
Feiern die Sioux-Osagen auf der Prärie ein Ritual, so muß der Kosmos zugegen sein und die Feier miterleben: Schnappschildkröte, Kolbenschilfrohr, Süßwassermuschel, Rot-Zeder, Wasser, Riedgras, Hirsch, Eiche, rechte Flußseite, linke Flußseite, Flußbett, Rotfisch, Schwarzfisch, Otter, männlicher Biber, Bogen, Pfeile, Baumwollebaum, Spinne, Spreizotter, Büffelschlange, schwarze Schlange, Klapperschlange, Kürbisrassel, Schmetterling, Goldadler, Schwarzbär, schwarzer Felsen, roter Felsen, weißer Felsen, gelber Felsen – und so fort bis ins Unendliche. Jeder Teil des Welthauses erscheint in den Sinnbildern der Gentes, und die Vertreter der Gentes, die alten Mäünner, sitzen rings an den Wänden des Ritualzeltes und halten diese Symbole leibhaftig in den Händen: Grasbüschel, Maiskörner, Pelzstücke, farbige Lehme. Was nicht faßbar ist – Sonne, Mond, Nacht, Sternbild – denkt man sich geistig anwesend. Kein Osageritus vermag zu beginnen, ehe nicht das Welthaus vollzählig versammelt ist, um der heiligen Handlung beizuwohnen.
Man stelle sich vor, hier fehle auf einmal dieses

(4) John Heckewelder: An account of the history, manners and customs of the Indian nations. Transactions of the Historical and Literary Committee on the American Philosophical society vol. 1 (1919), 317ff.
(5) Ruth Lea Bunzel: Introduction to Zuni Ceremonialism. 47. Annual Report of the Bureau of American Ethnology 1929–1930. Washington 1932, 488f.
(6) Recollections of a Forest Life. London 1851, 18.

oder jenes Stück Weltinhalt, weil der Mensch es ausgerottet hat! Eine solche Lücke wäre gleichbedeutend mit einer Katastrophe; nicht eine einzige Feier vermöchte abzulaufen, weil der unbedingt notwendige Rahmen des Weltganzen mangelte und so die Wirkung jeder Feier vernichtet würde. Die Unversehrtheit der Welt gehört sonach zu den Existenzunterlagen dieses Denkens und zwingt zu einer dauernden Rücksichtnahme auf das Ganze, zu einer notwendigen Einpassung des Menschen in das außermenschliche Leben.
In Hinsicht auf moderne Vorstellungen ließe sich sagen: Der Indianer kennt keine *Um*welt. Denn „Umwelt" ist ja ganz und gar vom Menschen her gedacht; die Welt als Hintergrund, als erhaltenswert, soweit es der Nutzen des *Menschen* verlangt, beachtenswert allein als menschenbezogenes „Um". Der Kontrast von indianischer Haltung und europäischem Egoismus liegt auf der Hand."

Methodische Hinweise

Die Schüler lesen zunächst beide Texte und äußern auf dem Hintergrund zuvor gelesener Gedichte ihre Beobachtungen. Dabei sollten die Einstellungen und Verhaltensweisen der Menschen gegenüber der Natur im Mittelpunkt des Gesprächs stehen. Erst danach folgt eine genaue Interpretation jedes der beiden Texte. Über Zugriffsmöglichkeiten und sinnvolle Unterrichtsabläufe geben die Arbeitsvorschläge genügend Hinweise.

Arbeitsvorschläge

- ▷ Lest beide Texte und verständigt euch über eure Eindrücke.
- ▷ Welche unterschiedlichen Einstellungen und Verhaltensweisen der Menschen gegenüber der Natur erkennt ihr?
- ▷ Betrachtet das Bild „Heuernte" (S. 43) von Pieter Breughel dem Älteren (entstanden 1565), und bezieht es in eure Überlegungen mit ein: Was tun die Menschen?
  Welche Veränderungen haben sie in der Natur geschaffen?
  Äußert eure Vermutungen über das Verhältnis der Menschen zur Natur, und vergleicht es mit heutigen Zuständen.

Zu Alfred Tillich

- ▷ Könnt ihr aus der Überschrift „Erde" Hinweise auf das Thema des Gedichtes erhalten?
- ▷ In den mittleren Versgruppen (Z. 12 bis 43) wird das Verhalten der Menschen und ihre Einstellung zur Erde gezeigt.
  Nennt und erklärt alle Schlüsselwörter (Verben und Nomina), mit denen das Handeln gegenwärtiger Menschen gekennzeichnet wird (Z. 12 bis 32).
  Erklärt alle Wendungen, die auf die Sehnsüchte und Hoffnungen zukünftiger Menschen verweisen (Z. 33 bis 43).
- ▷ Weshalb nehmen die Rahmenstrophen eine Sonderstellung ein (Z. 3 bis 11 und 44 bis 49)?
  Beachtet die Anreden an die Erde und alle Wendungen, die eine Wertung enthalten.

Zu Häuptling Seattle

- ▷ Welche Informationen über die Situation der Indianer des Duwamish-Stammes erhaltet ihr in der Einleitung und in der 1855 gehaltenen Rede des Häuptlings Seattle?
- ▷ Gegenüber Isaac Stephens erklärt der Häuptling: „Unsere Art ist anders als die eure". Wie ist dieser Satz zu verstehen?
  Nennt und erklärt alle bildhaften (metaphorischen) Wendungen, die das Verhältnis der Indianer zur Natur zeigen.
- ▷ Wie kennzeichnet der Indianer die Einstellung der weißen Rasse zur Natur? Welche Meinung vertretet ihr?
- ▷ Vergleicht den ersten Satz der Rede „Wir sind ein Teil der Erde" mit folgenden Überlegungen des Indianers: „Denn das wissen wir, die Erde gehört nicht den Menschen, der Mensch gehört zur Erde ... Alles ist miteinander verbunden, wie das Blut, das eine Familie vereint ... Was die Erde befällt, befällt auch die Söhne der Erde. Der Mensch schuf nicht das Gewebe des Lebens, er ist darin nur eine Faser. Was immer ihr dem Gewebe antut, das tut ihr euch selber an ..."
  Wie kennzeichnet Häuptling Seattle das Verhältnis der Menschen zur Erde?
  Welche Aufgaben ergeben sich daraus für die Menschen?

Thema „Auf der Flucht vor dem Beton" (S. 44–47)

Thomas A. Merk: Abschied vom Lande; Walter Helmut Fritz: Bäume; Bertolt Brecht: Der Pflaumenbaum; Günter Kunert: Unterwegs nach Utopia; Margarete Hannsmann: Landschaft;

Die folgenden fünf Gedichte betonen, teilweise auf provozierende Weise, das rücksichtslose, ausbeuterische Verhalten der Menschen gegenüber der Natur, das nicht nur zur Zerstörung gewachsener Kultur (Th. A. Merk, W. H. Fritz), sondern auch zum Verlust der Lebensqualität und zur Entfremdung der Menschen führt (G. Kunert). Es werden Generationen kommen, so betont Margarete Hannsmann, die die Plünderung der Erde aus Raffgier und falscher Wohlstandssicherung verurteilen werden. Sie werden ihre Eltern dafür zur Rechenschaft ziehen, daß sie ihre Verantwortung gegenüber der Schöpfung aus egoistischen Motiven verfehlt und die Erde für künftige Generationen nicht unbeschädigt bewahrt haben.

Thomas A. Merk: Abschied vom Lande (S. 44)
Walter Helmut Fritz: Bäume (S. 44)
Bertolt Brecht: Der Pflaumenbaum (S. 45)
Günter Kunert: Unterwegs nach Utopia (S. 46)
Margarete Hannsmann: Landschaft (S. 47)

Interpretationsskizzen

Zu Thomas A. Merk: Die provozierende Überschrift „Abschied vom Lande" des 1980 entstandenen Gedichtes deutet an, daß der Zeitpunkt der endgültigen Zerstörung ländlicher Kulturlandschaft gekommen ist. Die Landschaftsbilder der vier einfachen, jeweils aus vier Versen bestehenden Strophen zeigen Zeichen des Stillstands und des Verfalls („Höfe zerfallen", Z. 4; „Im Schuppen vergessene Maschinen", Z. 8; „Traktorspuren/ über dem Mais vom vorigen Jahr", Z. 14/15). Der Vergleich verfallender Höfe mit den vom Winde zerstobenen Wolken signalisiert, wie schnell und unaufhaltsam der Zerstörungsprozeß voranschreitet. Die Ursachen für die Verwüstung natürlicher Landschaft werden dem Leser gewissermaßen in fotografischer Technik in mehreren Einzelbildern vor Augen geführt: Der Verfasser zeigt eine durch betonierte Wege und Flußufer geschändete Landschaft (Str. I), er verweist auf einförmige Siedlungen und Wohnanlagen, die in das Land vorstoßen (Str. II/III), und er führt eine öde Industrielandschaft mit rauchenden Schornsteinen vor Augen, deren Ausstoß den Horizont verdunkelt (Str. IV). Die neue Zeit kündigt sich in metaphorischen Wendungen und Vergleichen an („Tief schlägt Beton die Wurzeln ins Land", Z. 6; „Schon droht in glatten Uniformen/ die freche Vorhut der Siedlungshäuser", Z. 16/17; „Wolken der Industrie/ wie Räderrollen am Horizont", Z. 19/20), die auf die Unaufhaltsamkeit und Aggressivität des Zerstörungsprozesses, auf die monotone Einförmigkeit menschlicher Siedlungen und auf die Bedrohung künftiger Generationen verweisen.

Zu Walter Helmut Fritz: Wieder werden in einer Stadt Bäume gefällt, um Raum für Parkplätze zu schaffen. „Nichts ist so gering, als daß es nicht Gegenstand des Gedichtes werden könnte", formuliert W. H. Fritz. „Der Lesende bekommt, indem er (im Gedicht) ein Stück eigene Umgebung ... wiederfindet, möglicherweise einen geschärften Blick für die Dinge, für das, was er selber tut".[1] Durch

(1) W. H. Fritz, Das Problem der Lakonie im zeitgenössischen Gedicht, in: L. Jordan, A. Marquardt und W. Woesler (Hrsg.), Lyrik – von allen Seiten. Gedichte und Aufsätze des ersten Lyrikertreffens in Münster, S. Fischer Verlag (Collection Fischer, Bd. 20), Frankfurt a. M. 1981, S. 261/62.

die stenogrammartige Notiz dieses scheinbar unbeachteten, alltäglichen Vorgangs wird der Blick dafür geschärft, daß Menschen bis zum heutigen Tag dazu neigen, materielle Bedürfnisse dem Schutz der Natur unterzuordnen, ohne darüber nachzudenken, daß sie mit jedem gefällten Baum zugleich ein Stück eigener Lebensqualität zerstören.
Darüber hinaus setzt sich W. H. Fritz mit Brechts Versen aus dem biographischen Gedicht „An die Nachgeborenen" auseinander, das dieser kurz vor dem Ausbruch des 2. Weltkriegs im dänischen Exil geschrieben und unter den „Svendborger Gedichten" (1933 bis 1938) veröffentlicht hat:
„Was sind das für Zeiten, wo
ein Gespräch über Bäume fast ein Verbrechen ist,
weil es ein Schweigen über so viele Untaten einschließt".
Brecht klagt darin u.a. über die „finsteren Zeiten" der Jahre nach 1933, in denen die Untaten der nationalsozialistischen Diktatur die Welt innerhalb und außerhalb Europas zunehmend beunruhigten. Vor dem Hintergrund der von Hitler geschaffenen politischen Verhältnisse ist ein „Gespräch über Bäume fast ein Verbrechen", weil jeder engagierte Autor seine Kraft darauf verwenden sollte, die Welt über die Verbrechen des nationalsozialistischen Regimes aufzuklären. Brecht dürfte mit seinen Versen auch die Tendenz zur Weltflucht in zahlreichen Naturgedichten des ausgehenden 19. und beginnenden 20. Jahrhunderts im Sinn gehabt haben, als er sein berühmt gewordenes Verdikt gegen das „Gespräch über Bäume" formulierte. Fritz kehrt Brechts Verse um, indem er erklärt, daß es inzwischen „fast zu einem Verbrechen geworden" sei, „nicht über Bäume zu sprechen". Das Gespräch über Bäume – so meint der zeitgenössische Autor – ist deshalb nötig geworden, weil ihr Schicksal zeigt, was ausbeuterisches menschliches Verhalten mit der Natur und dem geplünderten Planeten Erde angerichtet hat. „Die Natur ist politisch geworden. Sie ist schon lange nicht mehr lyrischer Fluchtort für den weltfremden Idylliker, der sich aus der Realität der Städte, des Verkehrs und der Industrie absetzt, weil er die besinnliche und beschauliche Ruhe sucht ... Natur ist eingeengter, gefährdeter Minimalraum geworden, und ... auf der Suche nach einer Zukunft, die das Leben möglich macht, ist der Mensch dabei, zur Natur zurückzufinden."[1]

Zu Bertolt Brecht: Das zwischen 1933 bis 1938 entstandene Gedicht hat Brecht erstmals unter den „Svendborger Gedichten" veröffentlicht. In den schlichten, beinahe spröde wirkenden Versen zeigt der Sprecher die kümmerliche Situation eines kleinen Pflaumenbaums, der im Hinterhof eines Mietshauses mitten in einer Großstadt stehen könnte. Ein Gitter muß ihn davor bewahren, krumm getreten zu werden. Er kann weder wachsen noch Früchte tragen, weil es dem zwischen Häuser eingepferchten Plaumenbaum an Sonne fehlt.

„Den Pflaumenbaum glaubt man ihm kaum
Weil er nie eine Pflaume hat
Doch er ist ein Pflaumenbaum
Man kennt es an dem Blatt."

Zwar besteht der Sprecher in der durch den erstmals auftretenden Kreuzreim (abab), den Binnenreim und das entgegensetzende „Doch" (III, 3) hervorgehobenen Schlußstrophe auf der Aussage: „Er ist ein Pflaumenbaum"; aber der Binnenreim des ersten Verses („Pflaumenbaum ... kaum") macht das letzte Wort des dritten Verses (wiederum „Pflaumenbaum") als Reimwort untauglich. Darin deutet sich an, daß es mit dem „Pflaumenbaum", kaum daß er zu wachsen anfing, bereits zu Ende geht.
Das Gedicht ähnelt Brechts etwa zur gleichen Zeit entstandenem Baumgedicht „Über die Fruchtbarkeit".

„Der Obstbaum, der kein Obst bringt
Wird unfruchtbar gescholten. Wer
Untersucht den Boden?

Der Ast, der zusammenbricht
Wird faul gescholten, aber
Hat nicht Schnee auf ihm gelegen?[2]

(1) Edgar Marsch (Hrsg.), Moderne deutsche Naturlyrik, Philipp Reclam jun., Universal Bibliothek Nr. 9969 (5), Stuttgart 1980. 271.
(2) Bertolt Brecht, Gesammelte Werke 9. Gedichte 2, werkausgabe edition suhrkamp, Suhrkamp Verlag, Frankfurt a. M. 1967, S. 602.

Der Vergleich beider Gedichte macht deutlich, daß Brecht mit dem Bild des kümmernden Baumes auf den armseligen, mittelmäßigen Menschen verweist, der sich aufgrund der hoffnungslosen sozialen und politischen Situation nicht entfalten kann.

Zu Günter Kunert: Das Warngedicht ist 1977 in dem gleichnamigen Gedichtband „Unterwegs nach Utopia" erschienen. Mit dem Titel für den gesamten Zyklus und für die beiden Gedichte „Unterwegs nach Utopia I und II" spielt Kunert auf Thomas Morus' Roman „Utopia" an, in dem der englische Autor im 16. Jahrhundert (1516) den idealen und vollkommenen Staat der Zukunft schildert. Allerdings wird die durch die Überschrift „Unterwegs nach Utopia" und die Anfangsverse beider Strophen geweckte Lesererwartung („Auf der Flucht/ ... geht es zu/ wie im Märchen ...", Str. I; „... findest du/ vielleicht/ einen grünen Fleck ...", Str. II) ironisch umgekehrt, denn das gesuchte Land der Sehnsucht ist unerreichbar: „Wo du/ auch ankommst/ er (der Beton) erwartet dich/ grau und gründlich".
Ein weiterer motivischer Hintergrund ist das Märchen „Der Hase und der Igel". Es schildert den Wettlauf der beiden ungleichen Tiere, den der listige Igel deshalb gewinnt, weil er am anderen Ende des Feldes seine Frau postiert, so daß er unmittelbar nach dem Start in der Furche liegenbleiben und den Hasen allein laufen lassen kann. Sobald der erstaunte Hase seinen Wettlauf beendet hat, ruft ihm bereits ein Igel in Siegerpose entgegen: „Ick bün all (schon) hier". Während des vierundsiebzigsten Wettlaufs erleidet der erschöpfte Hase einen Blutsturz und bleibt tot in der Furche des Feldes liegen. Das Märchenmotiv will auf die anscheinende Vergeblichkeit menschlicher Bemühungen verweisen, den Zerstörungen der Umwelt zu entfliehen. Auf der Flucht werden die Menschen augenscheinlich von den selbst verursachten Problemen eingeholt und durch diese allmählich zugrundegerichtet.
Damit bestätigt sich, was Kunert in dem unmittelbar vorausgehenden, ebenfalls „Unterwegs nach Utopia" genannten Gedicht formuliert: Utopia liegt, „wo keiner lebend hingelangt/ wo nur Sehnsucht/ überwintert".[1] Zwar bleibt die Sehnsucht nach einer unzerstörten Schöpfung bestehen, aber sie ist erstarrt (vgl. die Metapher „überwintert") und hat ihre wirklichkeitsverändernde Kraft verloren. Damit wird die Hoffnung auf eine lebenswerte Zukunft provozierend verneint.

Zu Margarete Hannsmann: Das 1980 entstandene Prosagedicht schließt mit seiner Warnung vor der Zerstörung der natürlichen Umwelt unmittelbar an Kunerts Verse an. Strukturbestimmend ist der Gegensatz zwischen den Werten vergangener bzw. gegenwärtiger und künftiger Generationen. Die Generationen der Industriegesellschaft haben mit „Fabriken", „Supermärkten" und „Einkaufszentren" den Konsum als höchsten Wert propagiert, sie haben riesenhafte Städte gebaut und die Landschaft auf vielfältige Weise zerstört (vgl. Z. 15ff.). Daraus ergibt sich die Warnung des Sprechers: „Aber es werden Menschen kommen/ denen das zeitauf zeitab/ der Fabriken gleichgültig ist" (Z. 3 bis 5). Die kommenden Generationen werden nach anderen Werten suchen, nach (mittlerweile ausgestorbenen) Pflanzen und Tieren fragen (nach Sumpfdotterblumen und Wacholder, nach Vögeln, Fischen, Füchsen und Schafen) und eine unzerstörte Natur verlangen („fragen nach dem Millionen Jahre alten Wind", nach dem „unbegradigten Fluß", Z. 7/8 und 19). Sie werden ihre Eltern dafür verantwortlich machen, daß sie ihre Verantwortung gegenüber der Schöpfung verfehlt und die Erde nicht für künftige Generationen bewahrt haben.

Methodische Hinweise

In den Arbeitsvorschlägen werden Anregungen für methodische Zugriffe und mögliche Unterrichtsabläufe gegeben. Zu ergänzen ist:
● Die Schüler sollen die fünf Gedichte keineswegs nacheinander interpretieren, sondern sich nach dem Vortrag aller Gedichte und einem ersten informellen Gespräch für die genaue Untersuchung ein einzelnes oder

(1) Günter Kunert, Unterwegs nach Utopia. Gedichte, Hanser Verlag, München/Wien 1978 (3. Aufl.), S. 75

mehrere Gedichte aussuchen, die ihnen besonders interessant erscheinen.

- Bei der Interpretation des Brechtschen Gedichtes „Der Pflaumenbaum“ bietet sich für den Einstieg, aber auch für die Schlußbesprechung der Vergleich mit dem Gemälde „Junge mit Reifen“ von Hughie Lee-Smith an (S. 45). Für die Interpretation des Kunertschen Gedichtes „Unterwegs nach Utopia“ eignet sich wegen der Darstellungsweise der Natur, dem Motiv der „Flucht vor dem Beton“ und der ironischen Struktur Max Peintners Zeichnung „Die ungebrochene Anziehungskraft der Natur“ (S. 46) zum Vergleich.
- Ein Vergleich von Brechts „Pflaumenbaum“ mit dem etwa zur gleichen Zeit entstandenen Baumgedicht „Über die Fruchtbarkeit“ (siehe im vorliegenden Lehrerband auf S. 37, Interpretationsskizze zu Brecht, „Der Pflaumenbaum“) dürfte das Verständnis des ersten Gedichtes erheblich erleichtern.

Arbeitsvorschläge

▷ Tragt die Gedichte vor. Überlegt, welcher Zusammenhang zwischen dem Thema „Auf der Flucht vor dem Beton“ und dem Inhalt der Gedichte besteht. Warum werden wohl gegenwärtig Themen über die Verantwortung des Menschen gegenüber der Natur in der Öffentlichkeit immer häufiger diskutiert?

▷ Zur genaueren Untersuchung könnt ihr zunächst ein einzelnes Gedicht oder eine Gedichtgruppe auswählen, die euch besonders gefällt. Aufgaben zu allen Gedichten findet ihr auf den folgenden Seiten.

Thomas A. Merk: Abschied vom Lande (S. 44)

▷ Welche Erwartungen weckt der Gedichttitel „Abschied vom Lande“? Werden sie vom Inhalt des Gedichtes eingelöst?

▷ *Zu jeder der vier Strophen könnt ihr euch die Fotografie einer Landschaft vorstellen. Was ist auf den Fotos zu sehen? Wenn ihr Lust habt, könnt ihr die Landschaften auch zeichnen oder malen.*

▷ Wie zeigt sich die Spannung zwischen alter und neuer Zeit?

▷ Die angedeutete Spannung erkennt ihr genauer, wenn ihr in jeder Strophe die Vergleiche und Metaphern untersucht, z. B.

Höfe zerfallen unter dem Himmel
wie Wolken im trägen Wind der Zeit
...
Beton
schlägt die Wurzeln ins Land
...

Walter Helmut Fritz: Bäume (S. 44)
Bertolt Brecht: Der Pflaumenbaum (S. 44)

▷ Tragt die beiden Gedichte laut vor, und vergleicht anschließend: die dargestellte Situation, die Lebensbedingungen und die Umgebung der Bäume,
die Perspektive und
die Einstellung des Sprechers gegenüber der Natur.

▷ Zu W. H. Fritz: Bäume
Walter Helmut Fritz bezieht sich in seinem nach 1972 entstandenen Gedicht auf Verse von Bertolt Brecht, die dieser während des Hitlerkrieges in seinem Exil in Dänemark geschrieben hat:
„Was sind das für Zeiten, wo
ein Gespräch über Bäume fast ein Verbrechen ist,
weil es ein Schweigen über so viele Untaten einschließt.“
(aus: An die Nachgeborenen)
Wie verändert W. H. Fritz die Verse Brechts (vgl. Z. 9ff.)?
Warum ist es in der Gegenwart ein Verbrechen, nicht über Bäume zu reden?

▷ Zu B. Brecht. Der Pflaumenbaum
B. Brecht hat mit Bildern aus der Natur häufig auf Situationen von Menschen hingewiesen.
Bezieht in eure Überlegungen das **Gemälde „Junge mit Reifen“ von Hughie Lee-Smith (S. 45)** mit ein, auf dem ebenfalls die Situation eines Menschen in einer bestimmten Umwelt thematisiert wird.

Günter Kunert: Unterwegs nach Utopia (S. 46)
Margarete Hannsmann: Landschaft (S. 47)

▷ Lest die beiden Gedichte, und betrachtet die **Zeichnung von Max Peintner, Die ungebrochene Anziehungskraft der Natur (S. 46).** Welche Beziehungen erkennt ihr zwischen den Gedichten und der Zeichnung? Achtet besonders auf
die Darstellung der Natur und
das Motiv der „Flucht vor dem Beton“.

▷ Zu G. Kunert: Unterwegs nach Utopia
Kennt ihr das Märchen, auf das Kunert anspielt? Erzählt es.

▷ „Utopia" ist ein erdachtes, ideales Land der Zukunft, auf das die Menschen hoffen und das sie sich erträumen. Wie sieht „Utopia" in G. Kunerts Gedicht aus?

▷ In beiden Strophen wird der Vorgang der „Flucht vor dem Beton" dargestellt. Welches Ende nimmt die Flucht?
Erklärt die überraschende Schlußwendung jeder Strophe. (Die unerwartete Wendung des Geschehens nennen wir *Pointe*)

▷ Zu M. Hannsmann: Landschaft
Das Gedicht spricht von den Menschen der Zukunft:
Inwiefern unterscheiden sie sich von früheren Generationen?
Welche Fragen werden die Menschen in Zukunft stellen?

▷ Welcher Art sind die Fragesätze? Warum fehlen wohl im letzten Teil des Gedichtes die Satzzeichen? Überlegt, welche Zeichen ihr einsetzen könntet.

▷ Tragt die beiden „Warngedichte" noch einmal vor.
Welche Warnungen an die Menschen erkennt ihr?
Haltet ihr sie für berechtigt?

Thema „Größe des Menschen" (S. 48/49)

Wolf Biermann: Größe des Menschen; Johannes Bobrowski: Das Wort Mensch; Marie Luise Kaschnitz: Und immer war einer;
Die Gedichte dieses Abschnitts zeigen die „Zerstörungskraft" der Menschen, die sich selbst und die ihnen anvertraute Erde mehrfach vernichten können (Wolf Biermann). Sie zeigen die Menschen aber auch in ihrer Abhängigkeit von anderen. Erst durch ihre Sprache und die Begegnung mit anderen lernen sie, als Menschen zu leben. Deshalb fordern die Gedichte die Fähigkeit zur Liebe (J. Bobrowski) und stellen Werte wie Gemeinschaft, Freiheit, Würde und Hoffnung heraus (M. L. Kaschnitz).

Wolf Biermann: Größe des Menschen (S. 48)
Johannes Bobrowski: Das Wort Mensch (S. 49)
Marie Luise Kaschnitz: Und immer war einer (S. 49)

Interpretationsskizzen

Wolf Biermann zeigt zunächst in vier aufeinanderfolgenden Bildern die ungebändigte Kraft der Naturgewalten. Sie äußern sich im jahrtausendelangen, kontinuierlichen Wirken des Regens, der Berge „flußabwärts ins Meer (schwemmt) wie nichts", und in unerwarteten Katastrophen wie Sturmfluten, Vulkanausbrüchen und Erdbeben, denen immer wieder Tausende von Menschen zum Opfer fallen (zu beachten ist die an Homer erinnernde suggestive Kraft der Sprache mit ihren zusammengesetzten Adjektiven und expressiven Metaphern, Z. 5 bis 10). Die überraschende Wendung in dem durch seine Länge deutlich hervorgehobenen Schlußvers besteht darin, daß die beim Leser durch die Überschrift geweckte Erwartung ironisch ins Gegenteil verkehrt wird, denn die „Größe des Menschen" besteht nicht in der Bändigung der Naturgewalten, sondern in seiner „Zerstörungskraft". Diese zum Widerspruch herausfordernde Schlußpointe wird verständlich, wenn man bedenkt, daß das Gedicht in einer Zeit entstanden ist (veröffentlicht 1977), in der das bedenkliche Verhalten der Menschen gegenüber der Umwelt diskutiert wird und in der Terror, Kriege, Völkermorde, Hunger in der dritten Welt und eine scheinbar unaufhaltsame Rüstungseskalation als eine von Menschen verursachte ständige Bedrohung über den Völkern der Erde liegen.

Johannes Bobrowski verweist auf die Verwendung des Wortes Mensch im Duden („als Vokabel/ eingeordnet .../ zwischen Mensa und Menschengedenken") und auf den alltäglichen Sprachgebrauch, in dem das Wort, oftmals zur inhaltslosen Formel verkommen, selten den Aspekt der Menschlichkeit enthält (Z. 3 bis 15). Deshalb verlangt der Sprecher in den Schlußversen: Niemals sollte das Wort Mensch ausgesprochen werden, wo „Liebe" fehlt, da die Fähigkeit zur Liebe den Menschen von allen anderen Lebewesen unterscheidet (Z. 16/17). Liebe im Sinne Bobrowskis verlangt, frei zu werden von übertriebenem Eigennutz, Offenheit für andere zu gewinnen, sie als Personen zu bejahen und sie in ihrer Menschenwürde anzuerkennen (vgl. den griechischen Begriff der Agape). So wird die Liebe, wenn sie sich auf eine Gruppe von Menschen richtet, zur Humanität, die in Staat und Gesellschaft eine gerechte Ordnung fördert und jedem einzelnen ein menschenwürdiges Leben sichert.

Marie Luise Kaschnitz warnt zwei Jahre nach dem Zusammenbruch des Dritten Reiches davor (das Gedicht ist 1947 veröffentlicht), in materieller Lebenssicherung und Steigerung des Lebensstandards den Sinn des Lebens zu suchen (vgl. die deutliche Herausstellung der Zeilen 6 bis 8 durch die dreimalige Verneinung und die parallelistische Satzkonstruktion). Vielmehr stellt sie nach den Erfahrungen im Hitlerstaat die in christlicher Tradition wurzelnden Werte und Menschenrechte wie „Würde des Menschen", „Freiheit", „Zusammenklang", „Hoffnung" und „Liebe" heraus (Z. 9/10). Der Begriff des „Zusammenklangs" verweist auf die Versöhnung aller gesellschaftlichen Gruppen des in Deutschland neu zu gründenden Staates. Nach den Erfahrungen der Verbrechen am jüdischen Volk und an zahllosen Gegnern des Naziregimes werden „Würde" und „Freiheit" der Menschen als Grundrechte besonders hervorgehoben. Die in christlicher Tradition wurzelnde Verfasserin weiß, daß das christliche Gemeinschaftsleben dazu seinen ganz spezifischen Beitrag geleistet hat, denn mit dem Eintritt christlicher Gemeinden in die antike Welt wurde zum erstenmal eine herrschaftsfreie Form menschlichen Zusammenlebens sichtbar, deren Ermöglichungsgrund der Glaube an die Befreiung von den in der Welt herrschenden Mächten war. In der desolaten geschichtlichen Situation des Jahres 1947 stellt die Verfasserin neben der Fähigkeit zur Liebe (vgl. oben) vor allem die „Hoffnung" heraus, die im Gegensatz zur Verzweiflung die Zukunft als eine offene, noch zu gestaltende Möglichkeit begreift.

Methodische Hinweise

Weil die drei Gedichte dieses Abschnitts auf die Frage „Was ist der Mensch?" unterschiedliche bzw. gegensätzliche Antworten geben, sollten sie in der im Lesebuch vorgegebenen Reihenfolge behandelt werden.
Als Einstieg in die Besprechung von *Wolf Biermanns Gedicht „Größe des Menschen"* ist ein Vergleich mit Pieter Brueghels Gemälde „Turmbau zu Babel" besonders geeignet, weil den Schülern auf diese Weise die Ambivalenz der Überschrift bereits im ersten Zugriff bewußt wird. In *Johannes Bobrowskis Gedicht* wird der alltagssprachliche Gebrauch des Wortes Mensch zwar angedeutet, aber nicht konkretisiert („hör' ich das Wort, die Vokabel / hör' ich häufig, ich / kann aufzählen, von wem, ich kann / anfangen damit"). Die Erarbeitung sollte deshalb mit der Füllung dieser Leerstelle und der Auswertung des gefundenen Wortfeldes beginnen, z.B. Menschenmenge, Menschenmaterial, Menschenhandel, Menschenskind ... Zu dem im Jahre 1947 erstmals veröffentlichten *Gedicht von Marie Luise Kaschnitz* sollten die Schüler als Hilfe vom Lehrer einige Informationen über die Nachkriegssituation vor der Gründung der Bundesrepublik Deutschland erhalten.
Über das weitere methodische Vorgehen bei der Erarbeitung der drei Gedichte geben die Arbeitsvorschläge Anregungen:

Arbeitsvorschläge

In diesen drei Gedichten steht das Leben der Menschen im Mittelpunkt des Nachdenkens.

▷ Lest die Gedichte. Welchen Gefährdungen sind Menschen ausgesetzt? Welche Fähigkeiten werden ihnen zugesprochen? Erklärt die Werte, an denen sich die Menschen orientieren sollten.

Wolf Biermann: Größe des Menschen (S. 48)

▷ Überlegt, wie die Überschrift „Größe des Menschen" zu verstehen ist.

▷ Welcher Zusammenhang besteht zwischen der Darstellung der Naturgewalten in den Versgruppen 1–4 (beachtet besonders die Adjektiv- und Verbalmetaphern) und der abschließenden Aussage über den Menschen?

▷ Neben diesem Gedicht steht das Gemälde **„Turmbau zu Babel" von Pieter Breughel d. Ä. (S. 48).** Lest dazu auch die Geschichte vom Turmbau zu Babel in der Bibel (1. Mose, Kap. 11, V. 1–9).
Welche Fähigkeiten und Gefährdungen des Menschen werden gezeigt? Nennt Beispiele für wissenschaftliche und technische Projekte, in denen die Kunstfertigkeit und das Wissen, aber auch die Gefährdung des Menschen sichtbar wird.

Johannes Bobrowski: Das Wort Mensch (S. 49)

▷ Wie wird die Vokabel „Mensch" im Alltag verwendet,
z. B. in einem Wörterbuch wie dem „Duden" (Zeile 3–6)
oder in der Stadt, wo sie jedermann im Munde führt (Z. 7–15)?
Prüft im Alltag verwendete Zusammensetzungen mit dem Wort Mensch: Menschenmenge, Menschenmaterial ...

▷ Könnt ihr einen Zusammenhang zwischen den Überlegungen über das Wort „Mensch" (Z. 3–15) und der abschließenden Mahnung erkennen:
„wo Liebe nicht ist,
sprich das Wort (Mensch) nicht aus"?

Marie Luise Kaschnitz: Und immer war einer (S. 49)

▷ Inwiefern könnte das Gedicht von M. L. Kaschnitz eine Ergänzung zum vorangegangenen Text darstellen?

▷ Überlegt: Aus welcher Perspektive wird gesprochen?
Wer ist „die ewige Stimme", und welche Bedeutung hat sie wohl im Leben des Sprechers?

▷ Erklärt alle Werte, die die „ewige Stimme" dem Sprecher zuraunt.
Warum schweigt sie wohl von „Maschinen", von der „Vermehrung der Ernten" und von „gewonnenem Schiffsraum"? Was muß die Menschheit, ihrer Meinung nach, in Zukunft vor allem entwickeln?

Thema „Des Krieges Buchstaben" (S. 50–56)

Andreas Gryphius: Tränen des Vaterlandes, anno 1636; Friedrich von Logau: Des Krieges Buchstaben; Matthias Claudius: Kriegslied; Anne Frank: Warten auf die Befreiung; Marie Luise Kaschnitz: Hiroshima; Günter Grass: In Ohnmacht gefallen;

Die Gedichte dieses Abschnitts zeigen das Phänomen des Krieges, das die menschliche Geschichte von den Anfängen bis in die Gegenwart immer begleitet hat. Sie klagen über den Tod unzähliger Menschen sowie über die Schuld der Verantwortlichen, und sie verweisen auf Greueltaten, Zerstörungen, Nöte und Leiden, denen die Dichter in verschiedenen Jahrhunderten auf unterschiedliche Weise Ausdruck verliehen haben.

Interpretationsskizzen

Zu Andreas Gryphius: Im Jahre 1636 wütete in Deutschland der Dreißigjährige Krieg (1618–1648) seit fast zwei Jahrzehnten. Der anfängliche Glaubensstreit hatte sich längst zu einem mörderischen Kampf entwickelt, über den Andreas Gryphius (1616–1664) klagte: „Indem unser ganzes Land sich nunmehr in seiner eigenen Asche verscharrt und in einen Schauplatz der Eitelkeit verwandelt, bin ich geflissen, die Vergänglichkeit menschlicher Sachen ... darzustellen".[1]

Der einleitende Alexandriner nennt ohne Umschweife das Thema: „Wir sind doch nunmehr ganz, ja mehr denn ganz verheeret!" Im 17. Jahrhundert empfand man deutlich, daß das Wort „verheeret" von Heer abgeleitet ist und auf die plündernden bzw. brandschatzenden Soldatenhorden anspielt, die das Land überzogen und in weiten Teilen verwüsteten. Außerdem stellt sich der Sprecher mit dem Personalpronomen „wir" in die Schar derer, die vom grausamen Schicksal des Krieges betroffen sind. In den beiden Quartetten folgen Bilder des Kriegselends, welche die im Eingangsvers angedeuteten Greuel veranschaulichen. Die an die Apokalypse erinnernde Bildreihe des ersten Quartetts – „die rasende Posaun", „das vom Blut fette Schwert", „die donnernde Kartaun" – läßt erkennen, daß der barocke Autor die Grauen des Kriegs als Vorschein der Endzeit verstand. Die wirklichkeitsnahen, geordneten Bilder des zweiten Quartetts dagegen zeigen das ganze Ausmaß der Zerstörung: Die Türme (die wehrhafte Sicherheit der Städte), die Kirchen (das geistliche Leben) und das Rathaus (die weltliche Ordnung) sind zerstört und, mit dem Tod bzw. der Schändung der jungen Männer und Frauen ist die Zukunft des gesamten Volkes in Frage gestellt (V. 8/9).

Im ersten Terzett steigert der Verfasser die Wirkung der Aussage, indem er neben die bereits gewohnten apokalyptischen Bilder des Grauens – „durch die Schanz und Stadt rinnt allzeit frisches Blut", die Ströme des Landes sind „von Leichen fast verstopft" – die Dimension der Zeit stellt, denn die Wendungen „allzeit" und „dreimal ... sechs Jahr" heben die Dauer des Krieges und die Sehnsucht des Sprechers nach seiner Beendigung hervor. (Der Hinweis auf die 18jährige Kriegsdauer führt auf die Überschrift „anno 1636" zurück.)

Mit der antithetischen Wendung „Doch schweig ich noch" leitet das zweite Terzett zu einer letzten Steigerung in den im 17. Jahrhundert wichtigen religiösen Bereich über. Schlimmer als „Tod", „Pest", „Glut" und „Hungersnot" ist, „daß auch der Seelenschatz so vielen abgezwungen", (letzter Vers).

„Der Schatz, das kostbarste Gut der Seele, ist in der Wertordnung des Barock der christliche Glaube. ‚Der Seelen Schatz' ist aber auch zugleich die Seele selbst, die Seele als Schatz. So ist der Ausdruck wohl vieldeutig ...: ‚Abzwingen des Seelen Schatzes' heißt zunächst ganz einfach, daß viele Menschen durch äußere, staatliche Gewalt, die gemäß dem Grundsatz ‚cuius regio, eius religio' ausgeübt wurde, zu einem Wechsel der Konfession gezwungen wurden. Sodann bedeutet es, daß die Menschen durch die Not der Zeit den Glauben verloren haben oder im Glauben schwach geworden sind. Diese Gedanken weiterführend kann das Wort ‚Seelen-Schatz' schließlich auch einfach das Gute in den Menschen meinen ... Nicht nur Tod, Pest, Brand und Hunger haben die Menschen vernichtet, sondern in der Umwelt des Kriegselends sind sie sittlich verkommen, eigensüchtig, bösartig, seelenlos geworden."[2]

Und dieser Verlust ist „ärger als der Tod", stellt der Sprecher in den Schlußversen fest.

Zu Friedrich van Logau: Das epigrammatische „Sinngedicht" ist sechs Jahre nach Beendigung des Dreißigjährigen Kriegs im Jahre 1654 entstanden und wirkt wie ein Rückblick auf die Greuel vergangener Auseinandersetzungen. Die Überschrift und der Begriff „Krieg" der sich aus den Anfangsbuchstaben der ersten fünf Verse ergibt (= Akrostichon) geben das Thema an. Die asyndetische Reihung der Nomina an den Versanfängen und der expressiven Verben an den Versschlüssen verweisen auf die körperlichen und seelischen Qualen, die alle von Kriegen Betroffenen zu erleiden haben. Im monotonen Gleichklang der zweisilbigen Reimwörter (verzehret, verheeret, verkehret, beschweret, lehret, gewähret) wird die Dauer der nicht endenden Leiden angedeutet. Kriege lassen Bürger und Bauern verarmen und vernichten ihren Besitz (Vers 1/2), sie rauben ihnen ihre Gesundheit

(1) Aus: Vorrede zum Beginn der Tragödie „Leo Arminius".

(2) Erich Trunz: Andreas Gryphius, Tränen des Vaterlandes, in: B. v. Wiese (Hrsg.), Die deutsche Lyrik. Form und Geschichte, Bagel Verlag, Düsseldorf 1959, S. 142/43.

(Vers 4), verbreiten Unrecht und lassen die Menschen sittlich verkommen (Vers 3 und 5). Deshalb wirkt der als Hauptsatz abgehobene Schlußvers wie eine Mahnung an alle von Kriegen betroffenen Menschen, in Zukunft ähnliches Unglück abzuwenden.

Zu Matthias Claudius:

„Das Kriegslied von Claudius ist [...] eine Art Gelegenheitsgedicht. Es entstand aus Anlaß des sogenannten Bayerischen Erbfolgekrieges, der 1778 ausbrach. Friedrich II. von Preußen führte ihn gegen Joseph II., der die Stellung Österreichs im Reich nach dem Aussterben der bayerischen Linie der Wittelsbacher – 1777 war Maximilian Joseph gestorben – durch den Gewinn Niederbayerns und der Oberpfalz zu stärken suchte. Herzog Carl Theodor von der Pfalz, der Bayern geerbt hatte, war bereit, seine Erbschaft an Habsburg abzutreten. Friedrich II. verhinderte dies durch die Demonstration eines kurzen Feldzuges nach Böhmen, vor allem aber durch russisch-französische Vermittlung. In diesem merkwürdigen Krieg, den man aus Spott Kartoffelkrieg nannte, verloren die Preußen, ohne daß es überhaupt zu ernsthaftem Kampf gekommen wäre, durch Krankheit und Desertion 8000 Mann. Claudius war über den drohenden Krieg ganz und gar entgeistert. Das geht aus einem Brief hervor, den er 1778 von Wandsbeck aus, das damals im dänischen Holstein lag, an Herzog Friedrich August von Braunschweig schrieb: ‚Wir armen gehorchenden Menschen hatten gehofft, das Frühjahr werde uns den Frieden wiederbringen und daß der liebe Gott die Kriegsrute wieder hinter den Spiegel stekken werde.‘ In diesen Sätzen spricht Claudius unverhohlener und persönlicher als in dem Gedicht, das gleichwohl in der Klage und Anklage direkter ist.“[1]

Das Lied selbst ist als Absage an den Krieg und als Anklage gegen alle am Krieg Schuldigen zu verstehen. Deshalb beginnt der Sprecher mit dem aufschreckenden Ausruf: „'s ist Krieg! 's ist Krieg!“ Er ruft Gottes Engel auf, denen das Handwerk zu legen, die den Krieg verursacht haben, und distanziert sich, indem er entschieden jede Mitschuld zurückweist: „– und ich begehre/ Nicht schuld daran zu sein“. Diese beiden appellativen Verse werden in der sechsten Strophe wörtlich wieder aufgenommen, so daß Claudius mit dem Kehrreim der ersten und letzten Strophe für sein Gedicht einen festen Rahmen schafft.

Die Binnenstrophen enthalten drastische Bilder und abschreckende Visionen von den in Kriegen gefallenen und geschändeten Menschen (Str. 2 bis 5). In alptraumartigen, an Goyas Bilder erinnernden Visionen treten die Geister erschlagener Soldaten, Mütter und Bräute auf, die „blutig, bleich und blaß“ (vgl. Alliterationen) ins Gedächtnis rufen, welche Schuld diejenigen auf sich laden, die die Kriegsgreuel immer wieder verursachen. Den Höhepunkt erreichen die alptraumartigen Visionen in der grotesken Personifizierung von Hunger und Krankheit, die als schauderhafte allegorische Gestalten von einer Leiche herab dem von schrecklichen Gesichten Überfallenen wie Hähne entgegenkrähen. Die leidenschaftliche Dramatik der Strophen und die emotionale Beteiligung des Sprechers spiegeln sich in Ausrufen und Wiederholungen (z.B. Z. 3 und 5), in der Häufung von Fragesätzen (Die Frage „Was soll ich tun?“ wird zu Anfang jeder Strophe durch konditionale Nebensätze steigernd fortgesetzt: wenn – wenn – wenn), in der variierenden Handhabung des zugrunde liegenden jambischen Versmaßes (auf die fünf Hebungen des ersten Verses jeder Strophe und des dritten Verses in der 2. bis 5. Strophe folgen dreihebige bzw.in zwei Fällen vierhebige Verse, Z. 5 und 25), in den gegen das Versmaß gerückten Betonungen (Z. 20) sowie in der Vielzahl von Alliterationen (Z. 8 und 20) und Enjambements, die ihren Höhepunkt in der 5. Strophe erreichen, in der Hunger und Krankheit als allegorische Gestalten auftreten.

Zweifellos ergreift der Verfasser in den eindringlichen Versen Partei für diejenigen, die in Kriegen unsägliche Leiden ertragen haben. Aber er führt vor allem Anklage gegen die wenigen, die die Kriege verursacht haben:

„1778 ist das nicht irgendwer oder jedermann, sondern namhafte Leute. Insofern erhält die erste Zeile der letzten Strophe eine Schlüsselfunktion [...]: *Was hülf mir Kron' und Land und Gold und Ehre?* Diese Wörter umschreiben den Urheber von Krie-

(1) Wolfgang Promies, Bürgerliche Bedenken gegen den Vater aller Dinge. Zu dem Kriegslied von Matthias Claudius, in: Karl Richter (Hrsg.): Gedichte und Interpretationen, Bd. 2: Aufklärung und Sturm und Drang, Philipp Reclam jun. (Universal Bibliothek Nr. 7891), Stuttgart 1983, S. 384/85.

gen und die Ziele derartiger Unternehmen [...] Die Kriegsschuldigen des Schreibjahres 1778 sind die von Gottes Gnaden – insofern erhält die Anrufung zu Anfang des Gedichts noch ihren tieferen, d.h. politischen Sinn. Claudius vertritt damit entschieden bürgerliche Positionen, schrieb er das Gedicht doch in einem Augenblick, da Kriege noch dynastische Angelegenheiten waren, zu denen der Bürger höchstens gepreßt wurde. Sie gingen ihn nichts an; er hatte nur Opfer zu bringen und Leiden zu tragen."[1]

Zu Anne Frank: Das jüdische Mädchen Anne Frank (geb. 1929) mußte nach der Machtergreifung Hitlers im Jahre 1933 mit ihrer Familie aus Deutschland nach Holland fliehen. Unmittelbar nach der Besetzung Hollands durch deutsches Militär (1940), wurde die Familie auch dort verfolgt. Unter ständiger Gefahr, von der Geheimen Staatspolizei entdeckt zu werden, lebte Anne Frank mit ihren Eltern und ihrer älteren Schwester Margot in einem Hinterhaus in der Prinsengracht in der Amsterdamer Altstadt. Das Versteck der Familien Frank und van Dahn (Vater und Sohn Peter sind in den Aufzeichnungen vom 23. Juni erwähnt) war durch ein schwenkbares Aktenregal gut getarnt, die Versorgung mit Lebensmitteln für die Zeit des Aufenthalts durch holländische Freunde sichergestellt. Die Tagebuchaufzeichnungen Anne Franks beginnen am 12. Juni 1942 und enden am 1. August 1944, denn am 4. August drang deutsche Staatspolizei in das Hinterhaus ein und verhaftete die dort versteckten Familien. Die fünfzehnjährige Anne Frank starb im März 1945, unmittelbar vor der Befreiung Hollands, im Konzentrationslager Bergen-Belsen.
Ihre Gedanken, Hoffnungen und Erlebnisse während der Zeit ihres erzwungenen Aufenthalts in der Prinsengracht schrieb sie in einem Tagebuch nieder, das Holländer nach der Festnahme der Familie in dem Versteck unter alten Zeitschriften und Zeitungen entdeckten. Der Textauszug zeigt, daß die Tagebuchschreiberin während ihres Wartens auf die Befreiung die politischen und alltäglichen Ereignisse der Außenwelt mit äußerster Sensibilität registrierte. Hervorzuheben sind die ersehnte Invasion der alliierten Mächte und das Attentat deutscher Offiziere auf Hitler, Bombenangriffe, Krankheiten und Epidemien, Schwarzhandel, Unterernährung und Menschenschlangen der nach Lebensmitteln anstehenden hungernden Holländer, Kohlenmangel, Einbrüche und immer wieder Deportationen unschuldiger Menschen in Konzentrationslager durch die deutsche Staatspolizei. Die Briefschreiberin schwankt ständig zwischen Zuversicht und Todesangst, Hoffnung und Verzweiflung. Ihre Hoffnung auf eine baldige Befreiung wird durch die im Rundfunk angekündigte und später tatsächlich eingeleitete Invasion der Alliierten genährt, deren Fortgang beinahe in jeder Tagebuchnotiz festgestellt wird: „Die Hoffnung belebt uns, gibt uns wieder Mut, macht uns wieder stark". Todesangst und Verzweiflung überfallen die im Hinterhaus verborgene Schreiberin, wenn sie von Verhaftungen und Deportationen Unschuldiger durch die deutsche Staatspolizei hört. Deshalb wirkt die Verhaftung des „Gemüsemanns", der in seinem Hause zwei Juden versteckt hielt, wie ein Vorgriff auf das Schicksal Anne Franks: „Niemand weiß, was morgen geschieht".

Zu Marie Luise Kaschnitz: Die Überschrift „Hiroshima" des 1956 geschriebenen Gedichtes erinnert an das grauenhafte Ereignis des ersten Atombombenabwurfs auf die japanische Stadt Hiroshima am 6. 8. 1945. Durch einen einzigen Bombenabwurf wurden etwa hundertfünfzigtausend Menschen getötet oder schwer verletzt. Über den Piloten und die Besatzung des Bombenflugzeugs wurden in den Medien unterschiedliche Meldungen verbreitet.
Das Gedicht beginnt mit einem dreimal wiederholten Subjektsatz („Der den Tod auf Hiroshima warf", Z. 3, 5 und 7), dem jeweils unterschiedliche Aussagen über den Bombenwerfer folgen: Er „ging ins Kloster", „sprang vom Stuhl in die Schlinge", „fiel in Wahnsinn" (Z. 4, 6, 8). Bei genauerem Hinsehen zeigt sich, daß die Verfasserin Vermutungen äußert, die einander widersprechen. Läuterung (Z. 4), Selbstgericht (Z. 6) oder Wahnsinn (Z. 8 bis 10) sind denkbare Reaktionen des an seiner Schuld zerbrochenen Piloten,

(1) Wolfgang Promies, a.a.O., S. 363/64.

die aber alle der Wirklichkeit nicht entsprechen. Auf sie wird in der 2. Versgruppe verwiesen, wobei der Perspektivenwechsel anzeigt, daß sich der Sprecher auf eigene Erfahrungen gründet: „Erst vor kurzem *sah ich ihn*/ Im Garten seines Hauses vor der Stadt" (Z. 12/13). Doch die hier angedeutete bürgerliche Existenz, die der Pilot als braver Familienvater zu führen scheint (Familie, Haus, Rosenbüsche, junge Frau im Blumenkleid, zwei Kinder: Junge und Mädchen), ist ein Klischee, wie es die Verfasserin ähnlich auf einem Foto in einer Illustrierten gefunden hatte.[1]

Die Wahrheit verbirgt sich in der doppelbödigen Sprache der zweiten Versgruppe. Wer eine so ungeheure Tat ausgeführt hat, darf nicht darauf hoffen, daß sie jemals vergessen wird („Das wächst nicht so schnell, daß sich einer verbergen könnte/ Im Wald des Vergessens", Z. 15/16). Alle Versuche, sich zu verstecken, werden scheitern, denn das Haus, in dem der Pilot wohnt, bietet keinen Schutz (vgl. die Wendung das „nackte Vorstadthaus"). Ebenso verhindert der Fotograf als „das Auge der Welt" (syntaktisch hervorgehobene, das Gedicht abschließende Metapher, Z. 25) den Rückzug in die private Idylle. Schließlich entlarvt die mehrdeutige Sprache den schuldig gewordenen Piloten: „Sehr gut erkennbar war er selbst/ vierbeinig auf dem Grasplatz, das Gesicht/ Verzerrt von Lachen" (Z. 22 bis 24). Durch die Wendungen „vierbeinig", „auf dem Grasplatz", „das Gesicht verzerrt" wird eine Verbindung zum Animalischen geschaffen, die durch das Bild des Sohnes, der über dem Kopf des Vaters die Peitsche schwingt, verstärkt wird. Auf diese Weise gelingt es der Verfasserin, das zufriedene Kleinbürgerdasein des schuldig gewordenen Piloten als scheinhaft zu entlarven und die im Bombenwurf sichtbar gewordene „korrumpierte menschliche Natur" erneut zu enthüllen.[2]

Zu Günter Grass: Das 1967 erschienene Protestgedicht agitiert gegen die Brutalität moderner Kriegsführung vornehmlich im Vietnam-Krieg (vgl. elfmalige Wiederholung der in der Lyrik der 60er Jahre häufig verwendeten Napalm-Metapher) und stellt die Ohnmacht jeden Protestes gegen die politischen Mächte heraus. Strukturbestimmendes Merkmal des steigernd aufgebauten Gedichtes („Wir lesen und stellen uns vor – wir protestieren – Ohnmacht") ist seine Ironie. Sie wird in den Wortspielen sichtbar (z. B. „Wir lesen Napalm und stellen Napalm uns vor. / Da wir uns ... nicht vorstellen können,/ lesen wir ..., bis wir uns mehr ... vorstellen können", Z. 3 bis 6) und richtet sich zunächst gegen die in Sicherheit und Wohlstand lebenden Bürger, die sich eher aus Neugier als aus Betroffenheit und tatsächlicher Anteilnahme über die Greuel weit entfernter Kriege informieren („Siehst du, ... / Das machen sie mit Napalm", Z. 11/12). Darüber hinaus entlarvt die Ironie eine Erscheinung unserer Konsumgesellschaft, die mit dem Elend leidender Menschen wie mit einer Ware handelt („Bald wird es preiswerte Bildbände / mit besseren Fotos geben, / Auf denen deutlicher wird, / Was Napalm vermag", Z. 13 bis 16), und sie entlarvt die Gruppe der Protestierenden, deren Protest von Medien gesteuert und manipuliert wird („Aber es gibt, so lesen wir, / Schlimmeres als Napalm. / Schnell protestieren wir gegen Schlimmeres", Z. 18 bis 20). In Beeinflußbarkeit und mangelndem Durchhaltevermögen liegt also eine Ursache für die „Ohnmacht" der Protestierenden (vgl. das ironische Wortspiel „Ohnmacht", „ohnmächtig", „ohne Macht", Z. 23 bis 25). Außerdem wird jeder Protest in einem feinmaschigen Netz von Regeln, Vorschriften und für den einzelnen unsichtbaren, von ihm selbst nicht zu beeinflussenden Gesetzmäßigkeiten eingefangen (Z. 26/27).

Methodische Hinweise

Die fünf Gedichte und der Tagebuchausschnitt sollten unter dem Gesichtspunkt des Vergleichs behandelt werden. Dennoch erscheint es sinnvoll, nach einem ersten orientierenden Lesen für die genauere Analyse ein-

(1) Anmerkung der Verfasserin zu ihrem Gedicht: „Ich sah in einer Illustrierten das Foto eines Mannes, der leben mußte, ein Kleinbürger". In: Hilde Domin (Hrsg.), Nachkrieg und Unfrieden. Gedichte als Index 1945–1970, Luchterhand Verlag (Sammlung Luchterhand), Neuwied und Berlin 1970, S. 39.

(2) Schluß der Interpretationsskizze in Anlehnung an H. Müller, Formen moderner deutscher Lyrik, Schöningh Verlag, Paderborn 1970, S. 128/29.

zelne Texte aus verschiedenen Jahrhunderten auszuwählen, z. B. „Tränen des Vaterlandes“, „Kriegslied“ und „Hiroshima“. Es bietet sich aber auch an, in einer ersten Einheit die Gedichte aus dem 17./18. Jahrhundert (Gryphius, Logau, Claudius) und zu einem späteren Zeitpunkt die aus dem 20. Jahrhundert zu behandeln (Tagebuch der Anne Frank, Kaschnitz, Grass). In jedem Fall sollten die Gemälde von Marc Chagall, „Der Krieg“, bei der Behandlung von Gryphius' „Tränen des Vaterlandes“ und von Pablo Picasso, „Guernica“, bei der Auseinandersetzung mit Marie Luise Kaschnitz' „Hiroshima“ vergleichend hinzugezogen werden.
Über methodische Zugriffe und mögliche Unterrichtsabläufe geben die Aufgaben Auskunft.

Arbeitsvorschläge

▷ Lest alle Gedichte und den Tagebuchtext zum Thema Krieg. Welche Hinweise geben die Texte auf die Zeit, in der sie entstanden sind?

▷ Welche Einstellungen und Haltungen gegenüber dem Krieg erkennt ihr in den Gedichten und im Tagebuchtext?

▷ *Sammelt aus Illustrierten und Zeitungen Schlagzeilen und Fotos zum Thema Krieg, Flucht und Vertreibung, und fertigt zusammen mit ausgewählten Versen aus den Gedichten eine Collage an.*

▷ Wählt zur genauen Untersuchung zunächst eine Textgruppe aus, die euch besonders beeindruckt. Aufgaben zu allen Texten findet ihr auf den folgenden Seiten.

Andreas Gryphius: Tränen des Vaterlandes, anno 1636 (S. 50)

▷ Tragt das Sonett[1] laut vor. Klärt alle Wörter und Wendungen, die auf die Schrecken und Zerstörungen des 30jährigen Krieges hinweisen.

▷ Im ersten Vers wird eine Behauptung bzw. These formuliert. Aus welcher Perspektive wird dabei gesprochen?

▷ Zeigt, wie die Anfangsthese in den Quartetten und im ersten Terzett (Z. 3–13) entfaltet wird. Beachtet dabei
alle Bilder, die das Kriegselend veranschaulichen,
die Häufung der Nomina (Die Anordnung einer Wortreihe in stufenweiser Steigerung nennen wir *Klimax*),
die Bedeutung des Tempuswechsels im 2. Quartett (Z. 7ff.) und
die Darstellung der Zeit im 1. Terzett (Z. 11–13).

▷ Das Wörtchen „doch“ deutet auf eine Veränderung des Themas hin (V. 12). Welche Gedanken und Überlegungen bewegen den Sprecher in den Schlußversen?

▷ Betrachtet das **Gemälde von Marc Chagall, Der Krieg (S. 50),** das 1964 entstanden ist. Was ist auf dem Bild im einzelnen zu sehen? Aus welcher Perspektive zeigt Chagall den Krieg?
Vergleicht die Darstellung des Kriegselends bei Gryphius und Marc Chagall.

Friedrich v. Logau: Des Krieges Buchstaben (S. 51)

Das einstrophige Gedicht Friedrich v. Logaus (1604–1655) ist sechs Jahre nach Beendigung des 30jährigen Krieges entstanden (1654). Es wirkt wie ein Rückblick auf die Greuel des vergangenen Krieges.

▷ Wie wird der Krieg dargestellt? Achtet dabei besonders auf die Wörter am Anfang und Ende der Verse.
Welches Wort ergibt sich aus den ersten Buchstaben eines jeden Verses? (Wenn bei einem Gedicht die Anfangsbuchstaben der einzelnen Verse aneinandergereiht ein Wort bzw. einen Namen ergeben, sprechen wir von einem *Akrostichon*).

Matthias Claudius: Kriegslied (S. 51)

Matthias Claudius (1740–1815) beobachtete den bayrischen Erbfolgestreit im Jahre 1778 mit größter Sorge, er mahnte die streitenden Parteien zum Frieden und klagte in einem Brief an Herzog Friedrich von Braunschweig: „Wir armen gehorchenden Menschen hatten gehofft, das Frühjahr werde uns den Frieden wiederbringen und daß der liebe Gott die Kriegsrute wieder hinter den Spiegel stecken werde. Aber es scheint wohl, daß wir noch nicht genug gezüchtigt sind. Bitten Sie doch den König, daß kein neuer Krieg werde“.[2]

▷ Welche Hinweise auf die Entwicklung des Konflikts könnt ihr dem Gedicht entnehmen?

(1) Zur Form des Sonetts vgl. Aufgaben zu Gryphius, „An die Sterne“, S. 30.
(2) Matthias Claudius, Die Erde ist doch schön, 1778, Neudruck: Witten und Berlin 1957, S. 217.

▷ Vergleicht die beiden Rahmenstrophen (1 und 6) miteinander.
Achtet dabei besonders auf
die Perspektive und
die Einstellung des Sprechenden zum Krieg.

▷ In den Binnenstrophen (2–5) treten die Geister der im Kriege Erschlagenen auf. Untersucht die sich steigernden bildhaften Vorstellungen, die Kette der Verben „weinten", „wälzten", „fluchten" ... und die Personifikation von Hunger, Seuche und Not in der 5. Strophe.

▷ Welche Wirkung geht von der metrisch-rhythmischen Bewegung der Verse aus?
Zeichnet das Metrum der ersten Strophen auf,
bestimmt die wechselnde Zahl der Hebungen in den Versen,
kennzeichnet die Sprechpausen und
zeigt, wie einzelne Verse ohne Sprechpause ineinander übergehen. (Wir sprechen von *Zeilensprung* oder *Enjambement,* wenn die Sätze ohne Pause bzw. Satzzeichen von einem Vers auf den folgenden übergreifen).

Anne Frank: Warten auf die Befreiung (S. 52)

Das jüdische Mädchen Anne Frank (geb. 1929) mußte nach der Machtergreifung Hitlers im Jahr 1933 mit ihrer Familie aus Deutschland nach Holland fliehen. Unmittelbar nach der Besetzung Hollands durch deutsches Militär (1940) wurde die Familie auch dort verfolgt. Unter ständiger Gefahr, von der Geheimen Staatspolizei entdeckt zu werden, lebte Anne Frank mit ihrer Familie in einem Hinterhaus in der Prinsengracht in Amsterdam.
Ihre Gedanken, Erwartungen und Hoffnungen schrieb sie in einem Tagebuch nieder, das Holländer nach der Festnahme der Familie in ihrem Versteck unter alten Zeitschriften und Zeitungen entdeckten.

▷ In den Tagebuchauszügen werden Vorgänge und Ereignisse aus dem Jahre 1944 geschildert. Welche Informationen über das Kriegsgeschehen, über die Ereignisse in Holland und über die Situation Annes könnt ihr dem Tagebuch entnehmen?

▷ Trotz ihrer ausweglosen Situation gibt Anne Frank ihre Hoffnung niemals auf. Zeigt, wie sie über die Ereignisse an der Front, das Attentat auf Hitler und die erhoffte Befreiung spricht.

Marie Luise Kaschnitz: Hiroshima; Pablo Picasso: Guernica (S. 54/55)

Die Überschrift des 1956 entstandenen Gedichtes „Hiroshima" erinnert an das grauenhafte Ereignis des ersten Atombombenabwurfs auf die japanische Stadt Hiroshima am 6. 8. 1945. Durch einen einzigen Bombenabwurf wurden etwa hundertundfünfzigtausend Menschen getötet oder schwer verletzt. Über den Piloten und die Besatzung des Bombenflugzeugs wurden in den Zeitungen unterschiedliche Meldungen verbreitet.

▷ Welche Informationen über den Flugzeugpiloten gibt das Gedicht?

▷ Kennzeichnet das Verhältnis der ersten gegenüber der zweiten Versgruppe. Achtet dabei auf den Wechsel der Perspektive und die Aussagen über den Piloten.
In welchem Vers kennzeichnet die Verfasserin selbst das Verhältnis der beiden Gedichtstrophen zueinander?

▷ Untersucht die Metaphern in der zweiten Versgruppe:
Welche Bedeutung erhalten
die „Hecken und Rosenbüsche" durch die Metapher „Wald des Vergessens",
der „Fotograf" durch die Metapher „Auge der Welt"?
Wie hängen die beiden Metaphern gedanklich zusammen?

▷ Für welche Beurteilung des Flugzeugpiloten entscheidet sich die Autorin mit folgendem Kommentar: „Ich sah in einer Illustrierten das Foto eines Mannes, der leben mußte, ein Kleinbürgerdasein"?
Wie beurteilt ihr die Frage nach der Schuld des Piloten?

Pablo Picasso malte das 3,51 × 7,82 m große Gemälde **Guernica** im Jahr 1937, um die Welt auf das unmenschliche Verbrechen der Vernichtung der kleinen baskischen Wallfahrtsstadt Guernica während des spanischen Bürgerkrieges durch Luftangriffe von Hitlers Legion Condor aufmerksam zu machen, die auf seiten des faschistischen Generals Franco in die Kämpfe eingriff.
Der junge spanische Priester Alberto de Onaindia sah das Bombardement am Nachmittag und Abend des 26. April 1937 mit an:
„Von unserem Versteck aus konnten wir sehen, was geschah, ohne selbst gesehen zu werden. Die Flugzeuge kamen ganz tief angeflogen, sie waren höchstens 200 m hoch", warfen Bomben oder verfolgten die fliehenden Menschen auf Straßen und Feldern. „Unterdessen stürzten

Frauen und Kinder getroffen nieder, wie Fliegen, überall sahen wir große Pfützen von Blut. Ich sah einen alten Bauern, der allein auf dem Feld stand: Eine Maschinengewehrgarbe tötete ihn. Mehr als eine Stunde blieben die achtzehn Maschinen in einer Höhe von wenigen hundert Metern über Guernica, und sie warfen Bombe auf Bombe. Von dem Lärm der Explosionen und dem Geräusch der einstürzenden Häuser macht man sich keinen Begriff ...
Gegen 7 Uhr flogen die Maschinen ab, und nun kam eine neue Welle, die diesmal in sehr großer Höhe flog. Die zweite Welle warf Brandbomben auf unsere gemarterte Stadt. Das zweite Bombardement dauerte 35 Minuten, aber es reichte hin, um den ganzen Ort in einen gewaltigen Feuerofen zu verwandeln ... In den ersten Nachtstunden sah ich fürchterliche Szenen: Männer, Frauen und Kinder liefen durch den Wald und suchten ihre Angehörigen. In den meisten Fällen fanden sie nur die Leichen, durchsiebt von den Kugeln der Bordwaffen."[1]

▷ Durch welche Szenen des Gemäldes werden die Greuel der Vernichtung zum Ausdruck gebracht? Wo könnt ihr aber auch Momente der Hoffnung auf Trost und Frieden erkennen?

Günter Grass: In Ohnmacht gefallen (S. 56)

Napalm ist der Stoff für eine Brandbombe, die sich beim Aufschlag von selbst entzündet. Die dabei entweichende brennende Masse haftet überall, ist unlöschbar und entwickelt eine Hitze von mehr als 2000 °C.

▷ Gehört dieses 1967 entstandene Gedicht überhaupt in die Reihe der Gedichte über den Krieg? Aus welcher Perspektive wird gesprochen?

▷ In welchen Alltagssituationen hören die Menschen etwas über Napalm? Welche Bedeutung hat der wortspielerische Umgang mit den Schlüsselwörtern „Napalm", „wir lesen" und „stellen ... uns vor"?

▷ Welche Wirkung hat der Protest gegen Napalm?
Achtet besonders auf alle Verse, in denen von „Protest" (Z. 7, 17, 20–22) und „Ohnmacht" (Gedichttitel und Z. 23–25) gesprochen wird.

▷ Die letzten Wörter oder Verse eines Gedichtes haben oft besondere Bedeutung. Kennzeichnet das Verhältnis der beiden letzten Verse zum übrigen Gedicht.

Thema „Kain und Abel" (S. 56–60)

Altes Testament: Kain und Abel;
Emanuel bin Gorion: Kain und Abel;
Walter Helmut Fritz: Kain;
Hilde Domin: Abel steh auf;
Lothar Zenetti: Das Wort Hoffnung;

Der Brudermörder Kain gehört nicht zufällig zu den bevorzugten literarischen Motiven moderner Dichtung. Neben Jonas, der im Innern des Walfischs tiefster Verzweiflung und existentieller Not ausgesetzt ist, und Hiob, dessen Leiden die Grenzen menschenwürdigen Lebens übersteigen, ist Kain die dritte Gestalt aus dem alten Testament, die zum Paradigma geworden ist, weil sie die Grundsituation zeitgenössischer Menschen spiegelt.

(1) Der spanische Bürgerkrieg in Augenzeugenberichten, herausgegeben und eingeleitet von Hans Christian Kirsch, Karl Rauch Verlag, Düsseldorf 1967. Zitiert nach dtv 796, Deutscher Taschenbuchverlag, München 1973, S. 268–270.

Altes Testament: Kain und Abel (S. 56)
Emanuel bin Gorion: Kain und Abel (S. 57)
Walter Helmut Fritz: Kain (S. 59)
Hilde Domin: Abel steh auf (S. 59)
Lothar Zenetti: Das Wort Hoffnung (S. 60)

Interpretationsskizzen

Altes Testament: Kain und Abel: Nach biblischem Verständnis ist Kain von alters her das Beispiel eines aus Haß und Neid schuldig gewordenen Menschen. Die alttestamentarische Erzählung scheint sagen zu wollen: So ist der Mensch. Schuldverstrickung und Mord gehören von Anfang an zu den Möglichkeiten des Menschen, der sich von Gott abgewandt hat (vgl. die Ablehnung von Kains Opfer durch Gott). Die Bereitschaft zu töten hat von Anfang an die Geschichte der Menschen bestimmt, so daß man auch in Zukunft mit Morden und Pogromen wird rechnen müssen. Allerdings scheint der eigentliche Brudermord den biblischen Erzähler nicht in erster Linie zu interessieren, denn er gönnt diesem Vorgang nur wenige beiläufige Worte. Besonders wichtig scheinen ihm die Dialoge zu sein, die der Herr mit Kain führt. Aus ihnen geht hervor, daß sich Kain bereits vor seiner Tat vom Herrn abgewandt hat und daß er mit außergewöhnlicher Gleichgültigkeit jede Verantwortung für seinen Bruder ablehnt: „Soll ich meines Bruders Hüter sein?"

Emanuel bin Gorion: Kain und Abel: Hier rückt die biblische Erzählung in ein überraschendes, neues Licht, denn die beiden im Widerstreit lebenden Brüder sind nicht die Urbilder des guten bzw. bösen Menschen. Kain und Abel erweisen sich vielmehr als ein und dieselbe Person. Aus dem sanften Abel mit seinem „rechtschaffenen Gemüt" und seiner „reinen Seele" ist im Verlauf von 10 Jahren ein obdachloser „Landstreicher" geworden, in dessen „verwüstetes Gesicht" sich die Züge Kains tief eingegraben haben: „Eifersucht, Haß, Mordlust und Trotz, aber auch Trübsal, Herzeleid und Reue". Der Verfasser zeigt den durch Schicksalsschläge, Schuld und soziale Bedingungen völlig veränderten Menschen, der, ausgesetzt in eine lieblose Welt, seine Identität verloren hat. Nach dem abschließenden Geständnis Kains (vgl. letzter Satz) muß der große Maler erkennen, daß es das gesuchte Urbild des verachtenswerten, verwerflichen Kain nicht gibt, denn dieser durch eigenes Verschulden, Unglück und äußere Bedingungen heruntergekommene Mensch verdient unser Mitgefühl und ist des Nachdenkens wert.

Walter Helmut Fritz' Gedicht „Kain" hebt den im biblischen Mythos bereits angelegten Aspekt der mangelnden Verantwortung und Gleichgültigkeit Kains hervor, denn

> Kain „trägt Masken,
> dem eigenen Gesicht
> aus dem Gesicht geschnitten.
> Eine heißt Gleichgültigkeit".

Als Kainsmerkmale moderner Menschen in den Industrienationen könnte man die mangelnde Verantwortung und Gleichgültigkeit gegenüber den Mitmenschen und dem Hunger in der Dritten Welt, gegenüber den Zerstörungen der Umwelt und der alles bedrohenden Rüstungseskalation betrachten. Infolge ihrer „Gleichgültigkeit" sind die Menschen in der gegenwärtigen Situation nicht in der Lage, Frieden zu schließen und die ihnen anvertraute Schöpfung „zu bewahren", um sich auf diese Weise die Hoffnung auf eine lebenswerte Zukunft zu erhalten.

In Hilde Domins Gedicht „Abel steh auf" ist der biblische Mythos von Kain und Abel kein auf die menschliche Frühzeit begrenztes Ereignis, sondern er enthält eine bislang uneingelöste Aufforderung an die Menschen aller geschichtlichen Epochen. Das Ereignis aus Genesis 4 ist nicht beendet, sondern es muß neu durchdacht und „täglich ... neu gespielt werden", damit endlich eine bessere, verantwortungsvollere Antwort gefunden wird als die Kains, der auf die Frage des Herrn, wo sein Bruder sei, gleichgültig und verantwortungslos ausruft: „Soll ich meines Bruders

Hüter sein?" Die richtige Antwort kann nicht darin bestehen, daß Kain auf die Frage des Herrn die vermessene, falsche Antwort ständig wiederholt, zumal das Überleben der Menschheit auf dem Spiele steht. Die richtige Antwort, die in dem Gedicht mit zunehmendem Pathos vorgetragen wird, muß vielmehr lauten:

„Ich bin dein Hüter
Bruder
wie sollte ich nicht dein Hüter sein
... Ja ich bin hier
ich
dein Bruder."

Sobald „diese einzig wichtige Antwort" erfolgt ist, werden „alle Kirchen" (Z. 12) und „Gesetzbücher" (Z. 13) als Heils- und Rechtsinstitutionen überflüssig sein. Die neue, bessere Welt wird sich daran erweisen, daß sich auch „die Kinder Abels/... nicht mehr fürchten" müssen (Z. 31/32). Damit sind zunächst alle Menschen angesprochen, weil nach biblischem Verständnis alle „Adams Kinder" sind. Nach den Massenpogromen dieses Jahrhunderts aber wird wohl in erster Linie auf die Kinder Israels verwiesen, weil sie die unmenschlichen Verfolgungen dieses Jahrhunderts bis hin zu den Gaskammern von Auschwitz zu erleiden hatten. Vor dem Hintergrund dieser entsetzlichen Leiden ist die Furcht des Sprechers („ich fürchte mich täglich", Z. 36) damit zu begründen, daß die zu einem Höhepunkt gelangte Geschichte gegenseitiger Vernichtung sich auch in Zukunft fortsetzen könnte. Nur nach der neuen Antwort Kains wird sich die Angst vor der Zukunft der Menschheit als unbegründet erweisen.

Dann werden auch „die Feuer ... auf der Erde" (Z. 44/45), die täglich als die Feuer von Kriegen und Terrorakten erfahren werden, ihren Charakter wandeln. „Unter der neuen Antwort ... können sie sich in Zeichen des Friedens und der Freude wandeln." (Das Bild des Altars aus Genesis 4, auf dem das Brandopfer Gott wohlgefällig emporsteigt, steht im Hintergrund.)

„Selbst das Feuer der Treibsätze am Schwanz der Raketen schreckt nun die Menschen nicht mehr als brennendes Zeichen für die modernen Dimensionen des Brudermordes, sondern es wird – als das Feuer von Abel – zum Symbol der Wiederherstellung der anfänglichen Einheit von Himmel und Erde."[1]

Demnach ist das Gedicht als Vision des Friedens, aber auch als Appell an die Menschen zu verstehen, die Hoffnung und das Vertrauen auf eine lebenswerte Zukunft nicht aufzugeben, damit sie aus der Kraft menschlicher Phantasie neu gestaltet werden kann.

Das Gedicht Lothar Zenettis (1975 entstanden) bildet den Abschluß der Reihe, weil es mit seinen „Wörtern des Lebens" Wertvorstellungen aufgreift, auf die u.a. Häuptling Seattle („Wir sind ein Teil der Erde"), Johannes Bobrowski („Das Wort Mensch"), Marie Luise Kaschnitz („Und immer war einer") und Hilde Domin („Abel steh auf") bereits verwiesen haben.

In scheinbar kunstloser, katalogähnlicher Form ordnet Zenetti, der im Hauptberuf Pfarrer ist, in zwei siebenzeiligen Strophen Wörter, die positive Wertvorstellungen bergen und die in jedem menschlichen Leben von Bedeutung sind:

Hoffnung und Vertrauen
Dankbarkeit und Treue
Freiheit und Mut
Gerechtigkeit und Frieden
Glück und Glückseligkeit
Gnade und Geduld
Erbarmen
Mutter und Brot
Kind, Vater und Freund
Freundlichkeit und Geborgensein
Meer, Baum und Himmel
Wolke und siebenarmiger Leuchter
Traum und Nacht
Liebe und Du

Bei genauerem Hinsehen zeigt sich, daß die Reihenfolge der Strophen und Wörter keineswegs zufällig und ohne innere Konsequenz ist. In der ersten Strophe erscheinen Werte, die die biblische Botschaft verkündet, die in enger Beziehung zur sittlichen Natur des Menschen stehen und die teilweise zu den Grundwerten demokratischer Staaten gehören

(1) Friedrich Kienecker: Es sind noch Lieder zu singen. Beispiele moderner christlicher Lyrik, Ludgerus Verlag, Essen 1978, S. 139.

(Freiheit, Gerechtigkeit, Frieden). Die Wörter der zweiten Strophe beziehen sich vornehmlich auf den privaten Lebensraum der Familie. Deshalb werden Vater und Mutter als Ursprung und Zuflucht des Kindes genannt. Zugleich besteht ein innerer Zusammenhang zwischen den Wörtern, die in den Versen 1 bis 7 gegenübergestellt sind: z. B. zwischen Hoffnung/Vertrauen und Mutter (V. 1), zwischen Dankbarkeit/Treue und Kind/Vater/Freund (V. 2). Auch die Assoziationskette zwischen den Wörtern einer jeden Strophe entwickelt sich in einer Weise, daß die Wörter einen lockeren gedanklichen Zusammenhang erkennen lassen. Einige Beispiele können das verdeutlichen: Nur der hoffende Mensch gewinnt die Fähigkeit zum Vertrauen (wie Verzweiflung Mißtrauen hervorruft). Ebenso besteht zwischen Vertrauen und Treue über die etymologische Verwandtschaft hinaus ein Bedeutungszusammenhang, da ihr Wortinhalt Zuverlässigkeit und Dauer einschließt. In der zweiten Strophe wird die Mutter als Ursprung und Zuflucht des Kindes überraschenderweise in einem Atemzug mit dem Wort „Brot" genannt, das unser Leben erhält. Dieser Aspekt wird im folgenden Vers sogleich um die Dimension der Familie erweitert. Die Familie ist die Keimzelle der Gemeinschaft, und in ihr „erfährt der Mensch Freundlichkeit und Geborgenheit ... Mutter und Geborgenheit gehören ebenso eng zusammen wie Vater und Freundschaft."[1] Darüber hinaus sind auch die Strophenschlüsse deutlich aufeinander bezogen. Während das lyrische Ich in der ersten Strophe bekenntnishaft von sich selber spricht: „ja davon lebe ich", fügt es im hymnischen Preis der Schlußverse ein „wir" hinzu: „Feiern will ich die Wörter/von denen wir leben". Der Sprecher hebt noch einmal emphatisch hervor, daß die genannten Werte für das Leben aller Menschen von existentieller Bedeutung sind.

Methodische Hinweise

Da die Gedichte und Prosatexte um das biblische Motiv von Kain und Abel kreisen, müssen die Schüler zunächst über den Text aus Genesis 4 informiert werden (eventuell Kooperation mit dem Fach Religion). Methodischer Ansatzpunkt bei der Behandlung der Texte von Emanuel bin Gorion, Walter Helmut Fritz und Hilde Domin ist der Vergleich. Die Schüler entscheiden entsprechend ihrem Interesse darüber, welche Schwerpunkte sie setzen und mit welchem der drei Texte sie ihre Arbeit beginnen wollen. In jedem Fall sollte nicht versäumt werden, im Zusammenhang mit der Friedensvision in Hilde Domins Gedicht „Abel steh auf" Pablo Picassos Gemälde „Kind mit Taube" (S. 58) zum Vergleich mit heranzuziehen. Damit kann die Unterrichtseinheit abgeschlossen werden. Es ist aber auch möglich, im Anschluß an Domins Gedicht die Unterrichtseinheit mit der Behandlung von Lothar Zenettis Gedicht „Das Wort Hoffnung" abzuschließen.

Arbeitsvorschläge

▷ Die Texte von bin Gorion, Fritz und Domin greifen auf die biblische Erzählung von Kain und Abel zurück. Welche Gemeinsamkeiten und Abweichungen gegenüber der biblischen Vorlage stellt ihr in ihnen fest?

Emanuel bin Gorion: Kain und Abel (S. 56)

▷ Unterstreicht alle Zeitangaben, beschreibt die Absicht und den Verlauf der Arbeit des großen Künstlers (auf diese Weise gelangt ihr zu einer Gliederung des Textes), und arbeitet den Kontrast zwischen den Figuren Kain und Abel heraus.

▷ Am Schluß nimmt die Geschichte eine überraschende Wende *(Pointe)*. Worin besteht sie? Welche Bedeutung hat sie für das Verständnis der Geschichte?

Walter Helmut Fritz: Kain (S. 57)

▷ Inwiefern unterscheidet sich Kain in diesem Gedicht von der entsprechenden Gestalt in Emanuel bin Gorions Prosatext?

▷ Ist es wahr, daß die Maske der Gleichgültigkeit für Menschen der Gegenwart charakteristisch ist?

(1) Eine genaue Analyse der Wortkonstellationen findet sich bei Friedrich Kienecker: Es sind noch Lieder zu singen ... Beispiele moderner christlicher Lyrik, Ludgerus Verlag, Essen 1978, S. 147 bis 154.

Hilde Domin: Abel steh auf (S. 57)

▷ Die Autorin stellt fest, daß die biblische Geschichte von Kain und Abel rückgängig gemacht bzw. neu gespielt werden müsse.
Welchen Verlauf soll die neue Geschichte von Kain und Abel nehmen?
Wie stellt sich die Verfasserin den neuen Kain und die Beziehung der Brüder vor (Z. 20–30)?
Welche Hoffnungen erwachsen aus der veränderten Beziehung für alle Menschen (Z. 31–42)?

▷ Am Ende des Gedichtes steht das Motiv des Feuers im Vordergrund (Z. 43–47).
Bisher waren die Feuer, die auf der Erde brannten, die vernichtenden Feuer der Kriege (vgl. Kap. „Des Krieges Buchstaben“).
Welche Bedeutung erhält das Feuer in den Schlußversen dieses Gedichtes?

▷ Betrachtet das **Gemälde von Pablo Picasso, „Kind mit Taube“ (S. 56):** den Gesichtsausdruck des Mädchens, die Haltung seiner Hände, die Taube an seiner Brust ...
Könnt ihr Beziehungen zwischen dem Bild und dem Thema des Gedichtes von Hilde Domin erkennen?

Lothar Zenetti: Das Wort Hoffnung (S. 60)

▷ Inwiefern könnte der Text Lothar Zenettis mit dem vorangegangenen Gedicht „Abel steh auf“ von Hilde Domin in eine Art „Gespräch“ eintreten?

▷ Der Sprecher stellt in zwei siebenzeiligen Strophen „Wörter der Hoffnung“ zusammen.
Erklärt die Schlüsselwörter,
und erläutert die Beziehungen zwischen wichtigen Wortpaaren.
Welche Unterschiede erkennt ihr zwischen den Wörtern der ersten und zweiten Strophe?

▷ Was meint ihr: Haben die „Wörter der Hoffnung“ im Leben der Menschen Bedeutung? Sind es Wörter, „von denen wir leben“?

Wir sehen andere, andere sehen uns – Berichte und Erzählungen

I. Zur Konzeption des Kapitels

Begründung und Zielsetzung

Die Doppelüberschrift deutet an, daß es in diesem Kapitel um mehreres geht. Der Zusammenhang zwischen den Variationen zu einem Thema und den unterschiedlichen Textarten soll hier erläutert werden. Das Thema „Vorurteil" ist das **Leitthema.** Es wird eingeschränkt auf die Vorurteile, die zwischen Angehörigen verschiedener Nationen bestehen. Daraus ergibt sich die erste grobe Aufgliederung: „Wir sehen andere – andere sehen uns"

„Wir", das sind in den ausgewählten Texten die Deutschen. Die Vertreter der anderen Nationen, deren Einstellung zu den Deutschen dargestellt wird, sind nicht prototypisch in ihrem Verhalten, sondern Beispiele für mögliche Einstellungen zu den Deutschen. Die Auswahl variiert zwischen stereotypen Aussagen (Bildbeitrag S. 70) und individuellen Erlebnissen, in denen unterschiedliche Erfahrungen konfrontiert, Vorurteile aufgrund von Urteilen überprüft werden (Olav Gran-Olsson: „Begegnungen mit Deutschland", S. 71f.)

Diese Spannweite von Sehen – Beobachten – Erfahren – Urteilen einerseits und Stereotypen, Vorurteile bilden andererseits wird über das ganze Kapitel durchgehalten. Eine strenge Anordnung, etwa von Sehen, Wahrnehmen zur Vorurteilsbildung oder umgekehrt war nicht möglich und ist auch nicht beabsichtigt. Die unterschiedlichen Einstellungen liegen nicht nur in den ausgewählten Texten, sondern auch in der Lebenswirklichkeit oft unbewußt dicht beieinander. Im Erkenntnisprozeß müssen sie notwendig auseinanderrücken.

Vorurteile können jedoch nicht allein und vor allem durch Reflexion über sie abgebaut werden, sondern ebenso ermöglichen konkrete Wahrnehmung und Erfahrung Korrekturen. Und das ist denn auch eines der Hauptziele dieses Kapitels: Die Schüler sollen diesen Zusammenhang erkennen und die Erkenntnis für ihre eigene Urteilsbildung nutzen. Gleichzeitig damit lernen sie die Symptome, ihre Voraussetzungen und die Folgen von Vorurteilen kennen und werden so in die Lage versetzt, die Bildung von Vorurteilen zu durchschauen.

Die **Textarten** sind sehr unterschiedlich. Auf eine Bildgeschichte folgt eine Glosse. Ein Interview schließt sich an. Eine Karikaturzeichnung wird in Leserbriefen diskutiert. Ergebnisse einer empirischen Untersuchung sind in eine Bildkarikatur transponiert worden. Auf einen Erfahrungsbericht eines norwegischen Korrespondenten folgen zwei Erzählungen, die eines türkischen Autors und eine Satire Bölls. Das Kapitel schließt mit einer gedanklichen Betrachtung über Fremdenhaß.

Diese Vielfältigkeit der Textarten ist beabsichtigt. Sie veranschaulicht die Bedeutung des Themas für die Lebenswirklichkeit wie für die literarische Gestaltung. Sie macht deutlich, wie die Strukturen der Vorurteilsbildung und das Leben mit Vorurteilen auf unterschiedliche Weise dargestellt und doch in allen Texten ähnlich die Verzerrung von Menschen und menschlichen Beziehungen deutlich wird. Dieser Verzerrung, die ein Merkmal des Vorurteils ist, entspricht am stärksten das Darstellungsmittel der Karikatur. Auch sie vereinfacht, verzerrt, nur – und das ist wichtig – in gegenteiliger Absicht. Während die Stereotypenbildung Wirklichkeit auf meist negative Grundmuster reduziert und damit deformiert, erstarren läßt, hebt die Karikatur in kritischer Absicht Einseitigkeiten hervor, um genau in entgegengesetzter Richtung auf das Ganze, Gesamte, damit aber auch auf das Lebendige aufmerksam zu machen. Wir haben diese Affinität und zugleich den Kontrast zwischen dem Thema und dem Darstellungsmittel der Karikatur genutzt und drei graphische Karikaturen aufgenommen. So enthält das Kapitel Vielfältigkeit und doch Kontur.

Aufbau des Kapitels

Die skizzierte Vielfältigkeit läßt einen stringenten Aufbau des Kapitels nicht zu. Es lassen sich nur einige Leitlinien der Komposition nennen:
1. Die nicht-literarischen Texte werden im Laufe des Kapitels allmählich durch literarische abgelöst. Es wächst so der Komplexitätsgrad der Texte.
2. In diesem Zusammenhang heben sich der erste und der dritte Teil des Kapitels besonders ab, und zwar leiten die Bildgeschichte „Ein Vorurteil und sein Zusammenbruch" und die Glosse von Angelika Boese: „Sprechen mit Gastarbeitern" das Thema ein, indem sie die Grundstruktur vorurteilhaften Denkens und Sprechens aufzeigen. In der Satire „Anekdote zur Senkung der Arbeitsmoral" von Böll und der Reflexion Frischs „Fremdenhaß oder Die Herausforderung zur Selbstprüfung", die das Kapitel abschließen, ist das Thema Vorurteil in einen anderen („Anekdote zur Senkung der Arbeitsmoral") bzw. in einen größeren Zusammenhang („Fremdenhaß oder die Herausforderung zur Selbstprüfung") integriert.
Im mittleren Teil werden Texte unterschiedlichen Schwierigkeitsgrades zur Analyse angeboten. Auf diese Weise ist auch dieses Kapitel dem konzeptionellen Dreischritt verpflichtet.
3. Mit dem größeren Komplexitätsgrad steigert sich die Distanz, die beim Leser durch eine humorvolle Einstellung des Erzählers (Dikmen „Kein Geburtstag, keine Integration"), durch die satirische Schreibweise bei Böll und die argumentierende bei Frisch erreicht wird.

Möglichkeiten der Erschließung

Die Erfahrung in verschiedenen Unterrichtsfächern hat gezeigt, daß die Behandlung des Themas „Vorurteil" nicht unmittelbar und unbedingt einen Abbau des Vorurteils zur Folge hat. Dem Selbstschutz, aus dem heraus Stereotypen, Vorurteile entstehen, ist „kein Kraut gewachsen". Individual- und Sozialpsychologen haben auf dieses Dilemma hingewiesen. Einüben vorurteilslosen Verhaltens ist da wohl wirksamer als Reflexion. Und doch ist auch sie nötig. Nur sollte auf sie unaufdringlich eingewirkt werden. Der relativ durchschaubare Mechanismus der Vorurteilsbildung darf nicht dazu verführen, es bei den Grundstrukturen zu belassen und auf ihre Erfassung die Verfahren auszurichten; d. h. die kognitive, systematisierende Erarbeitung darf nicht überhand nehmen. Das Nacherzählen, die erfundene Parallelgeschichte, die Wiedergabe eigener Erfahrungen müssen nicht nur erlaubt, sondern möglich gemacht werden.
Auch eine Verkürzung des Kapitels könnte unter gegebenen Umständen die Intensität der Auseinandersetzung steigern. Es ist z. B. durchaus möglich, nach der Behandlung des Vorspanns (Bosc, Boese) direkt den Bildbeitrag „Typische Deutschenbilder" anzuschließen und mit dem Erfahrungsbericht Gran-Olssons und der Erzählung Dikmens das Thema zu differenzieren und abzuschließen.

II. Zu den einzelnen Texten

Bosc: Ein Vorurteil und sein Zusammenbruch (Karikatur S. 62)

Methodische Hinweise

Die Bildgeschichte gibt einen ersten Aufschluß über das Vorurteil: Es äußert sich in der Sprache. Die Verallgemeinerungen („Diese Araber ...", „Alle Araber ...") sind Ausdruck einer Einstellung. Die gleichförmigen Wiederholungen machen das deutlich. Das Urteil ist schon „vorgeprägt, es wird durch die Wahrnehmung nicht überprüft, sondern ungerechtfertigterweise bestätigt." Die Reaktion auf die Nachricht über das Delikt eines Deutschen zeigt die Kehrseite und deckt auf einfache Weise ursächliche Zusammenhänge auf. Max Frisch erläutert sie in seinen Überlegungen zum Fremdenhaß so:

„Das Fremde: was man, auch wenn man Vorzüge daran sieht, nicht übernehmen kann und infolgedessen ungern vor Augen hat, weil es herausfordert zur Selbstprüfung. Da ist man empfindlich, und es braucht wenig, daß man, um sich die Selbstprüfung zu sparen, zu Verurteilungen übergeht: das Fremde als das Schlechtere. Insofern ist jede Messerstecherei eigentlich willkommen: da sieht man's wieder, daß man besser ist."

Daß die erschlaffte Haltung des Fernsehzuschauers am Schluß der Bildgeschichte die gegenteilige, bessere Einsicht zum Ausdruck bringen will, ist denkbar, aber nicht ganz sicher. Das ausgeschaltete Gerät zeigt eventuell auch die Borniertheit des Zuschauers. Er hört und sieht nicht mehr hin.

Die Aufgaben sind auf die drei skizzierten Erkenntnisziele hin angelegt. Je präziser die Ergebnisse herausgearbeitet werden, desto leichter und zugleich differenzierter ist die Besprechung der folgenden Texte.

Arbeitsvorschläge

Die Bildgeschichte führt in das Thema des Kapitels ein, sie kommt aber auch zugleich zur Sache. Es lohnt sich schon, sie ein bißchen genauer anzusehen.

▷ „Lest" die Bildgeschichte, beschreibt und vergleicht einzelne Situationen miteinander.

▷ Vergleicht die Information: „Ein Arbeiter namens ..." mit der Reaktion: „Nein, diese Araber!" Inwiefern kann man bei dieser Äußerung von einem Vorurteil sprechen?
„Vorurteile (sind) Urteile, die gefällt werden, ohne daß sie auf Richtigkeit überprüft worden sind. Sie sind nicht Ausdruck bloßer Meinungen, ihnen liegen vielmehr bestimmte Einstellungen zugrunde." (Drechsler, Hilligen, Neumann: Gesellschaft und Staat, Lexikon der Politik, Signal-Verlag, Baden-Baden 1979, S. 560f.)

▷ *Der Mann, der in dieser Bildgeschichte Vorurteile zeigt, ist ein Deutscher, da diese Bildgeschichte für Deutsche gezeichnet worden ist. Natürlich haben aber nicht nur Deutsche Vorurteile. Habt ihr, z.B. auf Reisen, bei Angehörigen anderer Völker ähnliche Vorurteile beobachtet?*

Angelika Boese: Sprechen mit Gastarbeitern (S. 63)

Texterläuterung und methodische Hinweise

Die Glosse arbeitet mit den gleichen Mitteln wie die karikaturistische Zeichnung: mit der Wiederholung, der einseitigen Übertreibung, der Pointe. Die Ähnlichkeiten sind auffällig und können mit Hilfe der Definitionen (siehe die Arbeitsvorschläge unten) verdeutlicht werden. Die einfache Struktur der Glosse läßt eine Umformung zu. Die Anlehnung an den Aufbau der Bildgeschichte (Wiedergabe der verschiedenen Situationen in verzerrender

Übertreibung, Weglassen des Details) ist möglich. Es wäre gut, wenn in den Zeichnungen zum Ausdruck käme, daß das Kauderwelsch der Deutschen nicht eine höfliche Geste der Anpassung an den Fremden ist, sondern eine höhnische Abwertung. Dann wäre die Glosse mit der Transponierung ins Bild zugleich interpretiert.

Arbeitsvorschläge

▷ Inwiefern hat Roberto S. Grund zu denken: „Mamma mia, was für ein Volk, diese Deutschen. Nicht einer beherrscht auch nur halbwegs seine Muttersprache.“?

▷ Korrigiert die Sprache der Deutschen. Welche Einstellung der Deutschen gegenüber Roberto drückt sich in der Sprechweise aus? Genügt es, nur die grammatischen Fehler zu verbessern?

▷ Die Autorin leitet mit dem Schlußsatz – den sie leicht verändert hat – die Geschichte ein. Welche Wirkung kommt dadurch zustande?

▷ *Die kleine Geschichte läßt sich auch in Bildern darstellen. Versucht es. Beachtet dabei die folgenden Informationen:*

Eine Bildgeschichte, wie die obige von Bosc, bezeichnet man als *Cartoon* oder *Karikatur* (von italienisch caricare = überladen, übertreiben). Eine kurze Geschichte, wie Angelika Boeses „Sprechen mit Gastarbeitern“, die ebenfalls das Ziel hat, zu karikieren, nennt man *Glosse.*

Karikatur:
Der Begriff bezeichnet in der bildenden Kunst und in der Literatur ein Zerrbild, das durch Überbetonung einzelner, dennoch erkennbarer Charakterzüge eines Menschen, einer Menschengruppe komisch wirkt. Durch die Art der Darstellung wird der hervorgehobene Charakterzug zugleich kritisiert.
(nach: Parodie. Deutsche Literatur- und Gebrauchsparodien mit ihren Vorlagen. Arbeitstexte für den Unterricht. Reclam Nr. 9521, S. 50)

Glosse:
Die Glosse ist eine Sonderform des Kommentars in der Zeitung. Im Kommentar äußert der Schreiber seine subjektive Meinung. Er erläutert und beurteilt Tatsachen und erörtert Meinungen. Die Glosse ist die subjektivste Art der Kommentierung. Man erwartet von ihr weder Sachlichkeit noch Ausgewogenheit in der Argumentation, wohl aber eine pointierte Darstellung des Themas. Der Autor kann überspitzen, neue ungewöhnliche Zuordnungen von Fakten zueinander herstellen, unerwartete Gesichtspunkte ins Spiel bringen. (nach: Sprachbuch A/B 9, Klett Verlag, Stuttgart 1974, S. 34, 38)

Helmut Essinger/Jochen Graf: Heimkehr in die Fremde (S. 63)

Texterläuterung und methodische Hinweise

Das Interview bricht die Denk- und Sprachschemata, die in den ersten beiden Beiträgen des Kapitels dargestellt worden sind, auf. Es geht nicht mehr einfach um Fremdenhaß und Feindbilder. Die Lage ist komplizierter geworden. Und doch gründet das Schicksal des achtzehnjährigen Türken in Fremdenhaß und Feindbildern. Nadi O. ist nirgendwo zuhause. In seinen Wünschen, seinem Denken und Sprechen lebt er zwischen zwei Ländern, zwei Sprachen, zwei Menschengruppen. Sein Lebenslauf spiegelt äußerlich die Heimatlosigkeit wider: Geboren in der Türkei, bis zum 8. Lebensjahr in Deutschland, nach einem neunjährigen Aufenthalt in der Türkei wieder nach Deutschland zurück, als Achtzehnjähriger wieder in der Heimat, die ihm fremd geworden ist. Hin- und hergerissen – im wörtlichen Sinne – zwischen verschiedenen Schulsystemen, Ausbildungsgängen, Sprachen, Gleichaltrigen, zuletzt sich nach Deutschland sehnend, obwohl ihm dort Unrecht geschehen ist. Technischer Fortschritt, berufliches Fortkommen sind die Anziehungspunkte in Deutschland. Das Heimatland ist ihm zur Fremde geworden: „Ich fühle mich hier wie ein Ausländer ... Guck, der Deutsche kommt.“ Man kann diesen Entfremdungsprozeß nicht ohne weiteres mit der Vorurteilsbildung erklären. Der Junge hat andere Ge-

wohnheiten als die Gleichaltrigen in seinem Heimatland. Und doch schwingt die Verurteilung des Fremden mit, projiziert sich in diesem Fall auf den Landsmann, während er selbst in seiner Ortslosigkeit weder Haß noch Liebe empfindet, denn auch seine Sehnsucht nach Deutschland ist nur auf sein eigenes Fortkommen ausgerichtet.
Die Arbeitsvorschläge sind auf die Herausarbeitung dieses Zwischenzustandes angelegt. Der Vergleich der Lebensgeschichte Nadis mit dem eigenen Lebenslauf des Schülers gibt, wie Erprobungen zeigen, einiges her. Mögliche Verzettelungen können dadurch vermieden werden, daß man sich nach einem Vergleich der Fakten auf das Sprachproblem konzentriert. Die Aussage „Ich vergesse die deutsche Sprache rascher, als ich die türkische lerne“ markiert den Angelpunkt des Problems. Das beigefügte Bild von Hanefi Yeter „Analphabeten in zwei Sprachen“ erfaßt genau diesen Punkt. Wenn der Zusammenhang mit dem Leitthema „Vorurteil“ an dieser Stelle zurücktritt, dann ist dies kein Schaden. Das Interview fordert dazu heraus, menschliche Beziehungen zu Gastarbeitern und Ausländerkindern wahrzunehmen, zu verarbeiten und auf diese Weise einfache Denk- und Verhaltensschemata, die zur Vorurteilsbildung führen, zu überwinden.

Arbeitsvorschläge

Das Interview gibt Einblick in den Lebenslauf Nadis, sagt aber auch etwas über seine Einstellung gegenüber den Deutschen und Deutschland einerseits, gegenüber seinen Landsleuten und der Türkei andererseits aus.

▷ Ihr gewinnt einen Eindruck von der Kompliziertheit der Lebensgeschichte Nadis, wenn ihr sie mit eurem Lebenslauf vergleicht. Schreibt eure Lebensdaten auf, erzählt, wie es euch bisher in der Schule ergangen ist. Vergleicht nicht nur Daten und Fakten, sondern sucht auch nach möglichen Gründen für die unterschiedlichen Lebensläufe und Erfahrungen.

▷ Welche Einstellung hat Nadi gegenüber der Türkei, welche gegenüber Deutschland? Er sagt: „Ich habe Heimweh nach Deutschland.“ Wo hat er eigentlich seine Heimat? Wie läßt sich seine Einstellung erklären?

▷ Prüft, ob Nadi Vorurteile hat, ob er frei davon ist. Man kann Vorurteile auch an der Sprache erkennen.

▷ Läßt sich das Interview in eine Glosse, in eine Karikatur umformen? Begründet eure Meinungen.

▷ Fragt ausländische Mitschüler und Freunde, welche Einstellung sie zu ihrer Heimat, welche sie zu dem Gastland haben.

▷ Betrachtet das Gemälde „Analphabeten in zwei Sprachen“ des türkischen Malers Hanefi Yeter auf S. 65. Welche Situation wird in dem Bild dargestellt? Könnt ihr einen Zusammenhang zwischen dem Bild und dem Interview erkennen?

Die Gastarbeiter kehren aus dem Urlaub zurück
Oder: Wie kann man uns Deutsche so erniedrigen?
Eine Karikatur und ihre Folgen in Leserbriefen (S. 67)

Texterläuterung und methodische Hinweise

Die Karikatur und ihre Auswirkungen in Leserbriefen machen noch einmal die ganze Härte der Einstellungen der Deutschen zu den Gastarbeitern deutlich. Von daher fällt die kleine Textkonstellation hinter das Interview und seinen Bericht über das Leben des Türkenjungen Nadi zurück. Man könnte im Unterricht die beiden Texte auch auswechseln, wenn es einem darum geht, die Stereotypenbildung kontinuierlich aufzubrechen. Wir haben uns für diese Textfolge entschieden, weil wir annehmen, daß die Beschäftigung mit dem Interview davor feit, sich affektiv auf die Beschimpfungen einzulassen, d.h. im Gespräch über die Leserbriefe den gleichen Ton anzuschlagen. Denn Beschimpfungen sind es schon, die den Ton bestimmen, und wenn es Selbstbeschimpfungen sind. Die Sammlung der Behauptungen und Begründungen, wie sie in den ersten beiden Aufgaben vorgeschlagen wird, sollte nicht zuviel Zeit in Anspruch nehmen. Wichtig ist es, die Diskriminierungen zu entlarven und damit einen Leserbrief der Schüler vorzubereiten, der im Ansatz argumentativ ist.

Arbeitsvorschläge

▷ Welche Einstellungen der Leser zu den ausländischen Arbeitnehmern lassen die Briefe erkennen? Ordnet die Reaktionen nach positiven und negativen Einstellungen.

▷ Welche Leser geben plausible Gründe für ihr Urteil an, welche haben Vorurteile?

▷ In den beiden letzten Leserbriefen werden den Deutschen mangelnde Selbstkritik und Humorlosigkeit vorgeworfen. Inwiefern geben die Briefe Anlaß dazu?

▷ *Schaut euch das Foto auf S. 69 an. Was sagen diese ausländischen Müllarbeiter wohl zu der ganzen Angelegenheit?*

▷ *Verfaßt selbst einen Leserbrief zu diesen Problemen.*

Bildbeitrag: Typische Deutschenbilder (S. 70)

Erläuterung und methodische Hinweise

Die Illustration faßt das Ergebnis einer Untersuchung, die wir an dieser Stelle in Auszügen abdrucken, zusammen. Der Text gibt Auskunft über das Verfahren der Untersuchung, er beschreibt die Ergebnisse, ordnet sie in historische Zusammenhänge ein, erklärt die Entstehung der Deutschenbilder:

Das Deutschenbild. Gegenwart-Geschichte-Psychologie

[...]

3. Typische Deutschenbilder mit weltweiter Verbreitung

3.1. Biertrinker in Lederhosen

Wenn Österreicher vor die Aufgabe gestellt werden: „Zeichnen Sie bitte einen Deutschen und einen Gegenstand, an dem man erkennen kann, daß es sich um einen Deutschen handelt!", dann wird der Deutsche oft mit Lederhosen bekleidet gezeichnet. In der Hand hält er ein Glas Bier. Ganz ähnlich verhalten sich bei dieser Zeichenaufgabe Franzosen, Italiener, Kanadier, US-Amerikaner und Japaner. Die japanische Fluglinie Japan Air Lines gibt für ihre japanischen Fluggäste einen kleinen Europaführer heraus. Die Deutschen werden darin abgebildet als Volkswagenfahrer, die aus dem Wagenfenster einen Bierkrug hinausschwenken.

Die Verbindung der Deutschen mit dem Bier im Deutschenbild fremder Völker hat eine lange Tradition. Sie ist ein gutes Beispiel für eine bekannte Stereotypisierungstendenz, bei der Eigenschaften oder Verhaltensweisen, die weit verbreitet sind, bei vielen Völkern übersehen, aber ausgerechnet bei einem einzelnen Volk bemerkt und herausgestellt werden. Schließlich trinken auch die Dänen, die Belgier, die Fanzosen, die Spanier und die Tschechen gern und häufig Bier. Trotzdem sind in der Weltmeinung gerade die Deutschen Biertrinker par excellence. So ist es nicht verwunderlich, daß viele renommierte Biermarken in den Vereinigten Staaten von Amerika deutsche Namen tragen, wie „Rheingold" oder „Schlitz" („the beer that made Milwaukee famous") und daß deutsche Braumeister zu einem Exportartikel geworden sind.

Eine andere Tendenz als die Zuordnung eines allgemein verbreiteten Zuges zu einem besonderen Volk steckt in der Ausbildung des deutschen Lederhosenstereotyps. Einmal ist hier eine Überbewertung des Auffälligen zu verzeichnen. In der grauen Gleichmäßigkeit der europäischen Kleider fallen nicht nur Lederhosen, sondern auch Schottenröcke oder Baskenmützen besonders auf. Solche Kleidungsstücke werden deswegen als typisch angesehen, obwohl sie zahlenmäßig nur relativ selten angetroffen werden. Nur eine Minorität von Schotten trägt Kilts, nicht alle Basken tragen Berrets, nur eine Minderheit von Deutschen trägt Lederhosen. Trotzdem ist das typische Kleidungsstück der Schotten nach Ansicht der Weltmeinung der Schottenrock und das typische Kleidungsstück der Deutschen die Lederhose etc. [...]

3.2. Militaristen

Nicht nur in Lederhosen und mit einem Bierkrug in der Hand treten die Deutschen in der Phantasie und den Zeichnungen vieler Ausländer in aller Welt auf. Ebenso häufig kommen Zeichnungen vor, bei der die Deutschen Uniformen anhaben. Dies kann der Wehrmachts-Uniform des letzten Weltkrieges ähneln, kann aber auch mit SS- oder Hakenkreuz-Symbolen verziert sein, bisweilen treten auch Pikkelhauben auf. Sonst sind Gewehre, Schaftstiefel und Stahlhelme als Attribute besonders beliebt. Und wie es sich für anständige Militaristen gehört, marschieren die gezeichneten Deutschen im Stechschritt, sie grüßen zackig oder sie brüllen Kommandos oder doch mindestens „Heil Hitler".

Verwandt mit diesen Darstellungen sind die Zeichnungen, auf denen die Deutschen nicht als Soldaten, sondern als SA-Leute, als SS-Leute oder schlicht als Nazis zu sehen sind. Möglicherweise haben die vielen einschlägigen Kriegs- und Nachkriegsfilme dieses Bild beeinflußt.

Auch die anderen Massenmedien haben daran wohl starken Anteil. Das weltweite Netz der Massenkommunikation wurde nämlich gerade zu dem Zeitpunkt geschlossen, als die Deutschen den 2. Weltkrieg verloren hatten und die Greuel der Konzentrationslager aufgedeckt wurden. Dies hatte zur Folge, daß die Bilder mit deutschen Soldaten (und deutsche KZs) als erstes großes Thema weltweit, bis fast in die letzte Hütte, unmittelbar zu hören und zu sehen waren. Erst der Vietnamkrieg und die Bilder aus Biafra haben diese Eindrücke in letzter Zeit etwas überdeckt.

[...]

3.3. Das Wirtschaftswunder

Die für die Weltmeinung wesentlichste deutsche Nachkriegsentwicklung, das Wirtschaftswunder, wird auf doppelte Weise in das vorgeprägte Deutschenbild rezipiert. Einmal wird der Einfluß des Wunders auf den Bauchumfang der Deutschen gesehen. Es gibt inzwischen ein weiteres Kürzel für die Deutschen: Sie werden als dick und wohlhabend angesehen, nicht als so immens reich wie die Amerikaner, sondern eher auf eine kleinbürgerliche Art. Die Deutschen sind wandelnde Propagandisten des Slogans „Wohlstand für alle". In manchen Ländern kann das Wirtschaftswunder-Stereotyp auf älteren Images aufbauen: z. B. auf dem des „Wurstessers", „Sauerkrautfressers", des „Krauts". Dieser dicke Wohlstands-Deutsche wird zwar nicht als gefährlich angesehen. Aber er ist nicht gerade edel. Allenfalls gemütlich. Seine Freizeitgestaltung besteht vornehmlich im Anhören von Humtata-Blechmusik (und im Biertrinken natürlich). Geistiger Höhenflug fehlt ihm weitgehend. Er ist ein tüchtiger Arbeiter, der in seinen Ferien mit einem Buschhemd (und manchmal mit Lederhosen) bekleidet fröhlich lärmend die Strände und Berge Europas überschwemmt. Manchmal kreidet man ihm an, daß er beides im Übermaß betreibt, die Arbeit und das Feiern.

An zweiter Stelle hat das Wirtschaftswunder das Bild des deutschen Technikers, des Präzisionsmenschen, des Roboters, des Wunderarbeiters verstärkt. Dieser Arbeiter streikt nie. Auch dieses Bild kann sich in einigen Ländern auf alte Radikale stützen: auf das Image des zwangsneurotischen Deutschen, der das staatliche und private Leben genau reguliert, der den „Affen erfunden hat", der pünktlich ist wie ein Zeiger, der die Dienststunden einhält wie ein Schalterbeamter, der streng auf Standesunterschiede sieht, der einen Titel trägt (und noch lieber eine Uniform mit Rangabzeichen) und dem vor allem eines fehlt, der Humor.

Vom Image der „Dichter und Denker" hingegen, das unserem Selbstbild so ungemein schmeichelt, ist in aller Welt nur wenig spürbar. Sicher gelten die Deutschen in Asien, Afrika und Südamerika als wissenschaftlich begabt, aber das ist eine Qualität, die man mehr oder minder allen Europäern und den Nordamerikanern zutraut. Auch sind in vielen Ländern deutsche Forscher unvergessen: Humboldt in Südamerika, Max Müller in Indien gehören dazu. Im ganzen gesehen ist jedoch das Deutschenbild weit weniger von den Geisteswissenschaften als vielmehr von den Naturwissenschaften und der Technik geprägt worden. Nicht die romantische Schule, Goethe und Schiller und die deutschen Philosophen, von denen Mme de Staël so beeindruckt war, daß sie das Wort vom Volk der Dichter und Denker geprägt hat, haben in der Weltmeinung Epoche gemacht, sondern der Aufschwung der deutschen Naturwissenschaft seit dem Ende des letzten Jahrhunderts und die Produktion der deutschen Wirtschaft nach dem 2. Weltkrieg.

Aus: Das Deutschenbild. Gegenwart-Geschichte-Psychologie. C. H. Beck Verlag, München 1977, S. 138–145

Die Auseinandersetzung mit den ‚Deutschenbildern' kann in drei Schritten erfolgen:

- Die erste Aufgabe der Arbeitsvorschläge regt dazu an, ganz subjektiv auf die Karikatur zu reagieren. Wahrscheinlich wird nicht nur darüber gelacht, sondern man ärgert sich auch darüber, daß die Deutschenbilder nicht gerade schmeicheln.
- Die nächsten drei Aufgaben leiten dazu an, die Deutschenbilder zu erklären, zu relativieren. Es ist zu erwarten, daß der Wohlstands-

deutsche als Stereotyp verstanden und erklärt werden kann, bei den andern beiden ist Hilfe nötig. An dieser Stelle kann man den Beitrag einsetzen, vielleicht ist es möglich, ihn von einem Schüler referieren zu lassen. Dann müssen Worterklärungen bereitgestellt werden. Inhaltlich ist der Beitrag verständlich und interessant.

● Die letzte Aufgabe der Arbeitsvorschläge regt dazu an, im eigenen Erfahrungsbereich den Prozeß der Vorurteilsbildung zu entdekken, nachzuvollziehen, ihm etwas entgegenzusetzen, das hilft, Menschen kennenzulernen und sie richtig einzuschätzen.

Arbeitsvorschläge

▷ Wie reagiert ihr auf diese Karikatur? Könnt ihr euch erklären, wie diese Deutschenbilder zustandegekommen sind?

▷ Im „Lexikon der Politik", dem die Definition von „Vorurteil" entnommen ist (siehe S. A 19) heißt es in den Erläuterungen: „Häufig ist es schwierig, Urteile als Vorurteile zu erkennen, weil das Vorurteil durch die Realität bestätigt wird." Trifft das für die hier karikierten „Deutschenbilder" auch zu?
Werden die übertriebenen Bilder auch ein wenig „durch die Realität bestätigt", so daß in ihnen vielleicht doch ein Körnchen oder Korn Wahrheit steckt?

▷ Legt die Karikatur einmal Erwachsenen vor. Wie reagieren sie?

▷ Bilder, die man sich von anderen Menschen, anderen Nationen macht, können sich im Laufe der Zeit ändern. Woran liegt das?

▷ Seid ihr schon einmal in der Situation gewesen, daß man sich von euch ein Bild gemacht hatte, bevor man euch richtig kannte? Wie habt ihr euch dann verhalten? Wie konntet ihr euch diese Voreinstellungen erklären? Berichtet über diese Erfahrungen. Diskutiert in diesem Zusammenhang auch den Nutzen der indianischen Weisheit, die auf dem Titelblatt des Kapitels auf S. 61 abgedruckt ist.

Olav Gran-Olsson: Begegnungen mit Deutschland (S. 71)

Texterläuterung und methodische Hinweise

Der Bericht des norwegischen Auslandskorrespondenten ist aufgrund der historisch-politischen Voraussetzungen für die Schüler nicht einfach zu verstehen. Sie haben die Zeit des Nationalsozialismus, des Zweiten Weltkriegs und die Nachkriegszeit noch nicht im Geschichtsunterricht besprochen. Sie wissen nichts von dem Verhältnis Norwegens zu Deutschland in dieser Zeit. Andererseits enthält dieser Bericht exemplarisch die Geschichte einer sich wandelnden Einstellung gegenüber den Deutschen, die sich auch gewandelt haben, so daß dieser Text ein wertvoller Beitrag zum Thema des Kapitels ist.

Die Verständnisschwierigkeiten können ausgeräumt werden, wenn kurze Hinweise zum Verhältnis zwischen Deutschland und Norwegen im Zweiten Weltkrieg die Besprechung des Berichts einleiten:

Schon zu Beginn des Zweiten Weltkrieges entstanden in Deutschland und Großbritannien Pläne zu einer Besetzung des neutralen Norwegen. Beiden Nationen ging es dabei um die Sicherung bzw. die Steigerung der Erzzufuhr aus Schweden, die zum großen Teil in Narvik verladen wurde. Hinzu kam das Interesse Deutschlands an der langgestreckten Küste Norwegens. Sie wurde als günstig für die deutsche Seekriegsführung eingeschätzt. Die Deutschen kamen den Briten zuvor und besetzten am 9. 4. 1940 Süddänemark; Truppen landeten in mehreren norwegischen Häfen. Obwohl die Norweger sich verteidigten und ihnen kurz darauf alliierte Kräfte zur Seite standen, siegten die Deutschen. Um Narvik wurde bis Juni gekämpft. Die deutsche Marine verlor bei diesen Kämpfen einen Teil ihrer wertvollsten Einheiten. Die deutsche Besatzungsmacht griff bald in die Politik des Landes ein. Die Bevölkerung übertrug die Abneigung gegen die Deutschen auf den Führer einer nationalsozialistischen Splittergruppe,

Quisling, der mit Hitlers Hilfe zwischen 1940 und 1945 im von deutschen Truppen besetzten Norwegen dem Land als Ministerpräsident aufgedrängt wurde.
Diese historischen Gegebenheiten sind Voraussetzungen der Kindheitserfahrungen des Berichterstatters und prägen das Deutschenbild des zehnjährigen, als er 1945 Deutschland zum ersten Mal besucht. Er berichtet aus der Retrospektive über die Konfrontation mit dem zerstörten Deutschland, über die Anfänge des Wiederaufbaus. Erinnerungen an die Vorstellungen von Deutschland vor dieser Reise werden wach: „Deutschland ist ja an allem schuld. So hieß es zu dieser Zeit unter uns Jungen in Trondheim, das war ein Satz, an den wir uns nach dem Kriege hielten.“ Bei den darauffolgenden wiederholten Besuchen gewinnt der Norweger Eindruck von den Anstrengungen des Wiederaufbaus und von Deutschen, die den Krieg haßten und der Wiederbewaffnung skeptisch entgegentraten. Die Studienzeit in Köln ermöglichte neue Erfahrungen. Die Entdeckung negativer Seiten der deutschen Mentalität hindert ihn nicht daran, Vorbehalte gegenüber den Deutschen zu revidieren. Der mehrjährige Aufenthalt in der Bundesrepublik als Auslandskorrespondent des norwegischen Rundfunks führt zu der Einsicht, daß sich die Deutschen geändert haben, und daß sich mit ihnen gut leben läßt.
Sicher ist das Stück Lebensgeschichte nicht einfach ein Modell für den Abbau von Vorurteilen; die wahrgenommene Wandlung der Deutschen durchkreuzt das Grundmuster; aber historische Veränderungen müssen eben akzeptiert und verarbeitet werden, wenn Feindbilder ausgeräumt und verfestigte Urteile aufgegeben werden sollen. Vorurteile entstehen häufig durch Leugnung von Veränderung.
Der Erfahrungsbericht über die sich verändernde Einstellung zu Ausländern, der im letzten Arbeitsvorschlag angeregt wird, soll im individuellen Bereich auf die doppelte Ursache aufmerksam machen: die andern verändern sich, wir tun es, indem wir bereit sind, die andern wahrzunehmen, wie sie sind, d. h. aber, wie sie sich verändern. (Literaturhinweis (für den Lehrer): Max Frisch hat diesen Zusammenhang in der Tagebucheintragung „Du sollst dir kein Bildnis machen“ erhellt.)

Arbeitsvorschläge

▷ Der Bericht des norwegischen Journalisten läßt sich als Geschichte seiner sich wandelnden Einstellung gegenüber den Deutschen lesen und verstehen. Versucht, den Text unter diesem Gesichtspunkt zu gliedern.

▷ Wie ist es zu der anfänglich negativen Einstellung des Norwegers gegenüber den Deutschen gekommen? Wodurch wird sein Bild allmählich positiver?

▷ Ihr habt sicher auch schon einmal die Erfahrung gemacht, daß ihr das Bild, das ihr von einem anderen Menschen, von Ausländern gemacht habt, korrigieren mußtet. Schreibt einen Erfahrungsbericht. Formuliert zuerst die Voreinstellungen, mit denen ihr den anderen gegenübergetreten seid. Beschreibt die erste Begegnung. Berichtet, welche Erfahrungen ihr gemacht habt, inwieweit das Vorurteil bestätigt, inwieweit es korrigiert werden mußte.

Sinasi Dikmen: Kein Geburtstag, keine Integration (S. 75)

Texterläuterung und methodische Hinweise

Die Arbeitsvorschläge orientieren sich an den bisher intendierten Zielen bei der Besprechung des Kapitels. Die Erfahrungen, die inzwischen mit der Besprechung dieses Textes gemacht worden sind, sprechen für einen anderen Umgang mit ihm. Wenn man alle Texte in der vorgeschlagenen Reihenfolge bespricht, dann tritt an dieser Stelle eine gewisse Ermüdung auf, wenn es darum geht, mit der gewohnten und schon etwas eingefahrenen Fragestellung an den neuen Text heranzugehen. Außerdem sperrt sich der Text etwas gegenüber diesem analytischen Verfahren. Es ist ziemlich unergiebig aufzulisten, welche positiven und negativen Einstellungen es auf „beiden Seiten" gibt. Die ganze Erzählung ist in ihrer humorigen Sicht ein einziger humaner Appell, Verständnis füreinander zu haben, und zwar nicht im Kaschieren, sondern im Kennenlernen und Aushalten der Unterschiede. Man staunt über die fremden Lebensgewohnheiten der „anderen", aber die eigene Gewohnheit, den Geburtstag zu feiern, finden die Schüler am Schluß der Lektüre auch nicht mehr so selbstverständlich wie zu Beginn. Und das ist eine Wirkung, die man durch die Untersuchungsfragen nicht zerstören sollte. Die Äußerung eines Schülers aus einem Erfahrungsbericht, man solle mit der Geschichte nicht so „gründlich deutsch" umgehen, sollte man nicht überhören. Die Geschichte lesen, das Gespräch über sie nicht systematisieren, das ist wohl der rechte Umgang mit ihr.

Arbeitsvorschläge

Sinasi Dikmen ist Türke und arbeitet als Krankenpfleger in Deutschland. In seiner Freizeit schreibt er Geschichten, in denen er seine Erfahrungen, die er mit Deutschland gemacht hat, erzählt. In der vorliegenden Geschichte führt er uns in die andersartige Welt seiner türkischen Heimat, um uns dadurch etwas über seine Probleme mit der deutschen Lebensweise zu veranschaulichen.

- ▷ Welche Erfahrungen hat er mit den Deutschen gemacht? Wie ist seine Einstellung uns gegenüber? Wie denken seine Landsleute, die in der Geschichte zu Wort kommen, über uns Deutsche.
- ▷ Was erfahren wir über seine Landsleute? Untersucht die einzelnen Gespräche.
- ▷ Werden die Vorurteile, die wir gegenüber Türken haben, durch die Geschichte abgebaut? Oder ist das Gegenteil der Fall? Tauscht eure Eindrücke aus, versucht, sie zu begründen.

Heinrich Böll: Anekdote zur Senkung der Arbeitsmoral (S. 82)

Texterläuterung und methodische Hinweise

Die Satire Bölls ist in ihrer primären Aussageabsicht kein direkter Beitrag zum Thema des Kapitels. Leistungsdenken, Erfolgsdenken des Touristen stoßen auf Unverständnis bei dem Einheimischen, der soviel arbeitet, wie gerade nötig ist, und dem deshalb Zeit zum Dösen bleibt. Die satirische Schreibweise, die mit den Mitteln des Kontrastes, der Übertreibung, der Pointe die Arbeitsmoral des Touristen, der noch in der Freizeit von den Quälgeistern der Erfolgswünsche geplagt wird, kritisiert, verdeutlicht die Aussageabsicht. Man wird bei der Besprechung auf diese Intention stoßen. Es kommt die Frage auf, was die Geschichte zu unserem Thema beiträgt. Es ist dies: Wenn wir andere aus eigenen Lebensgewohnheiten und -erwartungen heraus beurteilen, versperren wir uns den Weg zu ihnen. Wenn wir bereit sind, die „anderen" kennenzulernen, lernen wir uns selber kennen und gewinnen Distanz zu uns selbst.

Arbeitsvorschläge

- ▷ In dieser Anekdote stoßen „zwei Welten" aufeinander. Beschreibt und charakterisiert den Touristen und den Einheimischen in ihrer Einstellung zum Leben.
- ▷ Durch welche sprachlichen Mittel bringt der Autor die Gegensätze zum Ausdruck?
- ▷ Woran mißt der Tourist die Arbeit des Einheimischen?
- ▷ Wie beurteilt der Autor die verschiedenen Einstellungen zur Arbeit? Untersucht die Verunsicherung, die der Tourist durchmacht.
- ▷ Der Autor hat die *satirische Erzählweise* gewählt:
  Der Satiriker beschreibt die Wirklichkeit nicht neutral, sondern er möchte auf die Mängel aufmerksam machen, und die Wirk-

lichkeit, wie sie ist, messen an der Vorstellung, wie die Wirklichkeit sein sollte. Die satirische Erzählweise verwendet als Darstellungsmittel vor allem den *Kontrast,* die *Vertauschung,* die *Verzerrung* (Karikatur). Oft ersetzt der Satiriker auch das Gemeinte durch Metaphern, Umschreibungen, Anspielungen. (nach: Satirische Texte, Arbeitstexte für den Unterricht, Reclam 9525, S. 136–140).
Welche der genannten Darstellungsmittel verwendet der Autor? Welche Wirkung haben sie?

▷ Inwieweit trägt die Anekdote etwas zum Thema und zum Problem des Kapitels „Wir sehen andere, andere sehen uns" bei?

Max Frisch: Fremdenhaß oder Die Herausforderung zur Selbstprüfung (S. 84)

Texterläuterung und methodische Hinweise

Die Gedanken Frischs sind schon am Anfang der Kapitelbesprechung herangezogen worden. Sie decken die Ursachen für die Entstehung eines Feindbildes und damit des Vorurteils auf. Obwohl der Text im Abstraktionsanspruch einen hohen Schwierigkeitsgrad hat, müßte er zum Abschluß der Unterrichtsreihe verstanden werden, vor allem dann, wenn man bei der Besprechung der vorangegangenen Texte alle Gelegenheiten wahrnimmt, nicht nur die Symptome und die Folgen, sondern auch die Ursachen für die Vorurteilsbildung in den Blick zu bekommen. Wir haben in den vorangegangenen Erläuterungen jeweils auf diese Stellen hingewiesen.

Arbeitsvorschläge

Der Autor versucht die Ursachen für Vorurteile, die ein Fehlverhalten gegenüber Menschen sind, das zum Feindbild und zur Feindschaft führen kann, zu erläutern.

▷ Versucht, die Gedanken Frischs mit eigenen Worten wiederzugeben.

▷ Wie beurteilt Frisch das Fehlverhalten?

▷ Wozu fordert er uns auf?

▷ Stellt einen Zusammenhang zwischen diesem Text am Schluß des Kapitels und dem Spruch des Titelbildes (S. 61) her.

Handeln im Widerstreit – Formen des Tragischen

I. Zur Konzeption des Kapitels

Begründung und Zielsetzung

Die *Auswahl der Themen,* die LESEZEICHEN vorstellt, geht von der These aus, „daß in der Literatur selber im weitesten Sinne subjektive und soziale Wirklichkeit in allen möglichen Facettierungen zum Vorschein kommt. Zwischen den so verstandenen Gegenständen der Welt und den Erscheinungsformen der Literatur lassen sich Affinitäten feststellen."[1] Daß Tragisches eine solche Facette der Wirklichkeit ist und daß sie in der Literatur in besonderem Maße zum Vorschein kommt, ist sicher nicht strittig; zu reden bleibt über den Begriff „tragisch" und seine der Textauswahl in diesem Kapitel zugrundeliegende Definition.[2]

Die Kapitelüberschrift deutet Elemente dieser Definition an: „Handeln im Widerstreit" weist auf den „dramatischen Geist"[3] hin, der dem Tragischen innewohnt und auf die „Dialektik der Gegensätze"[4], von der es bestimmt wird. Daß Tragisches weder in seiner Erscheinungsform in der Wirklichkeit noch in der Literatur ein für allemal festgelegt werden kann, darauf deutet der zweite Teil der Überschrift: „Formen des Tragischen". Begriffe wie Tragik oder gar Tragödie werden vermieden; das Wort „Formen" wird bewußt mehrdeutig verwandt, gemeint sind verschiedene reale und literarische Erscheinungsformen.

Die Auswahl der Textformen des Kapitels berücksichtigt alle Gattungen: Gedichte, Geschichten, Szenen. Damit soll darauf hingewiesen werden, daß das Thema „Handeln im Widerstreit" in vielerlei literarischen Formen auftritt. Die Auswahl soll jedoch – wie der erste Teil der Überschrift – durchaus auch auf den Zusammenhang von Tragischem und Dramatischem hinweisen: Kurzgeschichten, Anekdoten, Balladen und dramatische Szenen sind unter diesem Gesichtspunkt versammelt.

„Handeln im Widerstreit" – tragische Konflikte, das ist also das Thema des Kapitels; diesem Thema verbundene Formen oder Schreibweisen werden in den genannten Textarten vorgestellt oder ihre Kenntnis wird gefestigt.

Die „klassischen" Kurzgeschichten von Bender, Malecha und Aichinger erlauben die Erweiterung und Vertiefung der Kenntnisse dieser Textart an anerkannt repräsentativen Beispielen. Sie werden ergänzt durch erzählerische und anekdotische Texte einerseits und Balladen andererseits. So kann in der Abgrenzung nach beiden Seiten eine weitere Festigung von Einsichten und Kenntnissen erreicht werden.

Die Szene aus Brechts „Mutter Courage" soll als Beispiel szenischen Darstellens dienen, damit eine auffällige formale Alternative zu den anderen Texten bieten und zugleich zusammen mit den beiden Begleittexten eine Einführung in das Theater ermöglichen, welche die Lektüre einer Ganzschrift vorbereitet, ergänzt oder begleitet.

Mehrfach werden so Ansätze des Bandes 7 aufgenommen: mit den vier Kurzgeschichten der Ansatz des Kapitels „Augenblicke der Entscheidung", mit den beiden Balladen der des Kapitels „Auf Leben und Tod". Mit seinem Thema, mit dem impliziten Verweis auf Dramatisches und dessen ausdrücklicher Einbeziehung versteht sich das Kapitel insgesamt als Fortsetzung des Kapitels „Komische Figuren": Dem Einblick in literarische Erschei-

---

(1) Lehrerband zu LESEZEICHEN A/B 5, S.8

(2) Siehe „Zum Begriff des Tragischen", S. 66

(3) Emil Staiger: Grundbegriffe der Poetik, dtv München 1972, S. 131

(4) Peter Szondi: Versuch über das Tragische, 1964, S. 54ff.

nungsformen des Komischen soll ein erster Einblick in solche des Tragischen folgen.
Die Texte zeigen Menschen in Entscheidungssituationen, in denen ihr Handeln einander widerstreitenden Ansprüchen standhält oder sich an Übermächtigem bricht. Nicht immer ist die Konsequenz tödlich. Und das Tragische kann zum Teil durchaus als „privates Unglück" verstanden werden. Gerade diese unterschiedlichen Annäherungen an den Begriff und das Phänomen sollen den Schülern zum Verständnis helfen. Dabei geht es auch um das ästhetische Interesse und die entsprechende Belehrung, mehr jedoch um die Möglichkeit, „eigene Lebensbezüge und Realitätserfahrungen im Lichte der tragischen Konfliktinterpretation der Texte zu verstehen"[1], in der Auseinandersetzung mit fiktiver, fremder Handlung die eigene Erfahrung zu erweitern in bezug auf die Gültigkeit von Werten und Normen in gegenwärtigen und vergangenen, akzeptierten und fremden Ordnungen.

Anmerkungen zum Begriff des Tragischen

Selbstverständlich kann und soll hier nicht den vielen Definitionen des Tragischen eine weitere hinzugefügt werden. Verwiesen sei auf Hegels „Ästhetik", auf Walter Benjamin, Emil Staiger, Peter Szondi, Heinz-Dieter Weber.[2]
Staiger arbeitet u.a. den für das Lesebuchkapitel wichtigen Zusammenhang von Tragischem und Dramatischem heraus:
„Also nicht irgendein Unglück ist tragisch, sondern nur ein Unglück, das dem Menschen seinen Halt, das letzte Ziel, auf das es ankommt, raubt, so, daß er von nun an taumelt und ganz von Sinnen ist. Dahin deutet auch der bekannte Satz, daß der Zufall nicht tragisch sei, daß tragisches Geschehen eine gewisse Notwendigkeit haben müsse [...]
Soll das Tragische wirksam werden und seine tödliche Kraft ausstrahlen, so muß es einen Menschen treffen, der konsequent in der Idee lebt und von der Gültigkeit der Idee sich nicht das Geringste abmarkten läßt. Beide Möglichkeiten erfüllt nur der dramatische Geist. Wir haben ihn kennengelernt als Kraft, die das einzelne fest zusammenhält und auf das Letzte, das Problem, bezieht. Dem Epiker fehlt die Konsequenz. Seine Welt ist nicht gefestigt. Deshalb kann sie nicht zerbrechen. Seine Vergeßlichkeit beschützt ihn vor jeder Erkenntnis, die tödlich wäre. Wenn etwas einstürzt, so reißt der Sturz nicht gleich das ganze Gebäude mit. Denn die Teile sind selbständig. Er blickt das Fatale staunend an und wendet sich dem Nächsten zu. [...]
Das Tragische überfällt den dramatischen Helden aus dem Hinterhalt. [...]
Die Frage nach der tragischen Schuld, so wie sie oft in der Ästhetik gestellt wird, erweckt den Verdacht, daß sie eher bestimmt sei, über das Tragische zu beruhigen, als seine im Menschen selber angelegte Möglichkeit aufzudekken. Sie gibt den Anschein, ‚unschuldige Schuld' sei nur das Schicksal einzelner, die ein besonders dämonisches Unglück heimsucht. Die Schuld liegt aber schon vor der Tat und wird durch verantwortungsbewußtes, entschlossenes Handeln bloß evident."[3]
Heinz-Dieter Weber wendet sich gegen eine formale Bestimmung des Tragischen und nennt dafür zwei Gründe:

1. Die Unlösbarkeit von Widersprüchen, die Dialektik von Gegensätzen – also des Widerstreits von Mächten, Werten, Normen – ist historisch bedingt. Ob Konflikte gelöst werden können, hängt von den jeweils verfügbaren Mitteln ab. „Die historische Relativierung des Tragischen wird unvermeidbar, sobald in Handlungszusammenhängen auftretende Konflikte generell als lösbar angesehen werden."
2. Eine formale Bestimmung impliziert eine „abschließende Weltauslegung", da ein

(1) Heinz-Dieter Weber, Die Wiederkehr des Tragischen i.d. Literatur der DDR, DU 30/1978 Heft 2, S. 79ff.
(2) Walter Benjamin: Ursprung des deutschen Trauerspiels, Ffm. 1963; Emil Staiger, a.a.O.; Peter Szondi, a.a.O.; H.-D. Weber, a.a.O.
(3) Emil Staiger, a.a.O.

tragischer Konflikt nur dann als unausweichlich bezeichnet werden kann, „wenn er eine dritte Alternative nicht zuläßt." Ohne ein verbindliches „Sinnsystem" ist „ein Standpunkt denkbar und einnehmbar, von dem aus dieses Sinnsystem als minder belangvoll erscheint."

Die Konstitution eines Sinnsystems allein durch den tragischen Konflikt im Kunstwerk kann diesem System – ohne vorgängige Sicherung – keine Geltung verschaffen.

Für den Umgang mit den Texten des Lesebuchkapitels kann noch eine weitere Feststellung Webers von Interesse sein: „Freilich kann dem Individuum nicht verwehrt werden, seine Situation und seine Handlungszwänge als tragisch und keineswegs als bloße ‚Konjunktur der äußeren Zufälligkeiten' (Hegel) zu interpretieren, auch wenn Sie sich im Lichte sonst gegebener oder erwarteter Möglichkeiten keineswegs als unvermeidbar konfliktuös ausnehmen. Dem Individuum sind sie dadurch nicht weniger bedrängend. [...] (Es) fragt sich, ob als tragisch interpretiertes privates Unglück auch als tragisch kommunikabel gemacht werden kann."[1]

Aufbau des Kapitels

Auch dieses Kapitel versucht in seinem Aufbau den konzeptionellen Dreischritt vorzunehmen: Über eine einleitende, zum Lesen reizende einfache Geschichte in der ersten Phase wird die zweite Textgruppe erreicht, in der die eigentliche Auseinandersetzung der Schüler mit dem Thema des Kapitels und mit den verschiedenen Schreibweisen stattfinden kann. Diese Textgruppe ist in sich wieder durch Textkonstellationen gegliedert, deren Bestandteile einander erhellen können. Der dritte Teil setzt sich davon deutlich ab durch die andere Gattungsform und durch die dem zentralen Text beigegebenen Begleittexte, mit deren Hilfe die Szene inhaltlich, historisch und aufführungspraktisch erarbeitet werden kann.

I. Hans Bender: Iljas Tauben

II. Stefan Andres: Das Trockendock
Herbert Malecha: Die Probe
Ilse Aichinger: Das Fenster-Theater
Klaus Schlesinger: Der Tod meiner Tante
H. J. Ch. v. Grimmelshausen: Der aus Einbildung sterbende Soldat
C. F. Meyer: Die Füße im Feuer
Hildebrand und Hadubrand
Antigone

III. Bertolt Brecht:
Das Lied von der Mutter Courage
Das Opfer der stummen Kattrin
Die zwei Ängste der stummen Kattrin

Die den *ersten Teil* bildende Geschichte hat die Aufgabe, den Leser in die Thematik des Kapitels hineinzuziehen und ein erstes Gespräch über die Frage nach der Gültigkeit von Werten und Normen in unterschiedlichen Situationen zu provozieren. Im *zweiten Teil* des Kapitels werden bekannte Kurzgeschichten und Balladen, eine Erzählung, eine Anekdote und eine Sage vorgestellt. Übergreifender und verbindender Gesichtspunkt ist neben der Thematik – Handeln im Widerstreit – die Form: dramatische Elemente in epischen und lyrischen Texten. Die Texte sind so angeordnet, daß der Leser durch die dargestellten Geschehnisse von der Gegenwart bis in die Antike zurückgeführt wird und so Gelegenheit hat, von einem alltäglichen in das klassische Verständnis von Tragik zurückzufinden. Innerhalb dieser Anordnung sollen Konstellationen von jeweils zwei oder drei Texten beim Verständnis helfen.

„Das Trockendock" und „Die Probe" sprechen beide vom Scheitern im Augenblick des (scheinbaren) Gelingens. Als Kurzgeschichten folgen sie unterschiedlichen Baumustern, erhellend ist auch ihre verschiedene Perspektivität. – „Das Fenster-Theater" und „Der Tod meiner Tante" können verglichen werden auf Eigenart, Verhalten und Schicksal ihrer Heldinnen hin; auch hier sind Erzählform und Erzählhaltung in ihrer Unterschiedlich-

(1) Weber, a.a.O., S. 81

keit wieder aufschlußreich. Mit Grimmelshausens Anekdote und Meyers Ballade beginnt die Reihe der historischen Texte. Das sie verbindende Anekdotische zielt nicht auf Charakterisierung historischer Figuren oder Situationen ab. Meyers Gedicht wurde wohl mit Recht eine „zeitentrückte Geschichtsballade“ (Weißert) genannt. – Die beiden den zweiten Teil abschließenden Texte sind als zwei Sagen nur sehr äußerlich verbunden. Gemeinsam ist den Texten die für den heutigen Leser fremde Wertwelt, aus deren unbedingter Gültigkeit das tragische Geschehen folgt. Formal kann „Hildebrand“ mit „Füße im Feuer“ zusammen gesehen werden. Die Antigone der Sage bildet ein gutes Pendant zu den „Kattrin“-Texten in Teil III.
In diesem *dritten Teil* liegt das Gewicht auf der Szene. In der wohl bewegendsten und dramatischsten Szene aus Brechts Stück „Mutter Courage und ihre Kinder“ kulminiert auch dessen Handlung. Handeln im Widerstreit der Ansprüche wird hier dramatisch vorgeführt; die Dramatik dieses Handelns wird evident. Die Begleittexte verhelfen zur Einordnung der Szene in den Kontext des Stückes, in den Schaffensprozeß des Autors und in den theatralischen Realisationsvorgang. Die Einzelszene „Das Opfer der stummen Kattrin“ ist Schülern der 8. Klasse gut zu- und eingänglich; eine Vorwegnahme der Lektüre von „Mutter Courage“, die auf dieser Klassenstufe noch nicht sinnvoll ist, ist damit nicht beabsichtigt. Wohl wird aber durch die Lektüre dieser Szene Betroffenheit bei den Schülern ausgelöst und so eine Grundlage für die Bereitschaft gelegt, dieses Stück später ganz zu lesen.

Möglichkeiten der Erschließung

Hinweise zur Erschließung der einzelnen Texte finden sich am jeweiligen Ort und in den „Arbeitsvorschlägen“. Über die Lernziele des ganzen Kapitels wurde das Wesentliche im Abschnitt „Begründung und Zielsetzung“ gesagt. Allerdings wird es nicht immer möglich, aber auch nicht nötig sein, das Kapitel als geschlossenen Lehrgang im Unterricht zu verwenden. Das ist auch keineswegs die Absicht der Zusammenstellung. Je nach didaktischer Zielsetzung, verfügbarer Zeit, Aufnahmefähigkeit der Schüler können einzelne Texte herausgenommen und in neuen Zusammenstellungen erarbeitet werden. In der folgenden Übersicht finden sich entsprechende Vorschläge.
Für alle Unterrichtseinheiten sollte der Dreischritt des Verstehens[1] bestimmend bleiben, auch wenn nur Teile des insgesamt im Sinne dieses Vorgehens angelegten Kapitels behandelt werden. Im Mittelpunkt steht die zweite Phase des Dreischritts, die genaue Interpretation und der Erwerb von Methoden und Begriffen. Die dritte Phase dient der Historisierung, Aktualisierung, Einordnung.

Arbeitsvorschläge nach Abschluß des Kapitels

Zum Abschluß des Kapitels „Handeln im Widerstreit – Formen des Tragischen“ könnt ihr noch einige grundsätzliche Fragen, wie sie z.B. Anouilh in seinem Stück „Antigone“ aufwirft. Dort läßt er seinen „Sprecher“ einmal sagen:
„Die Tragödie ist eine feste, todsichere Angelegenheit. Da gibt es keinen Ausweg. Außerdem befindet man sich in bester Gesellschaft, denn im Grunde sind alle gleich unschuldig. Wenn da einer jemanden umbringt und ein anderer umgebracht wird, dann ist das lediglich eine Frage der Rollenverteilung. Vor allem hat die Tragödie gar nichts Aufregendes. Es gibt von vornherein keine trügerischen Hoffnungen mehr. Man weiß, daß man wie eine Maus in der Falle gefangen wird.“

▷ Was will Anouilh mit seiner ironischen Beschreibung der Tragödie wohl klarmachen?
▷ Läßt sich diese Beschreibung auf die Geschichten und Balladen dieses Kapitels anwenden?
▷ Wo wurden Auswege aus der „Mausefalle“ gezeigt, wo wären sie denkbar gewesen?

(1) s. Lehrerband LZ A/B 5 S. 10

Vorschläge für Unterrichtseinheiten

UE	Std.-zahl	Texte	Ziele	Hinweise
1	1–2	Einzelne Texte aus Teil I und II	Form(en) der Kurzgeschichte. Der „Schicksalsbruch“.	Siehe Interpretationsskizzen und meth. Hinweise zu Texten
2	2–4	Gruppen von 2–4 Kurzgeschichten	Formale Unterschiede (Perspektive). „Tragisches“ oder „privates Unglück“?	Siehe „Aufbau des Kapitels“ und „Hinweise zu den Kurzgeschichten“.
3	2–3	Einzelne Textkonstellationen aus Teil II	Formale Parallelen (Dramatisches) u. Unterschiede (Aufbau, Perspektive). – Individuum u. Gesellschaft (4 + 5), Überwindung der Tragik (8 + 7).	Vgl. der Texte 4 + 5, 6 + 7, 8 + 9, 7 + 8.-S. jeweilige Interpretationsskizzen u. meth. Hinweise
4	1–2	Grimmelshausen im Vergleich mit einer der Kurzgeschichten	Offene und geschlossene Form	Vgl. mit Text 1 oder 2
5	1–2	Meyer im Vergleich mit einer der Kurzgeschichten	Parallele der Offenheit und andeutenden Erzählweise; innerer Monolog. – Lyrisch-balladeske Momente („Refrainartige Wiederholungen“)	Vgl. mit Text 1 oder 3
6	2	Szene aus Teil III	Die Form einer Szene. Kattrins Verhalten.	Siehe Interpretationsskizze und meth. Hinweise mit Aufgabenvorschlägen
7	3	Alle Texte aus Teil III	Erzählen und szenisches Gestalten. Inszenieren. Kein Heldenklischee.	Wie UE 6
8	4	Antigone und Teil III	Antigone und Kattrin, antike und moderne Heldin.	Wie UE 6
9	8–10	Alle Texte aus Teil I und II	Lehrgang: Formen des Erzählens, dramatische Elemente im Zusammenhang mit dem Tragischen in den Schicksalen der Personen	Siehe „Begründung und Zielsetzung“ sowie „Zu den einzelnen Texten“.
10	11–13	Gesamtes Kapitel	Lehrgang wie UE 9, erweitert durch die Szene als unmittelbarem Ausdruck des Dramatischen. – Kattrin in der Reihe der Schicksale. – Die Tragödie als Mausefalle.	Wie UE 9 Siehe letzten Aufgabenvorschlag zur Szene. S. u. „Aufgaben zum ganzen Kapitel“

II. Zu den einzelnen Texten

Hans Bender: Iljas Tauben (S. 86)

Zu Autor und Text

Hans Bender, Jahrgang 1919, gehört zu den führenden Erzählern der fünfziger Jahre. Viele seiner Geschichten gehen zurück auf die Erlebnisse und Erfahrungen eines Lebensjahrzehnts in Krieg und Gefangenschaft. Bender kehrte erst 1949 aus der Kriegsgefangenschaft in der Sowjetunion zurück. Nach Abschluß seines unterbrochenen Literaturstudiums arbeitete er als Journalist (Herausgeber, Chefredakteur, Feuilletonchef) und Publizist. Zum Teil wurden seine Geschichten zuerst in Zeitungen veröffentlicht. Die vorliegende letzte Fassung von „Iljas Tauben“ erschien in der Sonderausgabe der Reihe „Die Bücher der Neunzehn“ 1962.
Bender hat auch eine immer wieder zitierte „Ortsbestimmung der Kurzgeschichte“ (1962) versucht. Darin sagt er über Borchert und die Nachkriegsautoren, also auch über seine eigene Arbeit:

„Krieg und Nachkrieg haben die Poesie stimuliert. Der Stoff war den Schriftstellern oktroyiert worden; sie hatten ihn autobiographisch, aktiv und passiv, miterlebt. Sie wollten davon erzählen, objektiv erzählen, aber nicht so objektiv, daß die Bilanz nicht mit überreicht worden wäre. [...] Viele Kurzgeschichten jener Zeit haben den Wert einer Dokumentation; wir können in ihnen nachlesen: So war es.“[1]

Die Begriffe „Bilanz“ und „Dokumentation“ sind für Benders eigene Kurzgeschichten wichtige Interpretationshilfen.

Interpretationsskizze

Die Geschichte kann als „Dokumentation“ im Sinne Benders verstanden werden („So war es“); Dokumentation nicht der Einzelheiten des Erzählten – aber der Konstellation der Figuren und ihres Verhaltens.
Bender läßt den Burschen des Leutnants erzählen und erreicht damit Authentizität und Identifikation einerseits, die Möglichkeit zur Distanz und „Bilanz“ andererseits.

Der Text setzt ein mit den Worten „Mein Leutnant“. Diese Formulierung taucht in der ersten Hälfte des Textes noch zweimal auf, dann nicht mehr. Das anfängliche Einverständnis – Essen und Schießen bestimmen das tägliche Leben („Das machte auch mir Spaß“) – wird zur Distanzierung. Der Umschwung ereignet sich in der Mitte des Textes: Die Identifikation des deutschen Soldaten mit seinem Offizier weicht der mit dem russischen Soldaten Ilja, „der eigentlich in der gleichen Lage war wie ich. Er war Soldat.“ Diese neue Verbindung bestimmt die zweite Hälfte der Geschichte (Schonung der Tauben, Fahrt nach Baksi, Befreiungspläne und -versuche, Ausweichen vor dem Leutnant bei der Rückkehr, Haltung beim Tod des Leutnants). Zunächst versinnbildlichen die Tauben das Verbindende zwischen Leutnant und Bursche, jetzt werden sie zum Sinnbild der neuen Verbindung: „Iljas Tauben“ sind auch die Tauben des Erzählers geworden. Während der Bursche zu Beginn der Geschichte noch ausführlich über seine „Methode“ der Taubenzubereitung berichtet, gibt er am Ende „keine Antwort“, wenn der Leutnant sagt: „Wenn du die Tauben machst, sind sie entschieden schmackhafter.“ Vielmehr fragt er sich selbst: „Ob ich überhaupt mal wieder Tauben esse?“
Damit wird auch deutlich, daß die Tauben nicht nur Sinnbild für die wechselnden Bindungen sind, sondern zugleich für Krieg und Frieden. Tauben abzuschießen, macht dem Soldaten bedenkenlos „Spaß“: „Ich hatte ein Gewehr mit einem Zielfernrohr und traf immer.“ Noch bleibt unreflektiert, was Krieg eigentlich bedeutet; nur im Bild der zerfetzten Tauben tritt seine Furchtbarkeit in Erscheinung: „Das Geschoß des Infanteriegewehrs war eigentlich zu groß für den kleinen Körper. Die Federn flogen in Büscheln davon,

(1) H. Bender, Ortsbestimmung der Kurzgeschichte. In: Akzente 9 (1962) Heft 3, S. 205ff.

und der Balg war meist völlig zerrissen." Dem stehen die späteren Bekenntnisse des Erzählers gegenüber: „Nein, ich hätte keine schlachten können." – „Nein, ich hatte keinen Appetit auf diese Tauben." Dazwischen liegt für ihn der entscheidende „Schicksalsbruch" (Doderer), der sein Leben verändert.
Nichts davon wird beim Leutnant spürbar. Er plant kaltblütig und zynisch: Krieg ist Krieg. Nach gelungenem Betrug ißt er die Tauben mit gutem Appetit, läßt den Rest einpacken. Gewissermaßen zwischen zwei Gängen seiner Mahlzeit wird er erschossen. „Von Partisanen, hieß es." Diese Schlußformulierung läßt offen, ob es damit seine Richtigkeit hat. Hat der Erzähler daran seine Zweifel? Wen verdächtigt er sonst? Weiß er es besser? Hat er vielleicht seine Identifikation mit Ilja so weit getrieben, daß er den Leutnant selber erschoß? Zumindest nimmt er den Tod kommentarlos, anscheinend billigend, in Kauf.
Er hat sich von „seinem" Leutnant inzwischen abgewandt, sieht ihn als „gemein" an. Allerdings bleibt ein solches direktes Urteil vereinzelt. In Kurzgeschichtenmanier wird nüchtern und emotionslos erzählt. Die Urteile stecken zwischen den Zeilen, sie zu fällen ist Aufgabe des Lesers, dem der Sachverhalt vom Erzähler, der nur vorsichtig lenkt, vorgetragen wird. Aufschlußreich sind die Selbstzitate, die sympathisierenden Beschreibungen der Familienmitglieder („mit dem schönen Namen Tarsia"; „... sie küßte seine Stiefel ab"; „er war gewaschen und hatte den Kamm durch das nasse Haar gezogen"; „sie trugen ihre Sonntagskleider").
Zur Nüchternheit der Sprache gehören auch der umgangssprachliche Wortschatz, die einfache Syntax, der simple Stil. Sie „dokumentieren" alltägliches Geschehen. Der aufmerksam beobachtende Leser aber entdeckt hinter der Alltäglichkeit von Sprache und Handlung die Bedeutung im doppelten Sinne, die Ungeheuerlichkeit des Geschehens, und die sprachlich kaschierte Betroffenheit des Erzählers geht auf ihn über. Sprache, unvermittelter Beginn, offener Schluß entsprechen den Erwartungen an eine Kurzgeschichte. Vermeintliche Unangreifbarkeit und tatsächliche Gefährdung – eine „Grundfigur" der Kurzgeschichte – betreffen beide Figuren: In ganz unterschiedlicher Weise werden beiden „Iljas Tauben" zum Schicksal, diese Tauben, die zugleich Gegenstände und Symbole sind.
In einer Interpretation der Geschichte wird aus ihrem letzten Satz der Schluß gezogen, daß der Tod des Leutnants „als Rache und Strafe aufzufassen ist und nicht Partisanen dafür verantwortlich sind."[1] Es wird unterstellt, daß ein Familienmitglied oder doch ein von der Familie Beauftragter den tödlichen Schuß abgegeben habe. Als Lernziel der Lektüre wird formuliert: „Der Schüler soll den Tod des Leutnants als Strafe für sein bedenkenloses Verhalten auffassen." Todesstrafe für das Ergaunern von zwei Dutzend Tauben, ausgeführt in Lynchjustizmanier? Mord als Befriedigung von Rachegelüsten? Oder Sühne, ohne daß Rache oder Strafe im Spiel sind? Unser moralisches Empfinden wäre wohl damit am ehesten befriedigt; auch eine zufällige Partisanenkugel wäre interpretierbar als Werkzeug höherer Gerechtigkeit. Aber auch hier bliebe die Unangemessenheit des Verdikts fragwürdig, solange wir dabei stehen bleiben, das Ende des Leutnants nur im vordergründigen Sinne mit seinem „betrügerischen Verhalten" im Poker um die Tauben in Verbindung zu bringen. Erst wenn wir den Symbolgehalt der Tauben mitsehen, erhält dieser Tod einen befriedigenden Sinn. Der gemordete Friede fordert sein Sühneopfer. Dabei geht es nicht um die persönliche Schuld des Leutnants, auch er ist ein Kriegsopfer; er fällt stellvertretend. Den kleinen Gauner, verführt durch seine Macht als Besatzungsoffizier, streift ein Hauch von Tragik; er sühnt weit mehr, als er verbrochen hat.[2]

Methodische Hinweise

Im Zusammenhang des Lesebuchkapitels hat die Geschichte die Aufgabe, in die Fragestellung einzuführen, eine detaillierte Interpretation ist nicht vorgesehen; sie ist dann angebracht, wenn die Geschichte in einem an-

(1) W. Salzmann, Stundenblätter: Kurzgeschichten für die Klassen 8/9, Klett, Stuttgart 1982, S. 36
(2) vgl. auch Ernst Reuter in: D. Bachmann u. a., Interpretationen zu Erzählungen der Gegenwart I–VI, Frankfurt/Main 1982, S. 105

deren Zusammenhang oder für sich allein gelesen wird.
In jedem Fall kann der Text im Unterricht gelesen werden. Sowohl bei einer eingehenderen wie bei einer mehr kursorischen Lektüre können sich die Unterrichtsschritte an der Abfolge der Arbeitsvorschläge orientieren.

Arbeitsvorschläge

▷ Macht euch, nachdem ihr die Geschichte gelesen habt, zunächst einmal klar, welche äußeren Umstände das Geschehen bestimmen: Wann und wo spielt die Geschichte? – In welcher Lage befinden sich die handelnden Personen?
(Benutzt dazu auch die Wort- und Sacherklärungen im Lesebuch auf S. 208)
▷ Wie beurteilt ihr das Verhalten der Beteiligten?
▷ Wie ist wohl der letzte Satz zu verstehen?
▷ Welche Bedeutung könnten die „Tauben“ in der Geschichte haben?
(Hans Bender veröffentlichte seine Geschichte zum erstenmal in einem Sammelband mit dem Titel „Wölfe und Tauben.“)
▷ Bezieht die Geschichte auf die Überschrift des Kapitels: „Handeln im Widerstreit – Formen des Tragischen“.

Stefan Andres: Das Trockendock (S. 90)

Zu Autor und Text

Stefan Andres (1906–1970) steht zwischen der Generation der Schriftsteller der Weimarer Republik und der Kriegsgeneration, deren Werk im wesentlichen nach 1945 erschien. Er verbrachte die Kriegs- und unmittelbaren Nachkriegsjahre in Süditalien, nachdem er schon in den frühen dreißiger Jahren den Durchbruch als Schriftsteller geschafft hatte. Als ein Autor der „inneren Emigration“ konnte er auch während der Jahre 1933–1945 veröffentlichen, unter anderem die erfolgreichen Novellen „El Greco malt den Großinquisitor“ (1936) und „Wir sind Utopia“ (1942). Formal blieb Andres der Tradition, thematisch dem katholisch-religiösen und dem heimatlichen Umkreis verhaftet – seien es Rhein und Mosel oder Mittelmeer. „Das Trockendock“, eine mit zwölf anderen in den fünfziger Jahren entstandenen Texten 1960 veröffentlichte Geschichte, hat genausosehr den Charakter einer Anekdote wie den einer Kurzgeschichte.[1]

Interpretationsskizze

Die Geschichte beginnt mit einer Einleitung, die dem Verständnis der „merkwürdigen Begebenheit“ dienen soll, von der im folgenden die Rede ist. Diese Begebenheit wird in den zentralen drei Abschnitten erzählt. Dabei wird die allgemeine Beschreibung eines Stapellaufs, wie sie der erste Abschnitt enthält, in der besonderen Beschreibung anläßlich der fraglichen Begebenheit wieder aufgenommen. Der fünfte Abschnitt knüpft wieder am Ende des ersten an und erzählt die Geschichte bis zu ihrem absurd erscheinenden Ende: Grognard wird von einem Galeerensträfling erschlagen, ausgerechnet also von einem der Menschen, derentwegen er jahrelang die Mühe auf sich genommen hatte, ein Trockendock zu konstruieren und seinen Bau durchzusetzen.
Hier könnte die Geschichte bereits enden. So wie aber die Abschnitte 2–4 eingeschoben sind, um den ruhigen Chronistenstil durch lebhafte und nachvollziehbare Schilderung abzulösen, so trägt mit derselben Absicht der letzte Abschnitt die Details des tödlichen Geschehens nach. Dabei werden erstaunliche Parallelen mitgeteilt: Im sechsten wie im vier-

(1) Vgl. Günter Lange in: D. Bachmann: Interpretationen zu Erzählungen der Gegenwart I–VI, Frankfurt/Main 1982, S. 77. Lange, der die Geschichte insgesamt für mißlungen hält, spricht sogar von den „stilistischen Mitteln der traditionellen Novelle“. Andererseits kann man nach dem Lehrerheft zu Klett Lesebuch A8 (1967) den Text auch als „Beispiel“ für eine Kurzgeschichte lesen.

ten Abschnitt trägt der Sträfling die Nummer 3222 an der grünen Wollmütze; Grognard erstarrt bei ihrem Anblick so wie der erste Sträfling angesichts des auf ihn zurollenden Schiffsrumpfes: für beide eine tödliche Schrecksekunde.

Die ungewöhnliche Struktur der Geschichte läßt sie als zwischen Anekdote und Kurzgeschichte stehend erscheinen. Der erste und der fünfte Abschnitt zusammen könnten eine Anekdote ergeben, deren Pointe, der Tod des Wohltäters durch die Hand des Begünstigten, überraschend und ‚frag-würdig' genug wäre. Die mittleren Abschnitte und der letzte arbeiten mit vielen aus der Kurzgeschichte vertrauten Mitteln: Die beiden dargestellten Augenblicke, sprachlich deutlich aufeinander bezogen, sind „Schicksalsbrüche" (Doderer), Wendepunkte im Geschehen und in der Beziehung der Beteiligten. Auch diese Abschnitte könnten, um wenige Einschübe ergänzt, eine Geschichte für sich ergeben.

Allerdings folgt Andres mit seiner Sprache nicht der Nachkriegskurzgeschichte, sondern traditionellen Mustern: sorgfältig gewähltes Vokabular, komplizierte Satzgefüge, in kunstfertiger Manier zur Steigerung der Spannung und zur Nachzeichnung des Geschehens eingesetzt, ein einziger Wortwechsel am Schluß in direkter Rede.

Was dem Text den Ruf einer exemplarischen Kurzgeschichte eingebracht hat, ist sicher ihr Schluß. Er entläßt den Leser verwirrt. Die Pointe der „Anekdote" vermöchte er noch hinzunehmen, aber was bedeutet die letzte Äußerung Grognards? Geht es wirklich um eine Moral dieser Art: „Auch in der genialen Erfindung, die durch menschliches Mitempfinden angeregt wird, erweist sich am Schluß die Zwiespältigkeit menschlichen Handelns"? Liegt in den letzten Worten des Ingenieurs wirklich „eine Feststellung und eine Frage"?[1]

Über Grognards Einstellung vor seinem entscheidenden Erlebnis heißt es im Text: „Ja, er war sogar der allgemeinen Ansicht, daß es menschlich und gut ist, wenn ein Leben, ohnehin verwirkt, durch einen kühnen Einsatz sich entweder für die Allgemeinheit nützlich verbrauche oder für sich selber neu beginnen könne." Kann Grognards letzter Satz wirklich bedeuten, daß er zu dieser Ansicht zurückkehrt? Oder auch nur, daß er seine Lebensarbeit in Zweifel zieht?

Die „merkwürdige Begebenheit", in der diese Lebensarbeit ihren Ursprung hat, spielt sich auf dem „Antlitz eines einen Augenblick für seine Freiheit verzweifelt hoffenden Menschen" ab. Grognard sieht dieses Lächeln „zugleich mit der Zahl und wie durch sie hindurch". Diese Tatsache wird sprachlich überaus deutlich hervorgehoben. Hinter dem Sträfling wird für Grognard der Mensch sichtbar, dessen Lächeln er deutet als die sehnsüchtige, „gierige Bewegung", mit der dieser Mensch – seine Freiheit vorweg und doch zugleich von der Welt Abschied nehmend – mit den Augen „Schiff, Zuschauer, Mauern und Himmel zugleich" zu „verschlingen" sucht. Dieses „zwischen Hoffnung und Todesangst verzerrte Lächeln" verfolgt Grognard und spornt ihn zu seinem Tun an.

Seine Erfindung beseitigt aber nicht nur die Todesangst der Menschen, sondern auch die Hoffnung der Sträflinge auf den „Weg zur Freiheit". Grognard aber verliert während seiner Arbeit die Verbindung zur Realität, er übersieht die Gefahr, die von den durch ihr Schicksal deformierten Sträflingen selbst droht. „Erstarrt" erblickt er im Augenblick des Todes – gewissermaßen vor dem Lächeln, das ihn verfolgt, und das er durch die Zahl 3222 hindurch gesehen hatte – erst wieder die Zahl 3222, die Nummer, den Sträfling. Jetzt wird er sich der Täuschung bewußt. Er spricht die Nummer an („Ah, 3222") und bekennt: „Ich habe mich geirrt." Aber er hat sich nicht geirrt, als er einst hinter der Nummer des Sträflings das Lächeln des Menschen sah und die Unmenschlichkeit der Wahl erkannte, vor die der „einzelne Mann" von einer „ausgelassen" und „teuflisch" jubelnden Gesellschaft gestellt wurde; er hat sich geirrt, als er über den zu befreienden Menschen den numerierten Sträfling übersah.

Grognard stirbt als Märtyrer für sein Werk, für seine menschenfreundliche Idee. Sein Handeln ist keineswegs „zwiespältig", aber die Menschen, denen es dient, erkennen die Erlösung nicht, die er ihnen verheißt. Er beschuldigt sie deswegen nicht, er registriert ih-

(1) Lehrerheft zu Klett Lesebuch A8, 1967, S. 20

re Reaktion erstaunt. Nach kurzer Verwunderung bittet er seine Verfolger, die nicht wissen, was sie tun, um Vergebung. Grognards Irrtum bestand in seiner Selbsttäuschung. Grognard ist eine christliche Figur.

Methodische Hinweise

Das methodische Vorgehen bei der Lektüre dieser Geschichte sollte sich an ihrer Struktur orientieren. Dem Lesen (im Unterricht oder vorher) und der Erläuterung der notwendigsten technischen Details (siehe Wort- und Sacherklärungen im Lesebuch auf S. 208) sollte eine Gliederung des Textes folgen. Dabei werden Funktion und unterschiedliche Erzählweise sowie das Verhältnis von Erzählzeit und erzählter Zeit deutlich. Die mittleren Abschnitte können in ihrer inhaltlich und syntaktisch bedingten Spannung über das Schülerlesen erschlossen werden.
Die Frage nach der Bedeutung des letzten Satzes kann sicher erst nach der genauen Analyse des Textes im Sinne der Interpretationsskizze beantwortet werden.

Arbeitsvorschläge

▷ Macht euch nach dem Lesen der Geschichte zunächst die technischen Zusammenhänge klar: Wie ging der Stapellauf eines Schiffes vor und nach der Erfindung des Trockendocks vor sich? (Benutzt hierzu im Lesebuch die Wort- und Sacherklärungen auf S. 208)

▷ Verseht jeden Abschnitt des Textes mit einer Überschrift. – Wie unterscheiden sich die ersten und die letzten beiden Abschnitte von den anderen?

▷ Untersucht die mittleren Abschnitte genauer: Vor allem der Satzbau – die Länge der Sätze und die Art ihrer „Verschachtelung“ – ist aufschlußreich. Er kann zunächst am besten über das laute Vorlesen erfaßt werden. Im Gespräch über die Ursachen des mehr oder weniger gut gelingenden Lesens werden die wichtigsten Merkmale dieses Satzbaus zur Sprache kommen. – Welches ist die spannendste Stelle? Wie entsprechen sich an dieser Stelle Inhalt und Satzbau?

▷ Vergleicht die *Erzählweise* in dieser Geschichte mit der in „Iljas Tauben“. Inwieweit sind die Erzählweisen von den verschiedenen *Standorten der Erzähler* abhängig?

▷ Bezieht auch diese Geschichte auf die Kapitelüberschrift „Handeln im Widerstreit – Formen des Tragischen“.

▷ Diskutiert den Schluß der Geschichte: Wie versteht ihr die Worte des Sträflings und die Antwort des Ingenieurs?

▷ Warum hat die Geschichte wohl die Überschrift:
Das Trockendock?

Herbert Malecha: Die Probe (S. 93)

Zu Autor und Text

Herbert Malecha, 1927 geboren, schrieb diese Geschichte 1954 für ein Preisausschreiben der „ZEIT“. Die Kurzgeschichte erhielt dabei den ersten Preis. Sie gilt seither als ein Musterexemplar der deutschen Nachkriegskurzgeschichte und ist in vielen Lesebüchern nachgedruckt worden.

Interpretationsskizze

Die Geschichte setzt mit dem Namen des Helden völlig unvermittelt ein. Schon der erste Satz macht die Perspektive klar, aus der erzählt wird: „Redluff sah, wie sich das Gesicht ... verzog.“ Sie wird bis zur letzten Zeile konsequent beibehalten: „Sie kamen auf ihn zu.“ Wer Redluff ist, was er tut, das erfahren wir erst allmählich und beiläufig aus der in erlebter Rede vorgetragenen Geschichte. Dabei durchdringen sich Beobachtungen, Sinneseindrücke, Zitate, Gedanken, Erinnerungen, Gefühle. Hinter dem inneren Erleben tritt das äußere Geschehen weit zurück: der Gang durch die Straßen, der Kneipenbesuch, die Paßkontrolle, der Eintritt in die Ausstellung, die verräterische Namensnennung.
Auch die Lebensumstände des Helden und die Vorgeschichte werden nur angedeutet:

Steckbrief, falscher Paß, dreimonatiges Verstecken und Angst vor der Polizei deuten auf einen Flüchtigen. Aber weswegen wird er verfolgt? Er kann ein Krimineller oder ein politischer Flüchtling sein. Ort und Zeit sind nur skizziert: Eine deutsche Hafenstadt in der amerikanischen Besatzungszone; Nachkriegszeit, ein Herbstabend.
Das innere Erleben, der mit der „Probe“ erreichte Übergang von Angst und Hoffnung in Zuversicht und schließlich triumphierendes Glücksgefühl, trägt die Geschichte.
Das aus den Beschreibungen, der Wortwahl und vor allem den Bildern herauszuarbeiten, ist die eigentliche Interpretationsarbeit. Besonders wichtig sind dabei die Bilder, die aus dem Wortfeld Wasser genommen sind. Dabei wird auch der Unterschied des Gefühls vor und nach der Probe deutlich: „Er spürte ... daß er nicht eintauchen konnte.“ – „Im Sog der Menge.“ Aber auch an vielen anderen Beispielen wird die Veränderung deutlich: „Die Autos ... Nur stockend schoben sie sich vorwärts.“ – „... Wagen sangen über den blanken Asphalt.“ Vergleichbar sind die Gesichter der beiden Frauen in den beiden Teilen der Geschichte. Oder: zunächst achtet Redluff darauf, daß ihn die Passanten „nicht streiften“. Dann tut es ihm wohl, „wenn sie ihn streiften“.
Jens Redluff besteht die Probe in der Kneipe, die er absichtlich herbeiführt, die dann unerwartet heikel wird und die er dann schließlich selber bis aufs äußerste erschwert.
Warum besteht er die zweite, einfachere Probe nicht, in die er mit solcher Sicherheit und mit so viel Selbstbewußtsein geht? Vordergründig scheinen die Gründe klar: das Nachlassen der Anspannung, das Hochgefühl, die überraschende Situation. Aber was ist damit gesagt? Soll uns Redluffs Versagen mitteilen, „daß der Mensch sich nicht verleugnen kann“[1], oder gar, „daß ein gerechtes Weltgesetz“ triumphiert?[2] Woher wissen wir denn, auf welcher Seite in dieser Geschichte die Gerechtigkeit zu finden ist? Nicht immer und überall ist sie auf der Seite der Polizei; ein Steckbrief, ein falscher Paß, der Fluchtplan – das deutet auf Verfolgung, noch nicht auf ein Verbrechen. Das Wort kommt – provokativ – erstaunlicherweise aus dem Munde von Redluff, und der Autor gibt sich alle Mühe, uns zur Identifikation mit dem Helden einzuladen; wir bangen mit ihm und atmen mit ihm auf. Die Polizisten des letzten Satzes kommen drohend auch auf uns zu.
Wir empfinden es als grausame Ironie, daß Redluff eine herzliche Gratulation, ein „Riesenblumenstrauß“ und eine „unwiderstehliche“ Stimme zum Verhängnis werden; wir hätten ihm das Durchkommen gegönnt. Ein Verfolgter – weswegen auch immer verfolgt – scheitert mit seiner Rettungshoffnung im Augenblick größter Zuversicht durch ein Versehen. Wenn wir uns nicht voreingenommen einem Bösewicht gegenüber sehen, sondern einfach einem Menschen, so empfinden wir das als Ungerechtigkeit und sind eher traurig als befriedigt.
Eine gültige Antwort auf die Frage der Textintention ist nicht zu geben. Der offene Schluß der Geschichte wird sich in immer neuen Rezeptionen bewähren.

Methodische Hinweise

Die Lektüre geschieht am besten im Unterricht selbst. Die wenigen notwendigen Worterklärungen können vorangestellt werden. Das Unterrichtsgespräch, das sich an der Frage nach Grund und Zweck der Probe entzünden kann, führt zu einer genaueren Betrachtung der Textstellen, in denen es um die Vergangenheit des Helden geht, seine Fluchthilfe und das Fluchtziel. Dabei wird nicht nur „Übersee“ in Frage kommen, sondern auch die Reintegration des Außenseiters. Fragen und Ergebnisse sollten an der Tafel festgehalten werden und als Ausgangspunkt dienen für das Erkennen des Spannungsverlaufs der Geschichte, wie er sich in der Abfolge der Proben (Beinahe-Unfall – Kneipenbesuch – Paßkontrolle – Ausstellungsbesuch), der Örtlichkeiten und der damit verbundenen Gefühle des Helden manifestiert. Auch diese Ergebnisse sollten an der Tafel stehen. Ein dritter Schritt sollte auf das Erkennen der Mittel zielen, mit denen die Vermittlung der

(1) Wolfgang Salzmann, a.a.O., S. 18
(2) Ludwig Büttner, in: Interpretationen moderner Kurzgeschichten, Frankfurt/Main 1967, S. 18

Spannung und der Gefühle an den Leser geschieht: Bildsprache und Perspektive. Anregungen zum Verfahren geben die folgenden Arbeitsvorschläge.

Arbeitsvorschläge

▷ Was will der Held der Geschichte, Jens Redluff, eigentlich ausprobieren? – Warum will er es?

▷ Redluff wird im Verlauf der Geschichte nicht nur einmal auf die Probe gestellt. Unterscheidet die zufälligen und die absichtlich herbeigeführten Proben. Vergleicht Art, Ort und Umstände ihres Ablaufs. – Läßt sich eine Entwicklung erkennen?

▷ Warum besteht Redluff die letzte Probe nicht? – Könntet ihr euch auch ein Happy-End vorstellen? Würde euch das besser gefallen?

▷ Ist „Die Probe“ auch eine tragische Geschichte wie „Das Trockendock“?

▷ Der Autor verwendet ziemlich häufig Vergleiche und Wörter aus dem Wortfeld „Wasser“. Wie interpretiert ihr das?

▷ *Macht folgende Probe: Ersetzt den Namen Redluff (und alle entsprechenden Pronomina) durch „ich“ und schreibt einige Abschnitte der Geschichte entsprechend um. – Was stellt ihr fest?*

▷ Ließe sich die Ersatzprobe auch bei der Geschichte von Stefan Andres machen? Wie unterscheiden sich die Ich-Erzähler in „Iljas Tauben“ und in eurer Fassung von Herbert Malechas Geschichte?

▷ „Iljas Tauben“, „Das Trockendock“ und „Die Probe“ sind besonders bekannte Beispiele der Gattung *Kurzgeschichte.* In Band 7 von LESEZEICHEN A/B habt ihr einige „Grundfiguren“ und Formmerkmale dieser Gattung kennengelernt.
Welche dieser „Grundfiguren“ und Formmerkmale (siehe folgende Seite) lassen sich in den drei Geschichten entdecken?

Ilse Aichinger: Das Fenster-Theater (S. 96)

Zu Autor und Text

Ilse Aichinger, geb. 1921, eine der führenden Repräsentantinnen der Literatur der fünfziger und sechziger Jahre und der Gruppe 47, schrieb Romane, Geschichten, Hörspiele, Gedichte. Sie wurde aber vor allem durch ihre Kurzgeschichten bekannt. In einer zusammenfassenden Charakterisierung ihrer frühen Arbeiten, zu denen auch „Das Fenster-Theater“ gehört, heißt es: „Sie gibt [. . .] parabolisch Zeugnis von unserer Zeit, von der Lebenssituation des modernen Menschen und der Brüchigkeit seines Daseins überhaupt“.[1]
In einem Nachwort zu einer späteren Ausgabe des Bändchens „Der Gefesselte“, in dem „Das Fenster-Theater“ 1953 erschien, nennt Walter Höllerer die Geschichten „Parabeln von großen allgemeinen Vorgängen, die zugleich die kleinsten und privatesten Vorgänge im Leben eines einzelnen sein können“. Und er fügt hinzu: „Es sind Parabeln, die zumeist in einen Punkt die Wirklichkeit zusammendrängen. Die Texte von Ilse Aichinger suchen so eine äußerste Folgerichtigkeit der modernen Kurzgeschichte zu erreichen.“[2]

Interpretationsskizze

Der eine Punkt, in den die Wirklichkeit der Frau in dieser Geschichte „zusammengedrängt“ ist, wird bezeichnet durch ihren Blick „in ihr eigenes finsteres Fenster“. Das „finstere Fenster“, durch Alliteration sprachlich hervorgehoben, symbolisiert die Leere ihres eigenen Daseins, die ihr durch den zweiten Blick in das „erleuchtete Fenster“ der Wohnung über der ihren um so deutlicher wird. Wird es ihr wirklich deutlich? Die Geschichte läßt uns mit dieser Frage allein. Immerhin, der kleine Junge im Gitterbett am Fenster wirft sein Lachen nicht ihr, sondern „den Wachleuten ins Gesicht“.

---

(1) Franz Lennartz, Deutsche Dichter und Schriftsteller unserer Zeit, Stuttgart 1963, S. 2.
(2) Walter Höllerer, in: Ilse Aichinger, Der Gefesselte, Frankfurt/Main 1958, S. 76.

Die Frau hat keinen Namen, sie steht für viele, die „unersättlich neugierig“ sind und im Fenster liegen, um auf „Neues“ zu warten. Der Lärm des Lebens dringt „nur mehr leicht“ zu ihr. Das „Fenster-Theater“, das sich zwischen dem Alten und dem kleinen Jungen abspielt, kann sie nicht verstehen. Sie interpretiert es als die lang ersehnte Sensation und ruft die Polizei, „erregt“, „atemlos“, fasziniert wie alle die anderen, die zusammenlaufen und mitgenießen wollen und deshalb allesamt erklären, „in diesem Hause zu wohnen“.

Der Mann, der – aus der vom 2. Abschnitt an durchgehaltenen Perspektive der Frau – immer nur als der „alte Mann“ oder „der Alte“ erscheint, ist ihr – geradezu jugendliches – Gegenbild. Er wohnt genau wie sie „im vorletzten Stock“ – ein fast allzu deutliches Bild –, auch für ihn liegt „alles zu tief unten“. Auch er steht am Fenster. Aber er wartet nicht mit „starrem Blick“ auf etwas „Neues“, sondern er schafft es sich aktiv, indem er pantomimische Verbindung mit dem kleinen Jungen aufnimmt, „Fenster-Theater“ spielt. Zwischen den beiden die Polizisten, fraglos funktionierend, ohne Zögern, mit beeindruckender Sicherheit. Die technizistische Sprache, in der ihr Auftritt im Gegensatz zu der Schilderung des Theaterspiels vorgeführt wird, deutet darauf hin, daß sie keinen Anteil daran haben. Für sie ist es ein blinder Alarm unter anderen, zum Schaden haben sie den Spott: Das dem alten Mann zurückgeworfene Lachen trifft sie „ins Gesicht“.

Darf der Spott auch die Frau treffen? Fühlen wir uns befriedigt, daß sie hereingefallen ist, beschämt und enttäuscht abziehen muß? Die Frau sieht „über ihn (den Mann) hinweg in ihr eigenes finsteres Fenster“. Er und sein Verhalten werden ihr zum Medium der Erkenntnis. Diese Erkenntnis ist trostlos. Wir wissen nicht, welche Folgerungen die Frau zieht, welche Vorgeschichte sie mitbringt. Aber im Augenblick der Wahrheit, der Desillusionierung verdient sie unser Mitgefühl. Und wenn Lennartz und Höllerer[1] recht haben und die Geschichte tatsächlich von „großen allgemeinen Vorgängen“, von der „Lebenssituation des modernen Menschen“ spricht, dann erscheint die Frau eher als ein Opfer moderner Lebensumstände denn als einzelne Schuldige an ihrer Misere.[2]

Der Text enthält den merkwürdigen Vergleich: „Als hätte einer an seinen Fenstern die Kerzen angesteckt, noch ehe die Prozession die Kirche verlassen hat.“ Die Frau lebt in einer Welt, in der „Prozessionen“ nicht mehr stattfinden, in einer „Zeit der erwachsenen Leute“.[3] Sie empfindet das zutrauliche und erwartungsvolle Anstecken der Kerzen als widersinnig, wie „aufflammende Straßenlaternen unter der Sonne“. Das Bild fügt sich in den Zusammenhang der für Ilse Aichinger bezeichnend häufigen Kind-Perspektive[4]. In diesem Bild kommt vielleicht eine Erinnerung an Kindheitserfahrungen zurück, die die Frau, wenn auch mit pervertierter Erwartung, offen macht für die dann tatsächlich sich darbietende Kinderspielwelt des „Fenster-Theaters“.

Die Verlassenheit des modernen Menschen, seine Isolation, deformieren ihn, verführen ihn zur sensationslüsternen Kommunikationsunfähigkeit. Vielleicht ist auch das „Fenster-Theater“ nur Theater und keine Alternative, und vielleicht stürzt seine Betrachtung den Einsamen nur tiefer in die traurige Erkenntnis des „eigenen finsteren Fensters“.

Methodische Hinweise

Da die Geschichte auf dem Gegensatz zwischen der Frau und dem alten Mann aufgebaut ist, sollte dieser Gegensatz auch das methodische Vorgehen bestimmen. Nach der Lektüre in der Klasse, vielleicht auch dem Vorlesen durch den Lehrer – eine Sach- oder Worterklärung ist nicht nötig –, werden die Schüler diesen Gegensatz spontan feststellen. Eine Charakterisierung mit jeweils genauem Textbeleg kann an der Tafel entstehen. Die in der Interpretationsskizze herausgearbeiteten Gegensätze und Zuordnungen (Frau – Leute

(1) siehe oben
(2) Nur negativ sieht E. Detjen-Vogeley die Frau, in: D. Bachmann u.a.: Interpretationen zu Erzählungen der Gegenwart I–VI, Frankfurt/Main, 4/1982, S. 129.
(3) Ilse Aichinger, zitiert nach Werner Eggers: Ilse Aichinger. In: Dietrich Weber (Hg.), Deutsche Literatur der Gegenwart, Kröners Taschenausgabe Band 382, Stuttgart [3]1976, S. 175
(4) Werner Eggers a.a.O., S. 174ff.

– Wachleute und Mann – Kind) sollten einander anschaulich gegenüberstehen. Ein zweiter Schritt zielt auf den Zusammenhang der beiden (der alte Mann als Medium der Erkenntnis der Frau), ein dritter auf das Erkennen der Perspektive und damit der zunächst vorhandenen Voreingenommenheit des Erzählers (in den ersten vier Sätzen) – gewissermaßen im Einverständnis mit dem Leser – und ihrer allmählichen Zurücknahme (durch Perspektivenwechsel und sprachliche Veränderungen). Hier ist auch der Ort, über eine – gegebenenfalls gegenüber dem ersten Eindruck revidierte – Einschätzung der Frau und ihres Verhaltens zu reden. Im Zusammenhang dieses Gesprächs sollte der Lehrer durch den Hinweis auf das Bild von der Prozession (und dessen Verbindung mit dem Bild vom Kind) die Vertiefung der Diskussion und größere Nachdenklichkeit bei den Schülern herbeizuführen suchen.

Arbeitsvorschläge

- ▷ Die ersten 7 Sätze der Geschichte charakterisieren die Frau direkt und indirekt. Welches Bild wird gezeichnet? – Kennt ihr Menschen wie diese Frau?
- ▷ Vergleicht Mann und Frau in der Geschichte.
- ▷ Wie beurteilt ihr die Polizisten? Betrachtet den drittletzten Abschnitt genau: Wortwahl und Satzbau geben Hinweise für die Beurteilung.
- ▷ Weshalb trägt die Geschichte wohl die Überschrift „Fenster-Theater" (beachtet den Bindestrich)?
- ▷ Die Frau wechselt im Verlauf der Geschichte ihren Standort. Dabei entdeckt sie das Geheimnis des „Fenster-Theaters". Aber sie sieht auch „über ihn (den Mann) hinweg in ihr eigenes finsteres Fenster". Wie versteht ihr diesen Satz? Was bedeutet dieser Blick für die Frau?
- ▷ *Welche Teile der Geschichte könnten von der Frau in der Ich-Form erzählt werden? Versucht es. Würde sich dabei euer Urteil über die Frau, den Mann, die Polizisten ändern?*
- ▷ Auch „Das Fenster-Theater" ist eine in der Schule oft gelesene Kurzgeschichte. Wie läßt sich das begründen? (Benutzt zur Argumentation die obigen „Grundfiguren" und „Formmerkmale" der Kurzgeschichte)

Hinweise zu den Kurzgeschichten

Bender, Iljas Tauben
Andres, Das Trockendock
Malecha, Die Probe
Aichinger, Das Fenster-Theater

Die vier Geschichten gelten als anerkannte Beispiele für die in der Bundesrepublik zwischen 1945 und 1960 entwickelte Spielart der Kurzgeschichte. Inwieweit das für „Das Trockendock" tatsächlich gilt, ist in der entsprechenden Interpretationsskizze erörtert.

In der unterrichtlichen Erarbeitung der vier Geschichten kommen immer wieder die gleichen formalen Merkmale zur Sprache: Offener Anfang, offener Schluß; indirekte, angedeutete Aussage, geradliniger, auf den pointierten Schluß hin gerichteter Verlauf, Ausschnittcharakter des Geschehens. Zum Teil kommen dazu die Einfachheit und Alltäglichkeit der Sprache in Wortwahl und Satzbau und die modernen Sprechweisen des inneren Monologs und der erlebten Rede auf der Grundlage personaler Erzählhaltung.

Es soll offen bleiben, ob es ein wichtiges unterrichtliches Lernziel ist, den Schülern die Definition einer Kurzgeschichte beizubringen, zumal die dann definierte Form kaum je rein auftritt. Überdies: „Die wörtlichen Erfüller einer Gattung verbürgen nicht immer das aufregende Ergebnis."[1] Wichtig für Schüler als Leser ist es jedoch, diese Merkmale als ihre Rezeption leitende Elemente zu begreifen.[2]

(1) Bender, Ortsbestimmung, a.a.O., S. 68
(2) Vgl. auch Eberhard Hermes, Erzählende Prosa, Klett Abiturwissen Deutsch, Stuttgart 1985, S. 94

Deswegen ist es angebracht, sowohl bei der Interpretation der einzelnen Kurzgeschichten die formale Eigenart als auch zurück- und vorausblickend den formalen Zusammenhang zwischen den Geschichten ins Bewußtsein zu heben.
Dem dienen entsprechende Anregungen in den Arbeitsvorschlägen und eine dort untergebrachte Zusammenstellung von Grundfiguren und Formmerkmalen der Kurzgeschichte, die in leicht veränderter Form das aufnimmt, was an entsprechender Stelle schon in Band AB 7 der LESEZEICHEN steht.

„Grundfiguren“ der Kurzgeschichte[1]:

1. Jemand schätzt sich falsch ein. Er hält sich für unangreifbar, ist aber im Gegenteil sehr verwundbar oder gar gefährdet.
2. Einer, der seinem Schicksal entgehen will, läuft diesem durch seine Flucht gerade in die Arme.
3. Eine sorgsam vorbereitete Unternehmung läuft mißlich ab und droht endgültig zu scheitern. Unerwartet gelingt sie im letzten Augenblick – vielleicht durch ein Versehen.
4. Jemand plant etwas Böses und bewirkt gegen seinen Willen etwas Gutes – oder umgekehrt.
5. Eine Folge von Mißverständnissen und Mißdeutungen ergibt ein falsches Bild, das trotzdem etwas Richtiges enthält. Der Mißdeutende erkennt seine Irrtümer nicht.

Formmerkmale der Kurzgeschichte[1]:

1. Die Autoren konzentrieren sich auf Augenblicke, die zu Wendepunkten im Geschehen und damit in der Beziehung der Menschen werden können.
2. Dabei wiederum konzentrieren sie sich auf die Rolle einzelner Gegenstände, einzelner Worte und Gesten. Die Gegenstände spielen mit.
3. In scheinbar belanglosen Situationen entzünden sich die entscheidenden Konflikte.
4. Geschehnisse sind mehrdeutig, werden andeutend dargestellt.
5. Offenheit am Anfang und Unabgeschlossenheit am Ende treten an die Stelle von in sich abgeschlossener Handlung. Das ist, im Vergleich zu älteren Erzählweisen, das Moderne an der Kurzgeschichte.

Arbeitsvorschläge

Im Anschluß an „Die Probe“:

▷ „Iljas Tauben“, „Das Trockendock“ und „Die Probe“ sind besonders bekannte Beispiele der Gattung *Kurzgeschichte.* In Band 7 von LESEZEICHEN A/B habt ihr einige „Grundfiguren“ und Formmerkmale dieser Gattung kennengelernt.
Welche dieser „Grundfiguren“ und Formmerkmale (siehe folgende Seite) lassen sich in den drei Geschichten entdecken?

Im Anschluß an „Das Fenster-Theater“:

▷ Auch „Das Fenster-Theater“ ist eine in der Schule oft gelesene Kurzgeschichte. Wie läßt sich das begründen? (Benutzt zur Argumentation die obigen „Grundfiguren“ und „Formmerkmale“ der Kurzgeschichte)

Im Anschluß an „Der Tod meiner Tante“:

▷ Ist „Der Tod meiner Tante“ auch eine Kurzgeschichte?

---

(1) Die hier wiedergegebenen Grundfiguren und Formmerkmale der Kurzgeschichte orientieren sich an den von den Kurzgeschichtenautoren Kurt Kusenberg und Hans Bender erstellten Definitionen. Vgl. hierzu „Texte zur Theorie der Kurzgeschichte“, in: Leseheft „Siebzehn Kurzgeschichten“, Klett 1982, S. 97ff.

Klaus Schlesinger: Der Tod meiner Tante (S. 98)

Zu Autor und Text

Klaus Schlesinger, 1937 in Berlin geboren, galt bereits seit seinem ersten Roman „Michael“ als führender Erzähler der jüngeren Generation der Schriftsteller der DDR. Der Roman erschien 1971, im Jahr des berühmten VIII. Parteitags, der mit der Ära Honecker eine liberale Kulturpolitik einzuleiten schien. Im gleichen Jahr konnte Christa Wolfs „Nachdenken über Christa T.“ in der DDR erscheinen. Schlesinger gehörte 1976 zu den Schriftstellern, die sich mit dem ausgewiesenen Wolf Biermann solidarisierten. 1979 wurde er wegen Zensur-Kritik aus dem Schriftstellerverband der DDR ausgeschlossen, 1980 siedelte er nach Westberlin über. Schlesinger ist mit der Schriftstellerin und Liedermacherin Bettina Wegner verheiratet.
Die Geschichte „Der Tod meiner Tante“ erschien 1977 in der DDR und in der Bundesrepublik gleichzeitig in der Sammlung „Berliner Traum – Fünf Geschichten“. In einer Kritik des Bandes wird der Autor als „Reporter von Ereignissen der Zeitgeschichte“ bezeichnet und als „Chronist einer gespaltenen Stadt und zerrissener Menschen“.

Interpretationsskizze

Die Geschichte beginnt mit dem Ende, dem Tod der Tante: „Meine Tante starb ...“ Sie endet mit der Mitteilung: „Die Ärzte stellten am Leichnam meiner Tante einen doppelten Schädelbasisbruch ... fest.“ Dazwischen liegt der erklärende Bericht des Ich-Erzählers, der sich als der Neffe vorstellt, vierzehnjährig zur Zeit der Ereignisse. Die Sichtweise des Halbwüchsigen wird über weite Strecken der Erzählung nicht verlassen. Nur einmal macht der Erzähler ganz deutlich, daß er von einer späteren Warte aus spricht und urteilt: „Ich weiß noch, daß dieses Wort [das Wort Gefängnis] ein ähnlich befremdliches Gefühl in mir auslöste wie das Wort Pest, wenn ich es in einem Buch las. Ich erinnere mich auch noch an den entsetzten Ausdruck, der in das Gesicht meiner Mutter trat, wie wenn jemand ins Zimmer gekommen wäre und den Tod meines als vermißt geltenden Vaters bekanntgegeben hätte. Aber selbst das, scheint mir heute, wäre für sie begreifbarer gewesen als dieses Wort, das für sie, wie für meine Tante, der Beginn einer unauslöschlichen Schande, eines untilgbaren Fluchs zu sein schien.“
Hier liegt zumindest einer der Gründe für den Selbstmord der Tante, die Angst vor der Schande. Da wir über den Tod der Tante und seine Hintergründe jedoch nur durch ihren Neffen informiert werden, bleibt die Frage, ob seine Sicht richtig ist, ob sie alles erfaßt. Wir erwarten von ihm als Erzähler eine Reaktion auf das Geschehen. Aber außer dem Satz, „ihr Tod kam für uns überraschend“, mit dem der Rückblick eingeleitet wird, erhalten wir nur die Auskünfte eines Buchhalters: „Sie hinterließ zwei gleichlautende Abschiedsbriefe ... Der erste ... der zweite ...“ Oder: „Zwei Wochen später bekam meine Mutter Post aus Freising/Obb.“ Diese Tonart bestimmt den Text. In ihr zeigt sich der Neffe als das Produkt der Familie, die zeitlebens, auch in den schlimmsten Kriegs- und Nachkriegsjahren, um „geordnete Verhältnisse“ bemüht war. Die Tante wollte immer eine „rechtschaffene Frau“ sein. „Nachlässigkeiten duldete sie nicht.“ Der literarische Niederschlag dieser Pünktlichkeit, Sorgfalt, Ordentlichkeit findet sich in sprachlicher Klischeehaftigkeit, geradezu unsinniger Detailgenauigkeit, in scheinbar gedankenloser Übernahme von Redewendungen anderer. Indem sich der Erzähler mit seinem Stil ganz hineinbegibt in die geordnete Kleinbürgerwelt, aus der der Neffe kommt und von der er berichtet, enthüllt er zugleich den Widersinn der Abhängigkeit von den dort geltenden Normen und macht ihre Unentrinnbarkeit klar.
Beklemmend und enthüllend zugleich wirkt die Darstellung des Verhältnisses von Mutter und Sohn:
„Meine Tante hatte einen Sohn, der sich nach einer unerwiderten Liebe zu einer bekannten Schauspielerin kurz vor Abschluß des Abiturs freiwillig an die Front gemeldet hatte. Als Fähnrich der deutschen Wehrmacht geriet er

im Januar 1945 in amerikanische Gefangenschaft ...". Dahinter spürt man den Stolz der berichtenden Mutter. „Es war der größte Wunsch meiner Tante, daß ihr Sohn mit seiner Frau nach Berlin ziehen möge." Der Sohn lehnt das mit fadenscheinigen Gründen ab, auch nachdem ihn die Mutter besucht hat. Sein Besuch in Berlin dauert – „für uns alle, auch für meine Tante, überraschend" – nur drei Tage. Was ist der Grund? Der Erzähler weiß von den Besuchern nur sportliche Ambitionen mitzuteilen. Die Frau erhält nur einen Satz. Sie „hieß Toni, trug ein Dirndlkleid und konnte auf zwei Fingern pfeifen." Keine Reaktion der Tante wird erwähnt.

Die rasche Abreise entschuldigt sei mit des Sohnes eigenen Ausreden. Der zweite Besuch der Tante in Freising beginnt zu nahen. „Selten habe ich meine Tante in größerer Zufriedenheit gesehen." Dann aber – nach dem Zwischenfall an der Sektorengrenze – geht eine Veränderung vor, die auch der Neffe als „widersprüchlich" empfindet. Einerseits hat sie Angst vor einer Verhaftung, andererseits trifft sie ihre Reisevorbereitungen. Und ausgerechnet am Reisetag, als die Gefahr doch offenbar vorüber ist, stürzt sie sich in den Tod. Hatte sie Angst vor der Begegnung mit dem Sohn? Warum? Weil sie ihm wegen der kleinen Affäre nicht mehr „unter die Augen treten" konnte? Dem „Schlimmsten" hätte sie durch die Reise, vielleicht durch ein Verbleiben in Bayern, entkommen können.

Oder fürchtet sie sich vor dem Eingeständnis der offensichtlichen Entfremdung von ihrem Sohn, der Enttäuschung, die er ihr bereitet hat? Dreimal ist von der gefährdeten „beruflichen Existenz" die Rede. Was steckt dahinter? Wir erfahren nur, was der Erzähler von der Mutter weiß – nur von dem Posten als Torwart bei 1860 München weiß der Neffe aus erster Hand.

Einen Hinweis gibt der Brief Manfreds, der den Schluß der Geschichte bildet. Der Sohn regelt aus der Ferne das Begräbnis der Mutter „detailliert", aber er kommt nicht, und zwar führt er eine seiner bereits bekannten Ausreden an. Und er schließt mit den Worten: „... so ehre ich doch ihr Motiv, sich und mir das Schlimmste ersparen zu wollen." – Was ist dieses Schlimmste? Jene Schande, die schon der Neffe als schlimmer als den Tod empfunden hatte? Oder was sonst „erspart" der „Freitod" dem Sohn?

Die Geschichte entläßt uns ohne eindeutige Antwort. Der Erzähler protokolliert die ihm zugänglichen Fakten und Urteile. Wir haben sie zu interpretieren.

Wie haben wir das schlimme Ende, den grausamen Tod der Frau zu beurteilen? Mit dem schönfärbenden Wort „Freitod" und den Vokabeln aus dem ärztlichen Befund, mit denen dieses Ende ordentlich rubriziert zu sein scheint, ist es nicht getan.

Ist die Tante eine „klägliche Heldin"[1]? Die Konsequenz, mit der sie in ihrem Horizont lebt, verbietet ein solches Verdikt. Ist sie eine tragische Heldin? Objektiv sicher nicht. Aber ihr Schicksal ist auch nicht nur ein triviales Privatschicksal, es ist ein stellvertretendes Schicksal eines Durchschnittsmenschen, das unser Mitgefühl verdient.

Schlesinger folgt mit seiner Geschichte nicht dem Muster einer – westdeutschen – Kurzgeschichte. Die Chronik der Vorgeschichte, die erzählerische Breite, der Aufbau mit der erklärenden Rückblende sprechen dagegen. Bei genauerer Betrachtung enthalten diese Elemente jedoch so viele Verknüpfungsgesichtspunkte, daß sie trotz ihrer scheinbaren Selbständigkeit als Hinweise auf die für die Katastrophe verantwortliche Lebensform verstanden werden müssen, so daß die Erwartungen an eine Kurzgeschichte erfüllt scheinen. Auch die Abgeschlossenheit der Geschichte ist nur scheinbar. In Wirklichkeit beginnen wir beim letzten Satz erst richtig zu fragen.

Methodische Hinweise

Die Geschichte ist nicht leicht zu verstehen. Die Sach- und Worterklärungen müssen deshalb der Lektüre unbedingt vorausgehen. Aber auch dann bleiben einige Schwierigkeiten übrig, die zum Teil gerade in der scheinbaren Einfachheit der Geschichte liegen. Als methodischer Einstieg empfiehlt sich die Erstellung eines tabellarischen Lebenslaufs der Tante. Er dient der Inhaltssicherung, dem Verständnis des Textaufbaus und der Zeit-

(1) Klaus Schlesinger, Berliner Traum, Frankfurt/Main. Fischer TB 1980, Vorbemerkung.

struktur, dem Aufdecken des Zusammenhangs von an der Oberfläche und von im Verborgenen liegenden Gründen für das Verhalten der Tante.
Die Schüler können den Lebenslauf entweder zu Hause oder in Gruppenarbeit erstellen. Dabei sollte ihnen ein Arbeitsblatt zur Verfügung stehen, in dem bestimmte Anhaltspunkte schon vorgegeben sind, so etwa – ohne Jahr – die Angaben „Tante geboren", „Manfred geboren", „Erzähler geboren" und die Jahresangaben in den Spalten für die Jahre 1944 bis 1951. Es sollte darauf bestanden werden, daß die Daten durch Hinweise auf die

Arbeitsblatt zu Schlesinger, „Der Tod meiner Tante"
Tabellarischer Lebenslauf der Tante

Gegebene oder erschlossene Daten		Anhaltspunkte im Text
1906	Tante geboren	S. 99, Z. 8, „eine Frau Anfang vierzig"
1925	Heirat mit Kurt P.	
1926	Sohn Manfred geboren	S. 98, Z. 39, „kurz vor Abschluß des Abiturs"
1937	Erzähler geboren[1]	S. 98, Z. 3, „meine Tante starb, als ich vierzehn war"
1944	Manfred rückt ein	S. 98, Z. 39, „freiwillig an die Front"
1945	Januar Manfred in Gefangenschaft Frühjahr Ehemann Kurt P. vermißt	 S. 98, Z. 40 S. 98, Z. 13
1946	(Seit 1945) Arbeit als Trümmerfrau	S. 98, Z. 18
1947	Entlassung Manfreds (ab) 1947 Arbeit in der Fabrik	S. 98, Z. 40, „zweieinhalb Jahre später" S. 98, Z. 18–20
1948	Manfred wird katholisch	S. 98, Z. 43
1949	Frühjahr Manfred heiratet Sommer Besuch bei M. in Freising	 S. 98, Z. 43 S. 99, Z. 5ff., „nach fünf Jahren"
1950	Sommer Besuch von M. u. Frau in Berlin Dezember Reiseantrag	 S. 99, Z. 17, „im folgenden Sommer" S. 99, Z. 34, „im Winter 1950"
1951	Frühjahr Reisetermin – 3 Wochen vorher 1. Fahrt nach West-Berlin – 2 Wochen vorher 2. Fahrt nach West-Berlin – 2 Tage vorher Friseurbesuch – 1 Tag vorher Gespräch mit Schwester – Reisetag vormittags Versuch, aus dem Fenster an der Straßenseite zu springen, später Sprung aus dem Fenster zum Hof	S. 99, Z. 35, „für das kommende Frühjahr" S. 100, Z. 6ff. „hatte ... gebracht" S. 99, Z. 44, „vierzehn Tage vor ihrer Abreise" u. S. 100, Z. 10, „heute" S. 101, Z. 3, „zwei Tage vor ihrem Reisetermin" S. 101, Z. 8, („einmal"), Z. 33 („an jenem Tag"), Z. 36 („am nächsten Vormittag") S. 101, Z. 37ff. S. 102, Z. 1ff.

(1) Das Geburtsjahr des Erzählers stimmt mit dem des Autors überein.

Textstellen möglichst genau belegt werden. (Beispiel für das ausgefüllte Arbeitsblatt s. u.) Die Auswertung der Schülerarbeit führt zum Vergleich der Chronologie des Geschehens und des Ablaufs der Erzählung. Die einzelnen Rückblenden sollten dabei in ihrer Zuordnung an der Tafel aufgezeichnet werden. Dabei wird auch die Zunahme der dramatischen Spannung im Zusammenhang der zunehmenden Annäherung von erzählter Zeit und Erzählzeit in dem einzigen ausführlichen Dialog S. 100/101 deutlich.
Schließlich macht die den Schülern vorliegende Chronik des Lebens der Frau P. auch die Bedeutung sichtbar, die darin das einzige Kind, Manfred, spielt. Damit kann der Blick auf die Hintergründe des Selbstmords gelenkt werden, der nicht nur aus Angst vor der „unauslöschlichen Schande“ gesucht wird. Hinweise zur Erarbeitung der Sprachgestalt und zum Vergleich des Schicksals der beiden Frauen in den Geschichten von Schlesinger und Aichinger finden sich in den Arbeitsvorschlägen.

Arbeitsvorschläge

▷ Klärt mit Hilfe eures Lehrers und der Wort- und Sacherklärungen im Lesebuch (S. 208) Einzelfragen zu Ort, Zeit und Umständen der Handlung.
▷ *Schreibt einen kurzen chronologischen Lebenslauf der Tante.*
▷ Vergegenwärtigt euch den Verlauf der Geschichte: Sie beginnt mit dem Satz „Meine Tante starb“ und endet – sieht man von den zwei letzten kurzen Abschnitten ab – mit der Feststellung: „Die Ärzte stellten am Leichnam ... fest.“ Dazwischen liegen „Rückblenden“. Wo und in welcher zeitlichen Folge sind sie eingefügt? – Was bedeutet dieser Aufbau für die „Spannung“ der Geschichte?
▷ Warum wählt die Tante den „Freitod“? Berücksichtigt bei euren Überlegungen besonders ihre Abschiedsbriefe und den Brief des Sohnes, aber auch die Wertvorstellungen der Familie und des Erzählers. Kann man das Schicksal der Tante als tragisch bezeichnen?
▷ Vergleicht die beiden Frauen in den Geschichten „Fenster-Theater“ und „Der Tod meiner Tante“: Was haben sie gemeinsam? Stellt ihre Schicksale einander gegenüber.
▷ Für „Das Fenster-Theater“ brauchtet ihr nie in den „Wort- und Sacherklärungen“ nachzuschlagen, und eure Lehrer brauchten euch nichts über Ort, Zeit und Umstände der Handlung zu berichten. Bei der Geschichte „Der Tod meiner Tante“ ist das anders. Woran liegt das?
▷ Viele Details sind im Text schon genannt, so z. B. Name und Beruf des Onkels, Name und Adresse des Arbeitsplatzes der Tante, ihre genaue Anschrift. Sucht diese Angaben und weitere solche Details heraus und überlegt euch, inwiefern sie für die Geschichte wichtig sind.
▷ Vergleicht die *Erzählperspektiven* und die *Erzählweisen* in den beiden Geschichten. Überlegt euch die Wirkung der Unterschiede auf die Leser. Bezieht die Überschriften in den Vergleich ein.
▷ Ist „Der Tod meiner Tante“ auch eine Kurzgeschichte?

Hans Jakob Christoffel von Grimmelshausen: Der aus Einbildung sterbende Soldat (S. 102)

Zu Autor und Text

Grimmelshausen (1622–1676) schrieb nach seinem Hauptwerk, dem „Simplizissimus“, ab 1670 noch eine Reihe von „simplizianischen Schriften“, in denen der Held des Romans nur noch eine Randfigur ist. In der „Ersten Continuatio des Abentheuerlichen Simplizius Simplizissimus“, dem „Simplizianischen Wunder-Geschichten-Kalender“, beschreibt Simplizius, wie er unter die Kalendermacher gerät. In der Vorrede verspricht er dem Leser „Notables und Merkwürdiges“. Eine solche Kalendergeschichte stellt unser Text dar.

Interpretationsskizze

Die Geschichte besteht aus drei Teilen, die wie drei Akte eines Dramas hintereinandergestellt sind: Vorgeschichte und Einleitung der Handlung – Höhe- und Wendepunkt – überraschende Pointe, betont durch die zwischengeschobene rhetorische Frage. Über die Anekdote hinaus führt die in einem Nebensatz angefügte Moral, die ihrer Sache allerdings keineswegs sicher ist: „Vielleicht aus gerechter Verhängnis Gottes ...“.
Die Anekdote enthält keine überflüssige, aber alle notwendigen Informationen: Zwei Soldaten, ihre Feindschaft, die Todesdrohung, der Racheplan und die Rückversicherung, die Überraschung, der Schock, entlastende Indizien und Zeugnisse. Dennoch: Todesurteil, aber mit Hintergedanken. Überraschende Wiederholung des tödlichen Schocks.
All das ist, im Gegensatz zur Kurzgeschichte, ausgesprochen, abgeschlossen, klar. Allerdings bleibt das „vielleicht“ der Lehre. Insofern bleibt eine Erwartung an die Gattung Anekdote unerfüllt, die doch treffend und eindeutig charakterisieren soll.
Diese relative Offenheit hat wohl auch Werner Bergengruen dazu angeregt, das Thema in einer der „Erzählungen des letzten Rittmeisters“ aufzugreifen.[1] Bergengruen erzählt weitschweifig und detailfreudig, verändert aber auch die Pointe: Der zur Exekution Vorgeführte wird tatsächlich erschossen, getroffen von einer Kugel aus einer der 24 Musketen – „Musketengeschichte“ nennt Bergengruen seinen Text. Die entscheidende Frage an den Gerichtsherrn wird damit zugespitzt: „Das Spiel hätte nicht gespielt werden sollen. Coloni wußte nicht, was aus seinem Schuß entstehen konnte, die Excellenz aber ist durch ein Beispiel unterrichtet gewesen“. So urteilt der Adjutant. Es geht um Menschenwille und Schicksalswirken, um menschenmögliche Gerechtigkeit. Der Kommandeur bleibt ratlos zurück.
Auch wir können aus der Anekdote, selbst mit Hilfe von Bergengruens Zuspitzung, keine Eindeutigkeit gewinnen. Medizinisch gesehen, fällt uns die Antwort leichter als dem Fragenden des 17. Jahrhunderts. Auch mit dem Begriff „Verhängnis Gottes“ sind wir wohl nicht so schnell bei der Hand. Vielleicht ist hier etwas angedeutet von dem tragischen Verhängnis, von dem Wallenstein spricht, wenn er sinniert: „Nicht ohne Schauder greift des Menschen Hand/ in des Geschicks geheimnisvolle Urne. In meiner Brust war meine Tat noch mein:/ Einmal entlassen aus dem sichern Winkel/ Des Herzens, ihrem mütterlichen Boden,/ Herausgegeben in des Lebens Fremde,/ Gehört sie jenen tückschen Mächten an,/ Die keines Menschen Kunst vertraulich macht“. (Tod I/4)

Methodische Hinweise

Die Fremdheit der dargestellten Welt und die altertümliche Sprachform bieten als auffälligste Momente Möglichkeiten zum unterrichtlichen Einstieg (s. Arbeitsvorschläge). Zweiter Schritt sollte die Problemerörterung sein; unter Umständen kann die erwähnte Geschichte von Bergengruen zum Vergleich herangezogen werden. Bei genügender Zeit und geeignetem Anlaß könnte die Anekdote als Spielvorlage dienen. In diesem Fall könnte Bergengruens Erzählung – nachträglich – als Gegenprobe dienen. Außerdem ist damit der dramatische Charakter der Textart, seine Dreigliederung, der Begriff der Szene und des Dialogs vorzustellen.
Weitere Anregungen s. Arbeitsvorschläge.

Arbeitsvorschläge

▷ Die Geschichte unterscheidet sich in vielerlei Hinsicht von den vorangehenden. Was findet ihr besonders auffällig?

▷ *Sicher ist euch die altmodisch wirkende Sprache aufgefallen. – Klärt die Fremdartigen Wörter und Redewendungen und erzählt dann die Geschichte nach.*

▷ Diskutiert die Frage, ob das Urteil des Hauptmanns gerecht ist. Was meint ihr zu der Vermutung des Erzählers am Schluß?

▷ Ist die Geschichte tragisch?

▷ Sicher ist euch auch aufgefallen, daß es sich nicht um eine Kurzgeschichte handelt. Grimmelshausen erzählt vielmehr eine „Anekdote“. – Welche Vorstellungen verbindet ihr

(1) Werner Bergengruen, Der letzte Rittmeister, München 1952.

mit diesem Begriff? Entspricht der vorliegende Text diesen Vorstellungen? – Welche Formmerkmale könnt ihr – auch im Unterschied zur Kurzgeschichte – an dieser Anekdote entdecken?

▷ Ein „Anekdotenschreiber“ faßte seine Aufgabe in folgenden Sätzen zusammen: „Die Anekdote in ihrer ursprünglichen Bedeutung ist eine pointiert vorgetragene merkwürdige (das ist des Merkens würdige) kurze Geschichte, die Vorgänge, Verhaltensweisen und Charaktere gewissermaßen blitzartig erhellt, dergestalt, daß die Mit- und Nachwelt den Kern eines Menschen, die Quintessenz einer Situation, den Herzpunkt eines gesellschaftlichen oder historischen Zustandes präsentiert bekommt. Dabei ist die Skala der Ausdrucksmittel und Gefühle, die dem Anekdotenschreiber zur Verfügung steht, ebenso unbegrenzt, wie der Raum, auf dem er sie zur Geltung bringen muß, begrenzt ist; er kann ironisch oder pathetisch, heiß oder kalt sein, Mitgefühl oder Furcht oder Lachen erregen – nur Weitschweifigkeit, Langeweile und Verschwommenheit sind ihm verwehrt.“[1]
Paßt diese Beschreibung auf die vorliegende Geschichte?

Conrad Ferdinand Meyer: Die Füße im Feuer (S. 103)

Zu Autor und Text

Conrad Ferdinand Meyer, 1825–1898, gilt unter den großen Balladenautoren des 19. Jh. als einer der Vertreter der klassizistischen Form und in gewisser Weise als Nachfolger Schillers. Maßgeblich für diese Beurteilung ist Meyers Streben nach „Geschlossenheit der Form, Ausgewogenheit der Teile, Geschliffenheit des sprachlichen Ausdrucks und der metrischen Form“[2]. Stofflich bewegen sich Meyers Balladen hauptsächlich in der „Bildungswelt der Renaissance und der Antike“,[3] ein Hinweis auch auf seine kulturpessimistische Hinwendung zur Geschichte, weg von der „flachen Gegenwart“[4]. Daraus wurde dem Autor mancher Vorwurf gemacht: „Das halbgestorbene Jahrhundert haucht uns an“[5], Natur und Historie werden zur „Kulisse, zur Draperie“. Aber Meyer vermag auch, sich auf die „Darstellung eines Inneren“ zu konzentrieren. Durch psychologische Vertiefung „gelangt er in einzelnen Gedichten über die Balladenkonvention weit hinaus“.[6]
Obwohl es Meyer nicht um die Darstellung historischer Vorgänge geht, sondern um die eines Dramas der Selbstüberwindung, ist es kein Zufall, daß dies am Beispiel eines Hugenotten geschieht. Für Meyer ist das Hugenottentum der Inbegriff der „Zucht der Seele“, des von „allen Schlacken des Sinnlichen gereinigten Menschen“, die „Sprache des Gewissens“[7]. Deshalb ist die Kenntnis des historischen Hintergrunds nicht unwichtig. Der Begriff Hugenotten entwickelte sich, vermutlich aus dem Wort „Eidgenossen“, als Sammelbegriff für die calvinistischen Protestanten im Frankreich des 16. Jahrhunderts. Höhepunkt der Auseinandersetzung zwischen den Konfessionsparteien war die sog. Bartholomäusnacht vom 23./24. August 1572, wenige Tage nach der als Versöhnungsfest gedachten Hochzeit zwischen der katholischen Königsschwester Margarete von Valois mit dem Führer der Hugenotten, Heinrich von Navarra. Im Gefolge dieser „Bluthochzeit“ wurden weit über zehntausend Protestanten ermordet. Zwischen 1598, als Heinrich, französi-

(1) Franz Carl Weiskopf, Notiz. In: Anekdoten und Erzählungen; Band VI der Gesammelten Werke, hg. von der Deutschen Akademie der Künste in Berlin (Ost), 1960.
(2) Gottfried Weißert, Ballade, Slg. Metzler, Stuttgart 1980, S. 101
(3) ebd. S. 102
(4) Helmut Breier, C. F. Meyer: Die Füße im Feuer, in: Wege zum Gedicht II, hg. v. Rupert Hirschenauer und Albrecht Weber, München 1963, S. 425
(5) Hugo von Hofmannsthal, zitiert nach: Walter Müller-Seidel, Die deutsche Ballade, Umrisse ihrer Geschichte, in: Hirschenauer/Weber (s. Fußnote 3) S. 70
(6) Müller-Seidel (s. Fußnote 4) S. 71
(7) Breier, a.a.O., S. 425

scher König geworden, im Edikt von Nantes seinen ehemaligen Glaubensbrüdern freie Religionsausübung zusicherte, und 1685, als Ludwig XIV. das Edikt zugunsten der Idee einer Einheit von Staat und Religion aufhob, hatten sich die Hugenotten zu etwa einem Zehntel der französischen Bevölkerung entwickelt. Ludwig (bis 1715) versuchte mit aller Macht, sein Prinzip durchzusetzen; blutige Verfolgung und strenges Auswanderungsverbot kennzeichnen seine Regierungszeit. Dennoch gelang vielen die Flucht in tolerantere Nachbarländer. Die Verfolgung der Hugenotten dauerte weitere hundert Jahre bis zur Verkündung allgemeiner Glaubensfreiheit im Gefolge der Französischen Revolution 1789.

Interpretationsskizze

In dem Sammelband „Wege zum Gedicht II" finden sich zwei Interpretationen der Ballade, denen die wesentlichsten Hinweise zum Verständnis dieses Textes entnommen werden können.[1] Hier sollen nur die Gesichtspunkte angesprochen werden, die für das Gedicht im Kontext der Geschichten dieses Kapitels interessant sind: die Nähe zur Kurzgeschichte und zur Szene einerseits, die Frage nach dem Tragischen andererseits.

Die höchst dramatische Handlung läuft in acht deutlich voneinander abgegrenzten Szenen ab, mit größerer oder geringerer zeitlicher Distanz aufeinander folgend und an fünf verschiedenen Orten angesiedelt.

Es gibt kaum eine äußere Handlung: Der Reiter am Tor, im Ahnensaal, der Auftritt der Kinder, das Mahl, der unruhige Schlaf im Turmgemach, der Auftritt des Schloßherrn durch die Tapetentür, der Ritt durch den Wald. Weit zurück tritt auch der Dialog: Nur an fünf Stellen sprechen Gast und Gastgeber; dabei nur zweimal mit Rede und Gegenrede. Bezeichnenderweise beziehen sich diese beiden Stellen auf den gleichen Sachverhalt: „... Herbergt mich! Ihr kennt des Königs Rock!" „... Mein Gast bist du. Dein Kleid, was kümmert's mich?" – „Ihr ... wißt, daß ich dem größten König eigen bin." „Du sagst's! Dem größten König eigen!"

Zwischen diesen beiden Dialogen am Anfang und am Ende der Ballade läuft das dramatische innere Geschehen ab: Die Angst des Kuriers, dargestellt in monologischer Rückerinnerung, spiegelt zugleich die Selbstüberwindung des Edelmanns, die vom Erzähler nur durch einen einzigen Satz – indirekt – angesprochen wird: „... ergraut, dem gestern dunkelbraun sich noch gekraust das Haar."

Auch die „Regieanweisungen" sind sparsam und funktional eingesetzt: „Der Reiter wirft sich ... starrt ... er brütet ... gafft ... Der Kinderblick hangt starr" usw. Die Kulissen und Requisiten sind ebenfalls funktionaler Bestandteil der „Inszenierung": die drohenden Ahnenbilder, die schwarze Tracht, die Tapetentür. Am wichtigsten jedoch wird der Einsatz der Natur als „Bühne des Inneren"[8].

Wie die beiden Dialoge, so umfassen auch die ersten und letzten Naturbilder den ganzen Kreis der Handlung: „Wild zuckt der Blitz". – „Kein Lüftchen regt sich heut." Der innere Kampf ist ausgefochten. Der Anspruch des Blutes auf Rache und Vergeltung („Hat er nur einen Tropfen Bluts, erwürgt er dich.") ist überwunden zugunsten des Anspruchs des „größten Königs": „Heute ward/ Sein Dienst mir schwer ... Mein ist die Rache, redet Gott." Durchaus im Sinne antiker Tragödien ist das „gefährdete Verhältnis zwischen den Menschen und den Göttern am Schluß entschieden wieder befestigt"[9].

Der Anspruch des Königs und der Anspruch des Blutes liegen im dramatischen Widerstreit. Die Lösung liegt in der vom Kurier nicht in Erwägung gezogenen dritten Möglichkeit: es siegt der Anspruch Gottes als des „größten Königs", dem der Mensch sein Gewissen freiwillig unterwirft.

Daß es sich dabei nicht um eine autonome Leistung des Menschen handelt, sondern daß Gottes Beistand Voraussetzung für diesen Sieg ist, wird im Text deutlich in der einen Zeile, in der der Erzähler sich selber zu Wort meldet mit dem Vergleich „als kehrten Engel heim von einer nächt'gen Wacht".

(1) Wege zum Gedicht II, hg. v. Rupert Hirschenauer und Albrecht Weber, München 1963 (vgl. Fußnote 3 und 4)
(2) Müller Seidel, a.a.O., S. 71
(3) Staiger, a.a.O., S. 131

Methodische Hinweise

Die notwendigen Erläuterungen sollten vorausgehen. Erklärt und in den Zusammenhang gestellt werden, müssen die Begriffe Knecht des Königs, Kurier, Herd, Hugenott, Harnisch, Schaffnerin, Junker, schwarze Tracht, Tapetentür, auch Nimes muß erläutert werden. Die Ballade sollte durch Lehrervortrag oder über eine Platten- oder Bandaufnahme vorgestellt werden, damit die gefährlich pathetischen Stellen nicht falsch aufgenommen werden. Je nach Reaktion der Schüler folgt eine Inhaltssicherung über eine gegliederte Inhaltsangabe oder eine Problemdiskussion, in deren Verlauf ebenfalls auf den Text zurückverwiesen würde. Die Inhaltsangabe kann sich an den dramatischen Auftritten der Ballade orientieren; deren Zusammenfassung zu Akten folgt dem Wechsel der Orte: Tor, am Kamin im Saal, am Tisch im Saal, Turmgemach, Wald und Ebene. So wird der dramatische Gang an der Spannungskurve der fünf Teile deutlich.
Im Zusammenhang mit dem versöhnlichen Schluß sollte auf die theatralische Regie vergleichbarer Naturschilderung eingegangen werden. Dabei gebührt der Zeile 104/27 als der einzigen Äußerung des Erzählers zusätzliche Aufmerksamkeit (siehe Interpretationsskizze).
Zur Problemdiskussion und zum Vergleich mit den anderen Texten des Kapitels siehe Arbeitsvorschläge.

Arbeitsvorschläge

▷ Ihr wißt, daß man einen Text wie „Die Füße im Feuer“ eine Ballade nennt. Woran läßt sich diese Gattungsform im vorliegenden Beispiel erkennen?

▷ Klärt mit Hilfe der „Wort- und Sacherklärungen“ im Lesebuch (S. 208) die geschichtlichen Umstände, von denen in der Ballade die Rede ist. – Gebt dann eine kurze Inhaltsangabe. Die Gliederung des Textes in Abschnitte hilft euch dabei.

▷ Überlegt dabei auch, was die Schilderung der Naturstimmung zu der in der Ballade erzählten Geschichte beiträgt.

▷ Vergleicht Kurier und Schloßherr:
- Wie schätzt der Kurier den Schloßherrn ein? Hat er mit seiner Ansicht recht?
- Wie entwickeln sich die beiden im Verlauf des Geschehens?
- Wie äußert sich die innere Bewegung bei den beiden?

▷ Der Schloßherr handelt „im Widerstreit“. Welchen Konflikt hat er zu bestehen? Handelt es sich um einen tragischen Konflikt?

▷ Die Ballade entstand in ihrer ersten Fassung 1864. Damals war die Kurzgeschichte als literarische Form noch unbekannt. Mit Kurzgeschichten hat man jedoch später C. F. Meyers Balladen verglichen.
Andererseits hat man gerade „Die Füße im Feuer“ auch ein „Drama“ genannt. – Seht auch ihr solche Möglichkeiten des Vergleichs? – Könnte man auch zwischen Anekdote und Ballade Gemeinsamkeiten feststellen?

Deutsche Sage: Hildebrand und Hadubrand (S. 105)

Zum Text

Unter den verschiedenen Übersetzungen des Hildebrandliedes, erscheint die vorliegende von Naumann für unsere Zwecke gut geeignet[1], sie verbindet den Eindruck des Fremden mit ausreichender Verständlichkeit für Schüler der Klasse 8. Der kleine Teil des Originaltextes hat mehr illustrierenden Sinn.
Der Text wurde vermutlich im 4. Jahrzehnt des 9. Jahrhunderts in Fulda aufgeschrieben. Die beiden Handschriftenblätter, auf denen der unvollständige Text aufgefunden wurde,

(1) Die nach neuen Forschungen ungenaue Übersetzung der Zeile 29 (richtiger: hin mit Dietrich und vielen seiner Degen) bleibt für das Gedicht selbst belanglos, zumal da damit ohnehin eine sagenhafte Geschichtsverkehrung verbunden ist.

befinden sich – nach einer Nachkriegsodyssee – in der Landesbibliothek Kassel.
Der Vater-Sohn-Kampf ist als Motiv auch außerhalb des Germanischen belegt – auch Ödipus gehört in diesen Umkreis –, innerhalb wurde es wohl im Langobardischen erstmals bearbeitet, bald nach 700; sein historischer Kern weist in das 6. Jahrhundert.
Das Hildebrandlied ist das einzige in deutscher Sprache erhaltene Exemplar des germanischen Heldenlieds. Heldenlieder sind Vorbilddichtungen des Kriegeradels. Sie wurden in der Halle des Fürsten vorgetragen vom Dichter-Sänger, der in der Regel derselben Schicht angehörte. Im Heldenlied werden Kämpfe, die zwischen Völkern ausgetragen werden, auf einzelne Helden übertragen, in vom Dichter zugespitzten Situationen durchgeführt und zum Beweis besonderer Tapferkeit verwendet. Dabei liegt die Rollenverteilung fest, individualisierende Charakterisierung kommt nicht vor, die geltenden Ehrbegriffe und Wertnormen gelten uneingeschränkt. Sie werden als schicksalhaft empfunden. Schicksal aber wird aktiv im Sinne der geltenden Werte vollzogen[1].
Der historische Hintergrund der Ballade ist der Einfall Theoderichs des Großen in Italien 489. Odoaker war seit 476 weströmischer König.

Interpretationsskizze

Zwischen zwei Heeren – dem Heer Theoderichs und dem Odoakers – treffen sich zwei Kämpfer, die sich stellvertretend zum Zweikampf herausfordern. Namensnennung und Verwandtschaftsangabe: „Vater und Sohn" machen die Unausweichlichkeit der dramatischen, tragischen Konstellation von vornherein klar für den Zuhörer. Die Frage des Älteren nach der Sippe des anderen kann von einer Ahnung getragen, aber auch zunächst nur aus dem Brauch der Berufskrieger entstanden sein. Hadubrands Vorstellung bestätigt die schlimme Vermutung. Der Sohn weist sich aus durch die Kenntnis der Familiengeschichte, zugleich stolz („der Degen liebster") und vorwurfsvoll („ließ verlassen zurück ..."). Hildebrand sieht das nahende Verhängnis. Zum erstenmal ruft er Gott als Zeugen an. Die Versuche, den Kampf durch Geschenke und Überredung zu vermeiden[2], scheitern am Mißtrauen und an der Kampfeslust des Jüngeren. Zum zweitenmal ruft Hildebrand Gott an, aber nun schon ohne Hoffnung auf Rettung: „Wehgeschick vollzieht sich." Die folgenden Äußerungen des Vaters sind eine bewegte und bewegende Klage angesichts der Unausweichlichkeit des Geschehens. Geradezu verzweifelt klingt das Angebot „doch leichthin kannst du ... mir altem Mann abjagen die Waffen". Hildebrand weiß, daß er der Überlegene ist, und möchte seinen Sohn durch diese ihm schmeichelnde Täuschung von seinem Vorhaben abbringen.
Zwischen Zeile 28 und 29 wird eine Antwort Hadubrands angenommen, aus der Unverständnis, Hohn und der Vorwurf der Feigheit zu entnehmen sein müssen[3]. Diese dritte Herausforderung führt zur unbedingten Annahme. Nach einer kurzen Schilderung des Kampfes bricht das Lied ab. Es ist – auf Grund der Forschungslage[4], der Anlage des Textes und der historischen Konstellation Dietrich-Odoaker – unbestritten, daß der Kampf zugunsten des erfahrenen Kämpfers Hildebrand ausgeht, dessen Tragik darin besteht, daß er das fürchterliche Schicksal, zum Mörder des eigenen Sohnes zu werden, sehenden Auges, aber ohne Alternative vollzieht, eingebunden in den Ehr- und Treuebegriff seiner Zeit und seiner Schicht.[5]

---

(1) Nach Heinz Mettke, Älteste Deutsche Dichtung und Prosa, Leipzig 1982.
(2) Zwischen Zeile 3 und 4 auf S. 106 sind weitere Erklärungen zu denken; „in Huld", Z. 6, im Original „bi huldi", würde besser mit „um der Gunst willen" übersetzt.
(3) „argosto ostarliuto" wird von Mettke übersetzt mit „der Feigste der Ostleute".
(4) Wichtigster Hinweis ist „Hildebrands Sterbelied" in der Edda.
(5) Zum Vergleich: Ambrose Bierce, „Am Himmel ein Reiter", in: A. B., Mitten im Leben sind wir vom Tod umfangen, Büchergilde Gutenberg 1977

Methodische Hinweise

Das Lesen der Übertragung sollte am Anfang stehen, nachdem die Figuren im historischen Kontext vorgestellt worden sind. Die Schüler klären dann – durch Nachschlagen und Nachfragen – die verbleibenden Unklarheiten, vor allem auch die Frage möglicher Lücken. Das kann zugleich mit der Herstellung einer eigenen Prosafassung geschehen, wie sie in den Arbeitsvorschlägen angeregt wird. Dem folgt die eigentliche Textanalyse im Unterrichtsgespräch, ausgehend von der Frage nach den Gründen für Hildebrands Handeln.

Arbeitsvorschläge

▷ Dieses „Heldenlied", das an den Höfen der germanischen Adligen im 8. Jahrhundert nach Chr. vorgetragen und im 9. Jahrhundert aufgeschrieben wurde – in der Sprachform des sog. „Althochdeutschen", – ist die älteste deutsche Ballade. Der vorliegende Text ist eine Übersetzung, die versucht, die Besonderheiten der alten Form beizubehalten. Was fällt euch als Besonderheit auf?

▷ Klärt mit Hilfe der „Wort- und Sacherklärungen" (Lesebuch S. 208) und der Informationen eures Lehrers die geschichtlichen und in Sagen überlieferten Zusammenhänge, von denen in der Ballade die Rede ist.

▷ *Stellt eine Prosafassung des Textes in heutiger Sprache her.*

▷ Der uns überlieferte Text ist unvollständig; es fehlen einzelne Teile, vor allem der Schluß. Wie geht eurer Meinung nach der Kampf zwischen Vater und Sohn aus? *Ergänzt eure Fassung dementsprechend.*

▷ Hildebrand hat seinen Sohn erkannt. Warum läßt er sich dennoch auf den Kampf mit ihm ein? Welche Aussagen im Text geben Hinweise auf die Antwort?

▷ Worin seht ihr den tragischen Konflikt?

Griechische Sage: Antigone (S. 107)

Zu Autor und Text

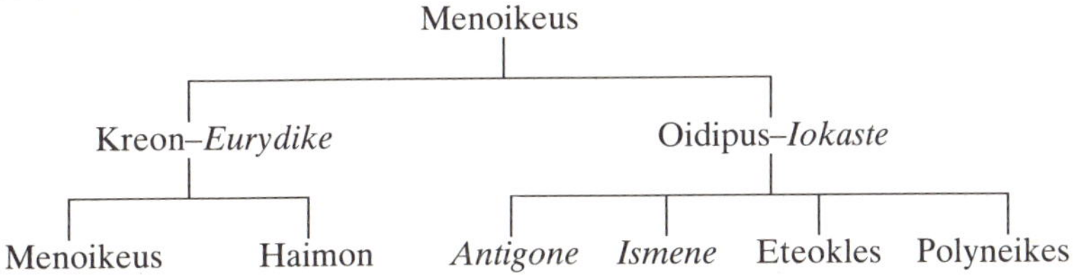

Die Sage von Antigone, die hier in einer modernen Formulierung vorgestellt wird, gehört zum klassischen Mythenbestand der Antike; als „unvergängliche literarische Gestalt" wurde sie jedoch von Sophokles begründet. Dieser bedeutendste griechische Dramatiker (496–406 v. Chr.) schuf seine gleichnamige Tragödie vermutlich 442, auf dem Höhepunkt der Macht Athens und seines Strategen Perikles. Perikles hatte in den beiden Jahrzehnten seit seiner Machtübernahme 462 eine pragmatische, ganz auf die Polis-Interessen ausgerichtete Politik entwickelt. Sophokles hielt ihm in der Figur des Kreon einen – wenn auch verzeichnenden – Spiegel vor. Im allgemeinen literarischen Bewußtsein steht jedoch Antigone im Vordergrund. Erst Brecht setzte in seiner „Antigone des Sophokles" 1947 zum Teil wieder andere Akzente. Dabei versuchte er, das Schicksalhafte in der Gestalt „herauszuschneiden". Gerade um dieses Schicksalhafte – im existentiellen Sinn – war es wenige Jahre zuvor (1942) Anouilh in seiner Antigone gegangen, deren Todessehnsucht in der berühmten Äußerung des Kreon „Polyneikes war nur ein Vorwand" am deutlichsten bezeichnet wird.

In der vorherrschenden Auffassung von Antigone erscheint jedoch „ihr Wesen und ihr Konflikt kaum rätselhaft, sondern klar und eindeutig. Antigone vertritt gegenüber ihrem Oheim Kreon das ungeschriebene göttliche

Gesetz, das ihr gebietet, den Bruder ... zu begraben, den Kreon ... unbegraben zu lassen Befehl gegeben hatte, weil er die Vaterstadt angegriffen."[1] In diesem Sinne wird auch in der vorliegenden Version die Geschichte der Antigone erzählt. Dabei wird das Verhältnis zwischen Eteokles (= der Mann des wahren Ruhms) und Polyneikes (= der Streitsüchtige) einseitig dargestellt, der Fluch des Vaters Ödipus, der auf den beiden Söhnen lastet, wird verschwiegen, die Angreifer werden idealisiert, die Rolle des Menoikos, des zweiten Kreon-Sohns, der sich für die Stadt opfert, wird nicht erwähnt. So wird die eindeutige Situation der Antigone noch eindeutiger: Göttergebot, Gewissen, Menschlichkeit gegen Staatsräson, Befehl, Gesetz; Naturrecht gegen politische Willkür.

Interpretationsskizze

Eine Erklärung des vorliegenden Textes kann sich wohl auf die beiden Fragen beschränken:

- Warum erläßt Kreon seinen Befehl, setzt ihn – auch gegen eine Angehörige seines Hauses – durch, hebt ihn schließlich auf?
- Warum widersetzt sich Antigone dem Befehl?

Über Kreons Motive sagt der Text: Polyneikes hat feindliche Heere gegen seine Heimat geführt. Er hat sich gegen die Vaterstadt „vergangen". Es geht aber weniger um Politik als vielmehr darum, daß Kreon Widerspruch und Widersetzlichkeit nicht erträgt: „Kreon bebte vor Zorn". Befehl, Gebot, Gesetz sind die Schlüsselworte. Kreon reagiert „hart", „verstockt", „ohne Gnade". Er ändert seine Haltung nicht aus Einsicht, sondern aus „Furcht", „Entsetzen".

Damit ist das Problem personalisiert. Kreon ist ein uneinsichtiger Tyrann; es hätte nur seines guten Willens bedurft, und das Problem wäre gelöst gewesen. Das stimmt natürlich mit der Aussage der Tragödie nicht überein, genügt aber für das didaktische Ziel, das der Text verfolgt.

Denn der Autor hat es darauf angelegt, Sympathie für Antigone zu erwecken. Warum widersetzt sie sich? „Sie wollte nicht, daß man ihrem toten Bruder Polyneikes die letzten Ehren versagte und die Grabesruhe verweigerte", „dem Toten den Weg ins Schattenreich verwehrt", indem man ihn „unbegraben" läßt. Sie will „das Totenopfer" darbringen. Sie handelt aus „Liebe zum leiblichen Bruder". Sie folgt den Gesetzen, „die von Göttern herstammen", der „göttlichen Weisung", der „Schwesternpflicht".

Bruderliebe ist also Schwesternpflicht laut Götterweisung. Begräbnis ist letzte Ehre, aber zugleich Eröffnung des Wegs ins Schattenreich, wo allein der Tote Ruhe findet. Denn der unbestattete Tote, der kein Totenopfer bekam, findet seinen Platz in der Unterwelt nicht, er bleibt ruhelos, kann wiederkehren. Antigone folgt also nicht nur individueller Neigung, sondern den gültigen Regeln des Totenkults. Ihre Beobachtung rechtfertigt für sie das Attribut „fromm"; sie handelt im Sinne eines göttlichen Gebots gegen einen menschlichen Befehl. Antigone ist als Märtyrerin gezeichnet.

Methodische Hinweise

Es ist anzunehmen, daß einige Schüler der Klasse die Geschichte von Antigone aus einer griechischen Sagensammlung kennen. Auf diese Kenntnis sollte man zurückgreifen. Ist das nicht der Fall, so kann eine Inhaltsangabe durch Lehrer oder Schüler anhand der Verwandtschaftsübersicht und des nachfolgenden Texts hilfreich sein[2] (s. Schaubild S. 89).

„Ihren blinden Vater Oidipus begleitet A. in die Fremde und umsorgt ihn bis zu seinem Tode. Als der Angriff der Sieben auf Theben abgewehrt ist und Eteokles und Polyneikes im Zweikampf gefallen sind, übernimmt A.s Onkel Kreon die Herrschaft. Er erläßt ein strenges Verbot, die Leichen der gefallenen Feinde, darunter auch die des Polyneikes, zu bestatten. A. widersetzt sich dem Gebote des Königs [...]. Bei dem Versuch, die Leiche ihres Bruders Polyneikes zu bestatten, wird sie verhaftet und auf Kreons Befehl lebendig in ein Felsengrab eingeschlossen.

Kreons Sohn Haimon, der mit A. verlobt ist, dringt

(1) Käte Hamburger, Von Sophokles zu Sartre, Stuttgart o.J., S. 189f.

(2) Quelle für beides ist Hunger, Lexikon der griechischen und römischen Mythologie, rororo Handbuch, Reinbek 1983, S. 40f.

in das Verließ ein, um seine Braut zu befreien; aber A. hat sich bereits erhängt. Haimon tötet sich selbst; auch seine Muter Eurydike, Kreons Gattin, begeht Selbstmord. So siegt A. noch im Tode über Kreons Starrheit.“

Die Schüler werden in der Nacherzählung im Vergleich zur Inhaltsangabe die Motive Antigones und Kreons finden und die Einstellung des Erzählers aufspüren. Dazu bietet sich u. U. die Arbeit in 3 Gruppen an. Die einschlägigen Textbelege sind in der Interpretationsskizze zusammengestellt.
Ein nächster Schritt – Parteinahme der Schüler – führt zur Problemdiskussion, ein dritter zur Übertragung. Hier könnten außer erdachten auch Beispiele aus der Zeitgeschichte, aktuellen Presseberichten etc. herangezogen werden.
Abschließend kann als ein Beispiel Anouilh erwähnt und ggf. mit Hilfe der in den Arbeitsvorschlägen abgedruckten Textstellen diskutiert werden.

Arbeitsvorschläge

Die Sage von Antigone und ihrer Familie ist uns hauptsächlich in der Tragödie des griechischen Dichters Sophokles überliefert, dessen Stück im Jahr 441 vor Chr. in Athen zum ersten Mal aufgeführt wurde. Die Zuschauer kannten allerdings die Geschichte schon durch mündliche Überlieferung.

▷ Mord und Totschlag, aber auch Selbstlosigkeit und Opferbereitschaft finden sich in der Sage und bei ihren Figuren in erstaunlicher Häufung. Versucht, die Motive der Handelnden für ihr Tun herauszuarbeiten.

▷ Der Erzähler der Sage nimmt eindeutig Partei in der Auseinandersetzung zwischen Kreon und Antigone. Arbeitet heraus, wie er die Meinung des Lesers zu lenken versucht. Wie steht es mit eurer Parteinahme?

▷ *Könnte man den Konflikt Kreon–Antigone auch in unsere heutige Zeit übertragen? – Versucht ein Beispiel zu skizzieren.*

▷ In der Weltliteratur wurde durch die Jahrhunderte hindurch der Konflikt Kreon–Antigone immer wieder aufgegriffen und neu dargestellt. Dabei wurde die Schuldfrage nicht immer so eindeutig beantwortet wie in der vorliegenden Sagenfassung. Zum Beispiel stellt der französische Autor Jean Anouilh in einem Theaterstück 1942 die beiden Gegenspieler folgendermaßen vor:

Sprecher: So ... Diese Leute werden euch jetzt die Geschichte der Antigone spielen. Antigone ist die kleine Magere, die da drüben sitzt und schweigt. Starr blickt sie vor sich hin und denkt. Sie denkt, daß sie nun gleich Antigone sein wird, daß sie plötzlich nicht mehr das schmächtige, schwarze, verschlossene Mädchen ist, das keiner in der Familie ernst nimmt, sondern daß sie sich allein gegen die Welt stellen wird und gegen Kreon, ihren Onkel, der König ist. Sie denkt daran, daß sie sterben muß und – weil sie ja noch so jung ist – daß auch sie gerne noch leben möchte. Aber man kann ihr nicht helfen. Sie heißt Antigone und muß ihre Rolle durchhalten bis zum Ende. [...]
Der kräftige weißhaarige Mann, der nachdenklich dort neben seinem Pagen sitzt, das ist Kreon. Er ist der König. Er hat Runzeln und ist müde. Er versucht sich in dem mühsamen Spiel, die Menschen zu führen. Früher, zu Ödipus' Zeiten, als er nur der Erste bei Hofe war, liebte er Musik, schöne Einbände und lange Streifzüge durch die Antiquariate von Theben. Aber Ödipus und seine Söhne sind tot. Er verließ seine Bücher und Sammlungen, krempelte die Ärmel auf und begann zu regieren. Abends, wenn er dann müde ist, fragt er sich oft, ob es nicht sinnlos sei, die Menschen führen zu wollen, ob es nicht ein schmutziges Geschäft sei, das man weniger empfindsamen Naturen überlassen sollte. Doch am nächsten Morgen erwarten ihn neue Aufgaben, und er steht auf, gelassen wie ein Arbeiter, der an sein Tagewerk geht. [...]

Wie beurteilt ihr diese Auffassung des Konflikts?

Bertolt Brecht: Die Geschichte von der Mutter Courage (S. 109) Das Opfer der stummen Kattrin (S. 109) Die zwei Ängste der stummen Kattrin (S. 114)

Zum Autor und zu den Texten

Das Gedicht entstand 1950 in der Reihe „Neue Kinderlieder." Es gibt eine kurze Inhaltsangabe des Stücks „Mutter Courage und ihre Kinder", das Brecht unmittelbar nach Ausbruch des Zweiten Weltkriegs im Oktober 1939 als Emigrant in Schweden niederschrieb, angeregt u. a. durch eine schwedische Vorlage. Brecht hoffte, das sofort übersetzte Stück in Schweden aufführen zu können. Im Blick darauf war auch die Rolle der stummen Kattrin entstanden, die Brechts Frau, die Schauspielerin Helene Weigel, hier und in anderen nicht deutschsprachigen Aufführungen spielen sollte. Dazu kam es allerdings nicht. Die Uraufführung fand im April 1941 in Zürich mit Therese Giehse in der Titelrolle statt. Als Helene Weigel zum erstenmal in dem Stück auftrat, 1949 in Berlin, spielte sie die Courage. Früh schon kämpfte Brecht gegen die Mißverständnisse an, denen seiner Meinung nach das Stück dadurch ausgesetzt war, daß sich das Publikum in die als tragisch verstandene Figur der Courage einfühlte. In Bezug auf Kattrin hat er das akzeptiert: „Zuschauer mögen sich mit der stummen Kattrin in dieser Szene identifizieren; sie mögen sich einfühlen in dieses Wesen und freudig spüren, daß in ihnen selbst solche Kräfte vorhanden sind."[1] Auch die Dramatik der Szene sieht und akzeptiert er. Er spricht solchen Szenen ein Recht neben anderen im epischen Theater zu. Insgesamt bringt ohnehin das Schicksal der Kinder den dramatischen Impetus in die chronikalische Szenenfolge. Rischbieter[2] gliedert sie – „auf die Kinder hin betrachtet" – geradezu in ein fünfaktiges Drama. Dabei bilden die beiden letzten Bilder den fünften Akt, der gemäß herkömmlicher Dramaturgie die – tragische? – Katastrophe enthält. Insofern kann die vorliegende Szene mit einigem Recht für die Ziele dieses Kapitels in Anspruch genommen werden: Dramatisches und Tragisches und ihre Verbindung zu zeigen. Das bedeutet nicht, daß damit einer Gesamtinterpretation des Stückes, die einer späteren Klasse vorbehalten bleiben muß, vorgegriffen würde.

Interpretationsskizze

Das Gedicht nennt in drei Strophen knapp und deutlich die Punkte, worauf es Brecht im Stück ankommt: Courages Zug durch die langen Jahre des Kriegs, die Unbelehrbarkeit der Händlerin, den situationsgegebenen Widerspruch, dem ihre Kinder nacheinander zum Opfer fallen.

Die dritte Strophe wiederholt von Eilif, Schweizerkas und Kattrin, was der Koch im Salomon-Song von Cäsar und Sokrates sagte: Der Krieg macht Tugenden tödlich. *Die Szene* steht als Exempel für die Behauptung der beiden letzten Gedichtzeilen: „Die Tochter hatte ein zu gutes Herz, als sie die Kugel traf." Die stumme Kattrin wird schon in den vorangegangenen Bildern als besonders sensibel gegenüber menschlichem Leid gezeigt. Ihre Kinderliebe wird deutlich hervorgehoben (5. Bild). Sie war es auch, die im Gegensatz zu ihrer Mutter die Gefahr für Eilif (1) und Schweizerkas (3) erkannte. Aber sie wurde nicht verstanden. Nun, da ihre Mutter in der Stadt ist, ist Kattrin ganz auf sich gestellt. Von den Bauern erfährt sie die Gefahr, in der die Stadt und die Kinder in ihr sich befinden. Während die Bauern, die sich aus Angst zu Handlangern der Aggressoren machten, beten, handelt Kattrin. Sie widersteht allen Verlockungen und Drohungen, trommelt die Stadt wach und büßt diese Tat mit dem Tod. Kattrin wurde als „Märtyrerin, als Heilige, als Heldin des Barockdramas" bezeichnet, „stumm, ohne Widerstand, allein ihre Aufgabe erfüllend, unerschütterlich".[3] Brecht hielt

(1) Brecht im Modellbuch, Anmerkungen zur Aufführung 1949. Materialien zu Brechts „Mutter Courage", es 50, Frankfurt/Main 1964, S. 68

(2) Henning Rischbieter, Brecht II, Friedrichs Dramatiker der Weltliteratur 14, Velber 1966, S. 23

(3) Rolf Geißler, Zur Interpretation des modernen Dramas, Frankfurt/Main 1962, S. 30

das nicht für richtig: „Es ist notwendig, das Heldenklischee zu vermeiden. Die stumme Kattrin ist erfüllt von zwei Ängsten, der für die Stadt Halle und der für sich.“[1] In den verschiedenen *Anmerkungen* zu der Szene weist Brecht immer wieder darauf hin, wie die Regieanweisungen über Kattrins Reaktionen aufzufassen sind und welche zusätzlichen schauspielerischen – gestischen – Möglichkeiten es gibt, um die „Versuchung“, die „Angst“ der Kattrin anschaulich zu machen. Sie stirbt schluchzend, am Ende ihrer physischen und psychischen Kraft. Die Stummheit hat ihr nichts genützt. Sie konnte dem Krieg nicht entgehen: er „hält ihr eine Trommel hin“. Kattrin versteht das Zeichen. Aber sie muß gegen die eigene Angst kämpfen: „Tapferkeit, welche die Furcht überwindet.“

Kattrin, als Heldin der Szene, sagt kein Wort. Das erlaubt es, in exemplarischer Form spezifisch Szenisches zu zeigen, d.h. die auf der Bühne sich abspielende Handlung, die nicht allein – und bei Kattrin eben gar nicht – in Worten des Dialogs anwesend ist und insofern weithin auf die theatralische Realisation angewiesen. Brechts gestisches Theater – das Mitspielen von Haltungen, Gegenständen, Bewegungen – bedarf dieser Realisation in besonderem Maße. Es ist deshalb auch nicht verwunderlich, daß die Aufführungspraxis, die Arbeit mit den Schauspielern, die beständige Fortschreibung seiner Texte, die Aufstellung von Aufführungsmodellen für Brecht eine so große Bedeutung hatten.

Methodische Hinweise

Die sehr detaillierten Arbeitsvorschläge zu den Texten von Brecht sind auch als methodischer Hinweis für den Lehrer gedacht. Zwei zentrale Lernziele sollen mit den Texten erreicht werden:

- Beurteilen von Kattrins Handeln im Blick auf die Szene, auf Brechts Anmerkungen und auf die Figuren der anderen Texte des Kapitels,
- Kennenlernen von szenischem Darstellen im Vergleich mit erzählendem.

Letzterem dient die in 5 Schritten vorgenommene Arbeit an der Szene und mit den ausgewählten Anmerkungen.

Arbeitsvorschläge

Zum Gedicht „Die Geschichte von der Mutter Courage“

▷ In dem Gedicht gibt Brecht eine kurze Inhaltsangabe seines Stücks. Dabei beschränkt er sich auf die Dinge, die ihm am wichtigsten erscheinen, und gibt zugleich ein Urteil über die Personen und das Geschehen ab. Wie lautet es?

▷ Wie beurteilt ihr die Aussagen der dritten Strophe?

Zur Szene „Das Opfer der stummen Kattrin“ und zu den Anmerkungen „Die zwei Ängste der stummen Kattrin“

▷ Lest die Szene mit verteilten Rollen. Welche Aufgaben haben die Texte, die zwischen den Dialogen stehen? Könnte man auch ohne sie auskommen?

▷ *Untersucht die Gespräche und das Verhalten der Personen, der Bauersleute, der Soldaten, Kattrins. Stellt dabei folgende Leitfrage: In welcher Lage befinden sich die Personen, und wie reagieren sie darauf? Die Antworten sucht ihr am besten in Gruppenarbeit. Erstellt dazu ein Arbeitsblatt etwa nach folgendem Muster:*

Personengruppe I:
Die Soldaten (Fähnrich, 1. u. 2. Soldat)

Lage	Reaktion
1. Nächtlicher Erkundungsgang ohne Ortskenntnis	Rekrutierung eines ortskundigen Bauern. Ruhegebot.
2. Weigerung des jungen Bauern	Drohung mit – dem Spieß – dem Tod des Viehs
3. Nachgeben der Bauersleute	Gang zur Stadt mit dem jungen Bauern

▷ *Ihr könnt die Ergebnisse eurer Gruppenarbeit auch zu einer zusammenhängenden „Erzählung“ zusammenstellen. Beispiel (entsprechend dem Muster-Arbeitsblatt):*
Auf Befehl ihres Obristen befinden sich ein Fähnrich und zwei Soldaten der kaiserlichen Armee auf einem Erkundungsgang in Rich-

(1) Alle folgenden Brechtzitate aus den „Anmerkungen zur Courage“, denen auch der Text „Die zwei Ängste ...“ entnommen ist.

tung der Stadt Halle. Da sie ortsunkundig sind, zwingen sie einen jungen Bauern, ihnen den Weg zu zeigen. Er weigert sich zwar zunächst, selbst als sie drohen, ihn umzubringen. Als sie aber Anstalten machen, das Vieh abzuschlachten, gibt er – auch auf Anweisung seiner Mutter – nach und führt die Soldaten.

▷ Vergleicht eure „Erzählung" mit der Szene von Brecht.
Stellt die Unterschiede in einem Katalog zusammen (z.B. Reihenfolge der Teile des Geschehens, weggelassene Teile, eigene Zutaten, Verhältnis Dialog–Regieanweisung usw.)

▷ Vergleicht Brechts Beschreibung der 2. Hälfte der Szene mit eurer „Nacherzählung".
– Wo geht Brecht weiter? (Notiert die Einzelheiten.)
– Welche Absicht verfolgt er wohl mit seinen Anmerkungen?

▷ Wie beurteilt ihr Kattrins Verhalten? Gliedert eure Antworten nach folgenden Gesichtspunkten:
– Worin besteht ihr „Handeln im Widerstreit"?
– Hat Brecht recht mit seinen „zwei Ängsten"? Gäbe es noch andere „Ängste"?
– Hat Brecht recht mit der Behauptung: „Sie mußte aufs Stalldach klettern, die Kinder retten"?

▷ Was meint Brecht mit dem Satz: „Die mit vielen Mitleid haben, dürfen keines haben mit den wenigen." – Gebt ihr Brecht recht?

▷ Kattrin und Antigone: Wie könnte man die beiden Mädchen vergleichen?
(Vorschläge für Vergleichspunkte: Ihre Stellung in der Gesellschaft, die Konfliktsituationen, ihr Verhalten in diesen Situationen, die Art ihrer Entscheidungen, die Ergebnisse und Folgen dieser Entscheidungen für die Handelnden und die anderen)

Reise zum Mond – Zukunftsgeschichten von gestern und heute

I. Zur Konzeption des Kapitels

Begründung und Zielsetzung

Die didaktische Konzeption des Kapitels ist mehrfach zu begründen:

▷ Entsprechend der Gesamtanlage von LESEZEICHEN A/B soll das unmittelbare Leseinteresse der Schüler berücksichtigt werden. Zweifellos gehören Texte aus dem Bereich der Science-fiction-Literatur in den Kernbereich der interessengebundenen Privatlektüre vierzehn- bis fünfzehnjähriger Schüler. An diese Leseerfahrung knüpft das Kapitel an.

▷ Science-fiction-Literatur besetzt einen speziellen Grenzbereich zwischen phantastischer und „realistischer" Literatur (vgl. die Einleitung zu den Arbeitsvorschlägen für die Schüler auf S. 99). Im Rahmen des Lesebuchs setzt das Kapitel deshalb eine Textreihe fort, die schon in Band 5 begonnen wurde (Band 5: „Traumgeschichten", Band 7: „Gruselgeschichten") und deren Thema das Verhältnis von Phantasie und Wirklichkeit in der Literatur ist. (Eine gewisse Fortsetzung der Reihe stellen das Kriminalgeschichten-Kapitel im Band 9 und das Parabel-Kapitel im Band 10 dar.) Ein wesentliches Ziel des vorliegenden Kapitels ist dementsprechend, Möglichkeiten der Darstellung des Unwirklichen, aber Möglichen zu erarbeiten und dabei vor allem den phantastischen Realismus gegen das Märchen abzugrenzen.

▷ Da Science-fiction-Texte in der Regel der Trivialliteratur zugerechnet werden und so, insbesondere in Heftchenform, wohl den Schülern auch zunächst begegnen, soll vorsichtig auch die Frage nach der literarischen Wertung in den Unterricht einbezogen werden (vgl. dazu auch das Kapitel „Kriminalgeschichten" in Band 9).

▷ „LESEZEICHEN" beginnt schon in Band 5 im Kapitel „Jugendbücher" damit, die Schüler zur Lektüre längerer zusammenhängender Texte anzuleiten. Der Band 6 setzt diese Intention mit „Das Jahr der Wölfe" fort. Im Band 8 entsprechen diesem Vorhaben das vorliegende Kapitel und das Kapitel „Jugendroman". Instrumentelle Ziele, die der Strukturierung und Erarbeitung längerer Texte dienen, sind deshalb auch diesem Kapitel zugeordnet und begründen mit seine didaktische Zielsetzung.

Die Wahl des Themas *Mondfahrt* aus der großen Zahl möglicher Science-fiction-Themen läßt sich mehrfach begründen:

▷ Phantastische Geschichten über eine Fahrt zum Mond gehören zu den ältesten Beispielen dieses literarischen Genres (vgl. die Ausführungen zur „Mondfahrtliteratur" auf S. 96). Ähnlich früh wurde nur das Thema Tiefseefahrt (vgl. Alexanderromane) behandelt; ähnlich häufig sind nur Geschichten über eine Zeitmaschine.

▷ Reisen zum Mond sind in verschiedenen literarischen Genres dargestellt worden, sowohl im Märchen wie auch im Science-fiction-Roman.

▷ Die Mondfahrt ist vom Gegenstand von Zukunftsromanen zum Inhalt wissenschaftlicher Reportagen geworden; die Phantasie wurde von der Wirklichkeit eingeholt. Diese Tatsache ermöglicht weitere didaktisch interessante Zugänge zu den dargestellten Unterrichtszielen.

Aufbau des Kapitels

Die grundsätzliche Dreiphasigkeit des Lesebuchs bestimmt auch den Aufbau des vorliegenden Kapitels, wobei vom Umfang her der zweiten Phase deutlich der größte Raum gegeben wird.

I. Phase: Gottfried August Bürger: Des Freiherrn von Münchhausen wunderbare Reise nach dem Mond
Das Thema Mondreise wird zunächst so vorgestellt, wie es jahrhundertelang allein vorstellbar war, wenn es nicht sogar in das noch weniger realistische Gewand eines Märchens gekleidet wurde, nämlich als Lügengeschichte. Wie in den meisten Münchhausengeschichten wird der Übergang vom Realen zum Phantastischen durch eine scheinbar selbstverständliche Übersteigerung der Realität bewerkstelligt. Im Unterricht wichtig ist, hier schon die Grenze zwischen einem willkürlichen phantastischen Einfall und der utopischen, aber logischen Erfindung anzusprechen.

II. Phase: Zwei Klassiker des technischen Zukunftsromans liefern die beiden zentralen Texte des Kapitels:
Jules Verne: Start zum Mond
H(erbert) G(eorge) Wells: Die ersten Menschen auf dem Mond.
Das hier ausgebreitete umfangreiche Textmaterial soll nicht nur den Lesehunger der Schüler befriedigen, sondern auch genügend Stoff zur Analyse und produktiven Veränderung bieten.

III. Phase: Marlene Manthey: Negerführer Abernathy brachte seine vier Esel zum Mondflugfest mit
Funksprechverkehr mit Apollo 11: „Ein Riesensprung für die Menschheit"
Oriana Fallaci: Interview mit dem Astronauten Roger Chaffee
Christine Busta: Wovon träumt der Astronaut auf der Erde?
Die in der dritten Phase durch das Textarrangement allgemein angestrebte Distanzierung gegenüber dem angeschlagenen Thema wird in diesem Kapitel aus der Sache selbst heraus erreicht, ist doch die Utopie einer Mondfahrt inzwischen selbst zur Wirklichkeit geworden; an die Stelle von Zukunftsromanen können also Reportagen der Gegenwart treten.
Eine gewisse Brechung in der Bewertung des Gegenstands wird darüber hinaus aber auch noch auf andere Weise erreicht:
- durch die Spannung in der einleitenden Reportage zwischen offizieller Feierlichkeit und sozialkritischem Intermezzo,
- durch die Diskrepanz zwischen der doch deutlichen Begeisterung der Apollobesatzung über die Schönheit des Erlebnisses und der desillusionierenden Nüchternheit des Astronauten Chaffee,
- durch das abschließende Gedicht.

Zur Geschichte der Mondfahrtliteratur

Die Geschichte der Mondfahrtliteratur beginnt mit dem griechischen Satiriker Lukian (ca. 120 in Samosota am Euphrat geboren, wahrscheinlich 185 in Athen gestorben). Seit den Feldzügen Alexanders des Großen waren angeblich dokumentarische, tatsächlich aber weitgehend erfundene Reiseberichte nach fernen Ländern zur Lieblingslektüre des Publikums geworden. In seinem zweibändigen Reiseroman „Wahre Geschichten" parodiert Lukian dieses Genre, wobei er im ersten Band unter anderem eine Mondreise beschreibt. Das technische Problem des Mondflugs bewältigt er ähnlich wie später Münchhausen: Nach einer Darstellung seiner Reise über die Säulen des Herkules (Gibraltar) hinaus, berichtet er:

„Hierauf füllten wir unsre leeren Fässer teils mit süßem Wasser, teils aus dem Weinflusse; und nachdem wir die Nacht nicht weit von dem letzteren zugebracht, stachen wir am folgenden Morgen mit einem mäßig frischen Landwinde wieder in die See. Aber um die Mittagszeit, als wir die Insel schon aus den Augen verloren hatten, faßte ein plötzlicher Wirbelwind unser Schiff, drehte es etlichemal mit entsetzlicher Geschwindigkeit im Kreise herum und führte es wohl dreitausend Stadien hoch in die Lüfte, setzte es aber nicht wieder auf dem Meere ab, sondern es blieb in der Höhe schweben und segelte mit vollem Winde über den Wolken dahin.
Wir waren bereits sieben Tage und ebensoviel Nächte in dieser Luftfahrt begriffen gewesen, als wir am achten Tage eine Art von Erde in der Luft erblickten, gleich einer großen, glänzenden, kugelförmigen Insel, die ein sehr helles Licht um sich her verbreitete. Wir fuhren auf sie zu, legten unser Schiff an und stiegen ans Land; und als wir uns darin umsahen, fanden wir, daß es bewohnt und angebaut sei."

(Lukian: Sämtliche Werke, Bd. 3, Prophyläen-Verlag Berlin 1922, S. 319f.)

Noch ein zweites Mal (in seinem witzigen Prosadialog „Ikaromenippos oder die Luftreise") erzählt Lukian von einem Mondflug, diesmal mit einem Adler- und einem Geierflügel, jetzt freilich in der Absicht, aus der großen Distanz die kleinlichen Händel auf der Erde satirisch darzustellen.
Im Zeitalter des Barock erscheinen gleich in mehreren europäischen Ländern romanhafte Beschreibungen von Mondreisen aus der Feder berühmter Schriftsteller oder Wissenschaftler. Im Jahre 1634 wird von dem Astronomen Johannes Kepler (1571–1630) ein „Traum vom Mond" veröffentlicht, ein in mehrere Rahmenhandlungen eingekleideter Bericht eines Dämons aus Levania (d. h. vom Mond). Für Geister zwar leicht, umso schwerer aber für einen Erdenbewohner ist die Reise dorthin, wenn er von den Geistern ergriffen wird:

„Schaarenweise stürzen wir uns auf den Auserwählten, unterstützen ihn alle und heben ihn schnell empor. Diese Anfangsbewegung ist für ihn die schlimmste, denn er wird gerade so emporgeschleudert, als wenn er durch die Kraft des Pulvers gesprengt über Berge und Meere dahin flöge. Deshalb muss er zuvor durch Opiate betäubt und seine Glieder sorgfältig verwahrt werden, damit sie ihm nicht vom Leibe gerissen, vielmehr die Gewalt des Rückschlages in den einzelnen Körpertheilen vertheilt bleibt. Sodann treffen ihn neue Schwierigkeiten: ungeheure Kälte sowie Athemnoth; gegen jene schützt uns unsere angeborene Kraft, gegen diese ein vor Nase und Mund gehaltener feuchter Schwamm. Wenn der erste Theil des Weges zurückgelegt ist, wird uns die Reise leichter, dann geben wir unsere Begleiter frei und überlassen sie sich selbst: wie die Spinnen strecken und ballen sie sich zusammen und schaffen sich durch ihre eigne Kraft vorwärts, so dass schliesslich ihre Körpermasse sich von selbst dem gesteckten Ziel zuwendet. Aber infolge der bei Annäherung an unser Ziel stets zunehmenden Anziehung würden sie durch zu hartem Anprall an den Mond Schaden leiden, deshalb eilen wir voran und behüten sie vor dieser Gefahr."

(‚Keplers „Traum vom Mond"' von Ludwig Günther (Hrsg.). Teubner-Verlag Leipzig 1898, S. 6f.)

Die weitere Episode besteht aus einer Mischung von wissenschaftlichen Überlegungen oder Berechnungen zur Mond'geo'graphie und phantastischen Beschreibungen der Lebensumstände der Mondbewohner.
Ein Jahrzehnt nach dem Ende des Dreißigjährigen Krieges erscheinen fast gleichzeitig von Grimmelshausen (geb. 1621/22, gest. 1676) die „Kurze und kurzweilige Beschreibung der zuvorn unerhörten Reise, welche H. Bilgram von Hohenwandern ohnlängsten in die Neue Oberwelt des Monds getan" (1. Druck o. J., 2. Druck 1660); eine witzig phantastische Erzählung über Zustände auf der Erde aus der Mondperspektive, die sich allerdings um die technischen Probleme drückt („... ob gefahren, geritten, gesegelt oder gangen, dessen kann ich mich nicht wohl mehr erinnern.").
Wichtiger ist von Cyrano de Bergerac (geb. 1619, gest. 1655) die „Komische Geschichte der Staaten und Reiche des Mondes und der Sonne" (entstanden etwa ab 1650, veröffentlicht 1657 und 1662). Was er beschreibt, ähnelt schon mehr einem Science-fiction-Roman: Mit einem von Raketen angetriebenen Luftfahrzeug erreicht der Icherzähler beim dritten Startversuch vom Marktplatz von Quebec (Kanada) aus den Bereich der Anziehungskraft des Mondes und wird, nachdem die Antriebsraketen ausgebrannt sind und die ‚Raumkapsel' zur Erde zurückgefallen ist, von ihm angesogen:

„Als ich dreiviertel des Weges zurückgelegt hatte, sah ich plötzlich meine Beine nach oben fallen. Ich

erkannte ganz zu Recht, daß ich keineswegs zur Erde zurückfiel, denn obgleich ich mich noch zwischen zwei Monden befand und deutlich spürte, wie ich mich dem anderen näherte, war ich völlig sicher, daß der andere Mond unsere Erde sei. Sie war mir nämlich, wie der andere Mond, wie eine große Goldplatte erschienen ... denn, sagte ich mir, da die Masse des Mondes geringer ist als die der Erde, muß auch der Umkreis seiner Anziehungskraft geringer sein ..."
(Zit. nach: Jules Verne: „Die Reise zum Mond", mit Material zusammengestellt von Karlheinz Daniels. Lesehefte für den Literaturunterricht. Ernst Klett, Stuttgart 1980, S. 110)

Nicht nur Raketen spielen in diesem utopischen Roman eine Rolle, sondern auch andere technische Ideen wie Fallschirme usw. Wesentlich für den Autor ist auch die Diskussion der naturphilosophischen Ideen seiner Zeit. Knapp zweihundert Jahre später, noch etwa zwanzig Jahre vor Jules Verne, veröffentlichte Edgar Allan Poe in seinen „Phantastischen Fahrten" eine umfangreiche Erzählung unter dem Titel „Hans Pfaall", in der der Titelheld, ein Holländer, mit einem Ballon, der für die Landung als Fallschrim benützt wird, zum Mond fliegt. Den Anfang des modernen Science-fiction-Romans auf dem Feld der Mondfahrtliteratur macht aber zweifellos Jules Verne im Jahr 1865. (Einzelheiten siehe S. 100.)

Möglichkeiten der Erschließung

Der deutliche Dreischritt in der Textanordnung sollte auch die methodische Konzeption der Arbeit mit dem Kapitel bestimmen:

▷ Der einleitende Münchhausen-Text sollte als lockere Möglichkeit, sich in das Thema hineinzuarbeiten, benutzt werden, wobei vorausgesetzt werden kann, daß Münchhausen-Geschichten bekannt sind. Entsprechend liegt es nahe, im Gespräch die Grenze zwischen Lüge und Fiktion abzutasten.

▷ Die umfangreichen Science-fiction-Texte im Mittelteil sollen vor allem zu einer Untersuchung der speziellen „Machart" dieses Genres anregen. Da sie zwar exemplarisch, in diesem Rahmen aber dennoch willkürlich ausgewählt sind, können sie auch Stoff für kreative Änderungen oder Erweiterungen abgeben. Sollte das Stundenpensum gekürzt werden müssen, so bietet sich diese Phase an (Vorschlag: Jules Verne); andererseits wäre hier eventuell auch ein Vergleich mit einem zeitgenössischen Science-fiction-Heftchen möglich.

▷ Die starke Mischung der Textarten im dritten Teil eröffnet besonders viele methodische Variationsmöglichkeiten (vgl. hierzu auch die Arbeitsanregungen für die Schüler). Wichtig ist hier, den mit der Textvielfalt (formal und inhaltlich) verbundenen Perspektivenwechsel auszunützen, um unterschiedliche Bewertungen des Gegenstands zu erreichen.

Als durchgehende Erschließungslinie läßt sich jeweils die Frage benützen, wo Wirklichkeit in Fiktion umschlägt, welche formalen und inhaltlichen Mittel eingesetzt werden und in welche Richtung die technische Phantasie jeweils geht. In diesem Zusammenhang sollten insbesondere auch die Bilder der Originalausgaben einschließlich des Titelbilds einbezogen werden. Die Besonderheit des Gegenstands „Mondfahrt" erlaubt zusätzlich die Frage, welche zunächst utopischen Entwürfe der Phantasie den späteren Lösungen in der Realität am nächsten kommen.

II. Zu den einzelnen Texten

Gottfried August Bürger: Des Freiherrn von Münchhausen wunderbare Reise nach dem Monde (S. 116)

Zu Autor und Text

Die Erzählung ist als zehntes Seeabenteuer „Eine zweite Reise nach dem Monde“ in den Münchhausen-Geschichten erschienen. Die Entstehungs- und Wirkungsgeschichte ist ausführlich dargestellt im Lehrerband zu A/B 5 von LESEZEICHEN (Seite 72–75). Die Illustrationen von Gustave Doré (1832–1883) stammen aus der Mitte des 19. Jahrhunderts und stehen in einer Reihe mit seinen berühmten Illustrationen zu Rabelais „Gargantua“ und Cervantes „Don Quijote“. Die Anspielung auf die silberne Axt im ersten Absatz bezieht sich auf ein Abenteuer Münchhausens während dessen Gefangenschaft beim türkischen Sultan, wobei die verlorene Axt mittels einer schnellwachsenden Bohnenranke als Klettergerüst vom Mond geholt wird.

Interpretationsskizze

Die Einleitung der Geschichte (Zeile 4–18) ist charakterisiert durch einen etwas überheblichen Sprechgestus. Da wird auf einer „kleinen Reise“ eine Axt vom Mond geholt; nebenbei ist die Rede von „fliegenden Männern und Weibern und dergleichen Kleinigkeiten“. Auch die interessante Grenzlinie zwischen der Einleitung und dem eigentlichen Beginn des Abenteuers (Zeile 19ff.) ist gekennzeichnet durch den Ton des gleichsam Selbstverständlichen. In zwei kurzen Sätzen werden die eigentlich zu erwartenden Gefahren, die Angst, die technischen Probleme übersprungen, bis es heißt: „Sechs Wochen waren wir über den Wolken gereist, als wir ein großes Land entdeckten, … rund und glänzend, gleichsam eine schimmernde Insel“. Und fast nebenbei: „Im Monde – denn das war die Insel – …“ Zeit- und Entfernungsangaben sind eher zufällig, sicher in keinem Fall auch nur pseudowissenschaftlich begründet. Eine eigentliche Handlung ergibt sich im folgenden nicht; vielmehr werden eine Reihe skurriler Einzelbilder über das Äußere und die Lebensumstände der Mond- und anderer Weltraumbewohner skizziert. Ein logischer Zusammenhang zwischen ihnen besteht nicht; sie könnten fabulierend in beliebige Richtungen fortgesponnen werden. Ihr Reiz liegt ausschließlich im Phantastischen der jeweiligen Vorstellungen. Auffallenderweise wird ein ganz naheliegendes Problem, nämlich das der Kommunikation mit den Mondbewohnern, nicht einmal andeutungsweise als Fabuliermotiv benutzt (vgl. Zeile 12–14 auf Seite 117).

Methodische Hinweise

Abgesehen von einem erinnernden Einholen schon bekannter Münchhausen-Geschichten, sollten methodisch folgende Akzente gesetzt werden:
- die Untersuchung der Grenzlinie zwischen möglicher Wirklichkeit und reiner Utopie,
- die Produktion eigener Varianten für das Überschreiten dieser Grenzlinie,
- die Einsicht in die spezielle Art der Münchhausen-Einfälle durch das Erfinden von Varianten zum ‚Leben auf dem Mond‘.

Arbeitsvorschläge

Vorüberlegungen zum Kapitel

▷ Zukunftsromane und Zukunftsgeschichten nennt man auch ‚Science fiction‘. Informiert euch in einem Wörterbuch, was diese Wörter bedeuten.

▷ Bei den meisten Geschichten in diesem Kapitel geht es darum, mit Hilfe von ‚science‘ eine besondere Art von ‚fiction‘ zu gestalten. Schaut euch dazu im Lesebuch das Titelbild auf S. 115 an; es ist der französischen Erstausgabe (1867) des Romans von Jules Verne entnommen. Welche technischen Erfahrungen gehen in die zeichnerische Phantasie des Illustrators ein; wie wird hier der Stand der Technik zu jener Zeit fiktiv in die Zukunft hinein verlängert?

▷ *Nennt technische und wissenschaftliche Entdeckungen, die heute in einer Geschichte den Übergang aus einem realen in einen phantastischen Bereich ermöglichen könnten. Untersucht im Lauf eurer Lektüre des Kapitels, auf welche Weise das in den Geschichten jeweils geschieht.*

Zum Münchhausen-Text

▷ Ihr habt sicher alle schon Münchhausengeschichten gelesen; erzählt eine aus dem Gedächtnis nach und geht dabei besonders auf die Stelle ein, wo sie aus einer in der Wirklichkeit möglichen Geschichte in eine Lügengeschichte umschlägt. Nennt und erläutert die entsprechende Stelle in unserer Geschichte.

▷ Was könnte nach eurer Meinung auch in einer Science-fiction-Erzählung stehen? Was ist bezeichnend für eine Lügengeschichte?

▷ *Überlegt euch eine andere Art und Weise, wie Münchhausen von der Erde hätte abheben können und erzählt die entsprechende Szene schriftlich. Würde sie in einen Science-fiction-Roman passen?*

Jules Verne: Start zum Mond (S. 119)

Zu Autor und Text

Jules Verne wurde am 8. 2. 1828 in der Hafenstadt Nantes als Sohn eines Rechtsanwalts geboren. Mit zehn Jahren unternimmt er einen mißglückten Versuch, als blinder Passagier mit einem Westindiensegler in die weite Welt zu fahren. Als Zwanzigjähriger studiert er auf Wunsch des Vaters Jura in Paris; nebenher beginnt er nach der Bekanntschaft mit Alexandre Dumas mit dramatischen Versuchen und liest intensiv naturwissenschaftliche Bücher. Die Freundschaft mit dem Journalisten und Ballonfahrer Nadar bringt ihn 1863 dazu, einen naturwissenschaftlich-technischen Reiseroman über einen abenteuerlichen Ballonflug dreier Forschungsreisender in Afrika zu schreiben, der nach vielen Ablehnungen von einem Jugendbuchverlag publiziert wird. Im selben Verlag erscheinen dann 1867 der utopische Roman „Von der Erde zum Mond", dem unser Text entnommen ist, und 1870 „Die Reise um den Mond". Die erfolgreichsten weiteren Titel seines über 80 Bände umfassenden Werks sind „Zwanzigtausend Meilen unter den Meeren" (1870) und „Reise um die Erde in achtzig Tagen" (1873). Charakteristisch für alle diese erfolgreichen Romane ist die Nähe der phantastischen Entwürfe zur später tatsächlich eingetretenen Wirklichkeit (vgl. auch unseren Auszug). Am 24. 3. 1915 starb Jules Verne in Amiens.

Die Illustrationen zum Text sind der französischen Erstausgabe entnommen.

Interpretationsskizze

Die Erzählweise des Texts ähnelt deutlich der Darstellungsform der Reportage (vgl. Marlene Mantheys Korrespondentenbericht auf S. 139ff.; dessen Tempusgebrauch ist allerdings eher präsentisch, während Verne durchweg im Präteritum berichtet). Klar ist das doppelte Interesse des Erzählers:

- Es soll ein buntes, möglichst lebensechtes Bild der Geschehnisse um den Start, v.a. dessen Atmosphäre vermittelt werden (um das Utopische der Szene zu überdecken: reale Namen und Örtlichkeiten, scheinbar zufällige Einzelheiten mit fast photographischem Anspruch, Gesprächsfetzen). Nur selten greift der Erzähler kommentierend ein (S. 120, Z. 39ff.).
- Die Erzählung ist auf zunehmende Spannung angelegt. Das wird besonders deutlich an der Zeitstruktur des Texts: Die Handlung erstreckt sich auf die Ereignisse eines Tages, ergänzt durch kurze Rückblenden (z.B. S. 119, Z. 34ff.) und zeitlose Kommentare des Erzählers. Charakteristisch ist das Zeitgefälle des Texts, was eine Zuspitzung der Spannung bewirkt. Die Zeitangaben kommen zunehmend

dichter, zunächst nur der Tag, dann die Stunden: 4 Uhr, 7 Uhr, 10 Uhr, dann der Hinweis auf den Chronometer, schließlich der ‚Countdown' der Sekunden. – Im Schlußabschnitt wird darauf der auf S. 122, Z. 29ff. erreichte Höhepunkt gleichsam mit einem Kontrapunkt versehen, dem Blitz des Mondschusses folgt ein Donnerschlag von katastrophalen Auswirkungen (bis S. 123, Z. 29).

Für die methodischen Überlegungen ist wichtig zu sehen, wie nah diese Beschreibung der Szenerie um den Start – bis hin zum Ort Florida – dem in der Zeitungsreportage berichteten Geschehen des tatsächlichen historischen ersten Mondflugs kommt.

Methodische Hinweise

Das Überraschende an der Geschichte, nämlich die erstaunliche Nähe des 1865 Erdachten zur 1969 tatsächlich eingetretenen Wirklichkeit, sollte methodisch genützt werden; es liegt also eine vergleichende Behandlung mit dem Korrespondentenbericht auf Seite 141ff. nahe, zunächst im Blick auf die W-Fragen „Was? Wann? usw.", dann aber auch auf die Mittel, mit denen Spannung erzeugt und Atmosphäre geschaffen wird. Danach läßt sich vergleichend herauslösen, welche Bestandteile des Romans deutlich auf die Science-fiction-Seite verweisen.

Arbeitsvorschläge

- ▷ *Sammelt die Merkmale, die ihr bei einem Science-fiction-Text erwartet. Welche findet ihr in dem vorliegenden Romanausschnitt, der 1865 geschrieben wurde, wieder?*
- ▷ In welche Erzählschritte gliedert der Autor das Kapitel? Welche Rolle spielt dabei die Zeit? Welche Wirkungen hat diese Erzählweise auf die Spannung?
- ▷ Könnt ihr andere Mittel des Erzählens entdecken, die die Geschichte spannend machen?
- ▷ Aus welcher Perspektive wird die Geschichte erzählt; wird sie immer eingehalten?
- ▷ Denkt über die von Jules Verne erdachten technischen Verfahren nach. Erscheinen sie euch realistisch? Vergleicht die Erfindungen Münchhausens damit. Beurteilt die geschilderten Folgen des Abschusses.
- ▷ Der Roman wurde ziemlich genau einhundert Jahre (1865) vor dem ersten tatsächlichen Mondflug (1969) geschrieben. Vergleicht die in ihm beschriebenen äußeren Umstände des Abschusses mit den euch bekannten Einzelheiten des wirklichen Raketenstarts. Benützt dazu die Texte auf S. 139 und S. 141 im Lesebuch.

H. G. Wells: Die ersten Menschen auf dem Mond (S. 124)

Zu Autor und Text

Herbert George Wells wurde 1866 in einem Londoner Vorort geboren. Er war Drogistenlehrling, Grundschul-, dann Gymnasiallehrer für Naturwissenschaften, schließlich wissenschaftlicher Assistent des großen Biologen T. H. Huxley, ehe er Journalist wurde. Zwischen 1895 und seinem Tod (1946 in London) schrieb er an die hundert Bände, Romane und Erzählungen, aber auch philosophische, historische und sozialkritische Abhandlungen. Gleich am Anfang stand mit „The Time Machine" (1895) einer seiner berühmtesten Science-fiction-Romane. 1901 entstand „Die ersten Menschen auf dem Mond". Charakteristisch für seine Zukunftsromane ist die große Breite der dargestellten Themen; Wells behandelt nicht nur technisch-naturwissenschaftliche Gegenstände, sondern er greift auch soziale und politische Themen auf. Im Unterschied zu vielen anderen utopischen Schriftstellern verfällt er schon in seinen frühen Werken nicht einem optimistischen Zukunftsglauben, sondern schlägt auch kritische Töne an. Von Resignation geprägt ist allerdings sein letztes Werk (1945) „Der Geist am Ende seiner Möglichkeiten".

Interpretationsskizze

Der abgedruckte Text zusammen mit den Zwischenbemerkungen versucht einen Überblick über die Handlung des gesamten Romans zu liefern; die Romanausschnitte sollen darüber hinaus die Erzählweise des Autors deutlich machen. Die Erzähltechnik, eine durchlaufende Ich-Erzählung aus der Perspektive des einen der beiden Helden, des Geschäftsmannes Bedford, ist verhältnismäßig einfach: Erzählt wird vom Ende der Geschichte her, so daß dem Leser bald klar ist, daß mindestens für Bedford das Abenteuer gut endet. Diese Perspektive erlaubt auch hie und da, die Erzählspur zu verlassen und das Geschehen zu kommentieren, z.B. S. 125, Z. 8ff., S. 129, Z. 38ff. oder S. 136, Z. 6. Die Perspektive Cavors kommt nur im direkten Dialog zwischen den beiden Helden zum Zug. Auch die spannungserzeugenden Mittel sind relativ einfach angelegt:

- direkte ‚action' in der körperlichen Auseinandersetzung mit den Seleniten,
- Beschreibung der fremden, unheimlichen Umgebung,
- Wettlauf mit der aufziehenden Mondnacht und den verfolgenden Seleniten um das Erreichen der rettenden Kugel,
- die Frage, ob dem technischen Laien der Start zurück zur Erde gelingt.

Die Leistung des Textes liegt sicher auch weniger in der Darstellung ausgeklügelter technischer Erfindungen – hier wird in der Regel mit dem Stand der Technik um die Jahrhundertwende gearbeitet (vgl. die Beschreibung der Pleuelstangen usw. auf S. 127, Z. 20ff.) – als in der Nennung der mit einem solchen Mondflug verbundenen grundsätzlichen Problematik:

- z.B. der Frage nach der Möglichkeit der Kommunikation mit außerirdischen Wesen auf S. 126 (vgl. dazu die Metallscheibe mit den irdischen Erkennungssymbolen in modernen Voyager-Raumfahrzeugen),
- vor allem aber die kritische Perspektive, etwa auf S. 133, Z. 18ff.

Insbesondere der letztere Aspekt wird in den Handlungsmotiven der beiden Helden selbst laufend dargestellt, im ‚reinen Wissenschaftler' Cavor und dem ‚Geschäftsmann' Bedford (vgl. hierzu z.B. die Rolle des gefundenen Golds).

Zweifellos liegt die Stärke des Romans aber vorwiegend im spannenden inhaltlichen Arrangement. Stilistische Schwächen zeigen sich dagegen manchmal, wenn Gefühle ausgedrückt werden sollen, z.B. S. 136, Z. 40. (Von hier aus könnte auch die Frage nach der Zuordnung zur Trivialliteratur angeschnitten werden.)

Methodische Hinweise

Eine Reihe methodischer Möglichkeiten ist in den Arbeitsvorschlägen für die Schüler (siehe unten) angelegt. Grundsätzlich empfiehlt es sich, die Behandlung auf folgenden Ebenen anzugehen:

- Strukturierung des umfangreichen Stoffes durch Fragen nach Perspektive, Zeit, Spannungsverlauf usw.; instrumentelle analytische Ziele;
- Einbau kreativer Aufgaben: Erfinden von Varianten und Erweiterungen zum Beispiel über Perspektivenwechsel o.ä. (Das umfangreiche, literarisch nicht zu anspruchsvolle Textmaterial bietet hier viele Ansätze);
- Diskussion der aufgeworfenen grundsätzlichen Probleme (vgl. die oben angeführten Fragen) zum Beispiel im Vergleich zwischen Verne und Wells im Blick auf die Einstellung zur Wissenschaft oder auch durch die Einbeziehung des Interviews mit dem Astronauten Chaffee;
- Vergleich mit anderen Texten des Kapitels, ihren Problemen und Lösungen.

Arbeitsvorschläge

▷ Aus welcher Perspektive wird der Roman erzählt? Überlegt die Folgen dieser Erzählweise. Läßt sich sagen, aus welcher zeitlichen Entfernung erzählt wird?

▷ Vergleicht die von H. G. Wells erdachte technische Idee zur Ermöglichung einer Mondfahrt mit denen von Jules Verne und Münchhausen.

▷ Stellt zusammen, mit welchen technischen und naturwissenschaftlichen Einfällen es H. G. Wells gelingt, eine erdachte Welt in die wirkliche Welt ohne Bruch hineinzubauen.

Welche davon sind seit der Entstehung des Romans (1901) für uns Wirklichkeit geworden?

▷ *Welche Überlegungen zur Verständigung mit den Mondbewohnern stellen Cavor und Bedford an; gelingt die Verständigung wenigstens in Ansätzen? Was könnte man nach eurer Meinung tun, um sich völlig fremden Wesen verständlich zu machen? Entwerft dazu schriftlich ein kleines Programm, eventuell mit Zeichnungen. (Das Problem hat übrigens auch bei der modernen Raumfahrt eine Rolle gespielt; vielleicht laßt ihr euch dadurch anregen.)*

▷ Vergleicht die Einstellungen der beiden Autoren Jules Verne und H. G. Wells den Entdeckungen gegenüber, die sie in ihren Texten beschreiben. Diskutiert hierbei besonders die Äußerungen, die Wells Cavor machen läßt (z. B. auf S. 133).

▷ *Formuliert einen Funkspruch, in dem ihr Cavor später von seiner Gefangennahme oder von seinen weiteren Kontakten mit den Mondbewohnern berichten laßt.*

▷ *Schreibt für eure Schülerbibliothek eine kurze Ankündigung oder Werbeanzeige für den Zukunftsroman von H. G. Wells aus dem Jahre 1901 „Die ersten Menschen auf dem Mond".*

Marlene Manthey: Negerführer Abernathy brachte seine vier Esel mit (S. 139)

Interpretationsskizze

Die Überschrift signalisiert die Hauptintentionen dieses Korrespondentenberichts aus einer regionalen Tageszeitung:

- eine ‚human-interest-story' zu liefern; anekdotisch, farbig, mehr auf Atmosphäre als auf Fakten aus;
- etwas kritische Distanz zum Spektakel des ersten Raketenstarts zum Mond zu schaffen.

Die ‚offizielle' und auch weitgehend verbreitete Stimmung wird in den ersten Zeilen vermittelt: strahlendes Wetter, letzte kleine Schwierigkeiten behoben, alles funktioniert einwandfrei.

Die folgenden Abschnitte bis zum Beginn der Abernathy-Episode bringen eine recht bunte Zusammenstellung von Beobachtungen vor Ort (Z. 7–29), im Konjunktiv zitierten Hintergrundsinformationen (Z. 30–40), in wechselndem Tempus zusammengestellten Mitteilungen aus dem menschlichen Umfeld des Geschehens (vermutlich aus einer public-relations-Agentur) (Z. 41–65), einer Augenzeugenszene vom Start (übrigens ohne den spannungssteigernden Count-down) (Z. 66–82), schließlich einer kurzen Bewertung des ganzen Vorhabens (Z. 83 ff.). Unverkennbar sind in fast allen Abschnitten die leicht ironischen, Distanz schaffenden Untertöne (z. B. in Z. 16–25). Die ironischen Anspielungen steigern sich in der Schilderung des Auftretens von Pastor Abernathy fast zur komischen Szene: chromglänzende Luxuslimousinen versus armselige Esel: Deutlich wird der zunächst nur lustige Kontrast zur ernsten Kritik zugespitzt auf S. 140, Z. 27–35. Vor dem Hintergrund der dort aufgeworfenen Frage geraten die letzten drei Abschnitte, die zunächst nur als eine Art Schilderung des Jahrmarkts der Eitelkeiten erscheinen, doch zur kritischen Pointe des ganzen Unternehmens. (Deutliche Signale für diese Interpretation finden sich z. B. S. 140, Z. 69 ff.)

Methodische Hinweise

Methodisch ist ein Vorgehen auf zwei Ebenen zu empfehlen:

- eine immanente Analyse der Informationsstruktur des Texts,
- ein Vergleich mit dem Romanausschnitt von Jules Verne, der etwa den entsprechenden Geschehensabschnitt darstellt.

Die einzelnen Informationsschichten (vgl. Interpretationsskizze) sind relativ einfach über eine Analyse des Tempusgefüges im Text zu bestimmen. – Die offensichtliche Ähnlichkeit

im Atmosphärischen legt einen Vergleich mit Jules Verne als zweiten methodischen Schritt nahe, wobei die Herausarbeitung des Volksfestcharakters des Geschehens das zentrale Ziel ist.
Die Position der Verfasserin in der Bewertung des Geschehens sollte spätestens im Vergleich zu den folgenden Texten erarbeitet werden (vgl. Interpretationsskizze), deren Arrangement im Kapitel vor allem von den Wertungsunterschieden bestimmt wird.

Arbeitsvorschläge

▷ Macht eine Gliederung des Zeitungsberichts und nennt dabei die wichtigsten inhaltlichen Punkte. Was möchte die Journalistin den Lesern vor allem vermitteln?
▷ Vergleicht diesen Text mit dem Romanausschnitt von Jules Verne: „Start zum Mond".
▷ *Welche technischen Informationen enthält der Text? Macht eine Zusammenstellung und ersetzt mit ihrer Hilfe den entsprechenden Abschnitt bei Verne durch euren eigenen Text.*
▷ *Formuliert eine kurze Meldung über den gelungenen Start.*
▷ Untersucht, in welchen grammatischen Zeiten der Text geschrieben ist, und erläutert den unterschiedlichen Gebrauch im Blick auf die Absichten der Verfasserin.
▷ Überlegt, warum die Zeitung diese Überschrift wählt. Diskutiert die angedeuteten Einwände im Vergleich zu dem Roman von H. G. Wells.

Dokumentation: Funksprechverkehr Apollo 11: „Ein Riesensprung für die Menschheit" (S. 141)

Interpretationsskizze

Der Funksprechverkehr bewegt sich sprachlich auf drei Ebenen:
- dem Informationsaustausch auf der technischen Ebene mit einem einschlägigen Wortschatz,
- der umgangssprachlichen, aber sachbezogenen Verständigung zwischen den Astronauten und mit der Bodenstation,
- den stark emotional getönten Äußerungen der Bewunderung und Freude über das Erlebte.

Die erste Ebene entspricht den Erwartungen des Lesers; diese Textteile ließen sich auch ohne weiteres in einen Science-fiction-Roman einbauen. Weniger erwartet ist sicher die zweite Ebene in ihrer anscheinend selbstverständlichen Alltäglichkeit. Hier liegen das Außergewöhnliche des Ereignisses und die Banalität des sprachlichen Ausdrucks miteinander und mit unseren Erwartungen im Widerstreit. Andererseits passen die hier eingeschobenen vorbereiteten Äußerungen (S. 141, Z. 35ff. und S. 143, Z. 29ff.) in ihrer geplanten Pathetik nicht zum Naturell der beiden Astronauten. – Echt und sicher für die Situation und den abgedruckten Text bemerkenswert sind dagegen die direkten Äußerungen des Staunens (z.B. S. 142, Z. 38). Sie kontrastieren merkwürdig mit dem Tenor des folgenden Interviews mit dem später tödlich verunglückten Astronauten Roger Chaffee.

Methodische Hinweise

Abgesehen von den in den Schülerarbeitsvorschlägen angeregten Produktionsaufgaben liegt es nahe, den Text im Vergleich zum folgenden Interview zu analysieren (siehe dort) und dabei die durch das Zusammenwirken der in der Interpretationsskizze erwähnten Sprachebenen geschaffene spezielle, lockere und sehr menschliche Atmosphäre kontrastierend ins Spiel zu bringen.

Arbeitsvorschläge

▷ *Schreibt eine kurze Meldung über die geglückte Mondlandung.*
▷ *Verfaßt mit Hilfe der Dokumentation des Funksprechverkehrs einen zusammenhängenden erzählenden Text, den man in einen Zukunftsroman einfügen könnte.*

Oriana Fallaci: Interview mit dem Astronauten Roger Chaffee (S. 143)

Interpretationsskizze

Kennzeichnend für den Text ist, wie wenig die Fragerichtung der Interviewerin und damit die erwarteten Antworten mit den tatsächlich gegebenen Antworten übereinstimmen. Vertreten die Fragen von Oriana Fallaci sozusagen die menschliche Normalität, bewegen sich die Antworten des Astronauten in ganz extremem Maß auf einer Ebene, die etwa folgendermaßen beschrieben werden kann:
- unterkühlt und bis zum Exzeß ‚rational' (Gefühle werden ausdrücklich geleugnet),
- auf eine technische Perspektive eingeengt (Die einzigen nicht abwehrenden Antworten beziehen sich auf technische Probleme und Werte.),
- national(istisch).

Bei der Analyse empfiehlt es sich deshalb, die Schüler einerseits die Leitbegriffe dieser Textebene benennen zu lassen und andererseits die Gegenposition durch die einschlägigen, von Chaffee im Text von sich gewiesenen Ausdrücke (z. B. Phantastereien, Romantik, Traum) charakterisieren zu lassen.

Methodische Hinweise

Abgesehen von der in der Interpretationsskizze angedeuteten kurzen Analyse können das Interview, der Funksprechverkehr und das Gedicht von Christine Busta vergleichend interpretiert werden. Die Untersuchung sollte von der Frage geleitet werden, welche Ziele die Astronauten jeweils verfolgen und von welchen Gefühlen sie bewegt werden.

Arbeitsvorschläge

- ▷ Mit welchen Erwartungen führt Oriana Fallaci das Interview? Gebt sprachliche Belege für ihre und Chaffees Haltung.
- ▷ Vergleicht Roger Chaffees Einstellung zu seiner Aufgabe mit den Äußerungen von Armstrong und Aldrin.
- ▷ Diskutiert die Ansichten Chaffees, Cavors und der beiden ersten Mondfahrer Armstrong und Aldrin.

Christine Busta: Wovon träumt der Astronaut auf der Erde (S. 144)

Interpretationsskizze

Die äußere Gliederung des Gedichts entspricht seinem antithetischen Gedankengang: Ausgelöst durch die Titelfrage werden zwei parallel strukturierte Vierzeiler um eine erneute Frage (Zweizeiler in der Mitte) angeordnet. Der zentrifugalen Bewegung im ersten Vierzeiler (fremde Erze, nie gesehene Sterne) entspricht antithetisch die zentripetale im letzten: Gärtchen, Bienen, Sonnenblumen. (Vgl. zur Struktur das „Märchen" von Bertolt Brecht in LESEZEICHEN A/B 5, S. 62.) Durch die Umkehrung der Denkrichtung wird auch eine Umkehrung der Werte deutlich, wobei sicher den letztgenannten, eben weil sie „das letzte Wort haben", von der Verfasserin der Vorrang eingeräumt wird.

Methodische Hinweise

Das Gedicht ist formal und inhaltlich nicht sehr anspruchsvoll; deshalb wird empfohlen, es im Vergleich zu den vorhergehenden Texten zu betrachten, gleichsam als Auslöser für eine Bewertung der ‚Utopie' Mondfahrt.

Arbeitsvorschläge

- ▷ Wie ist das Gedicht aufgebaut? Bezieht die Überschrift in eure Überlegungen ein. Achtet auf wichtige Wörter.
- ▷ Läßt sich die Haltung dieses Astronauten irgendeiner der Positionen zuordnen, die ihr in den anderen Texten des Kapitels kennengelernt habt?

Ein Mensch erblickt das Licht der Welt – Humoristische Dichter

I. Zur Konzeption des Kapitels

Begründung und Zielsetzung

Das Kapitel schließt an die Unterrichtsreihen aus LESEZEICHEN an, die sich mit den Formen des Komischen befassen:
Till und seinesgleichen – Schwänke (Band 5),
Spaß und Ernst – Überraschungen beim Lesen (Band 5),
Rollen, Masken und Kostüme – Theater spielen (Band 6),
Komische Figuren – Geschichten, Bilder und Szenen (Band 7).
Die Doppelüberschriften verweisen auf das Komische und seine Personifizierung in Menschen, auf Situationen, die uns zum Lachen reizen (vgl. erster Teil der Kapitelüberschriften), und auf Textarten wie Schwänke, lustige Geschichten, Gedichte und Szenen (vgl. zweiter Teil der Kapitelüberschriften), denen bei aller Unterschiedlichkeit eines gemeinsam ist: sie weisen charakteristische Strukturen auf, die uns beim Lesen der Texte oder Anschauen der Szenen als komisch erscheinen.[1]
In dem Kapitel „Ein Mensch erblickt das Licht der Welt – Humoristische Dichter“ wird mit komischen Erzählgedichten, Monologen und einer kabarettistischen Szene die Reihe der Textarten fortgesetzt, in denen sich das Komische in Personen, Situationen und Sprache immer wieder neu entdecken läßt. Darüber hinaus werden in diesem Kapitel die fünf humoristischen Autoren Eugen Roth, Wilhelm Busch, Christian Morgenstern, Erich Kästner und Karl Valentin als Repräsentanten deutschsprachiger humoristischer Literatur in den Mittelpunkt des Interesses gerückt.
Aus dem Zusammenhang der Kapitel über humoristische Literatur in vier LESEZEICHEN-Bänden ergibt sich die Absicht, den didaktischen Leitgedanken des in Band 7 vorausgegangenen Kapitels „Komische Figuren – Geschichten, Bilder und Szenen“ weiterzuführen. Die Schüler sollen zunächst ihren natürlichen Reaktionen, nämlich auf Komik mit Lachen zu reagieren, vertrauen. Eine Reihe unterschiedlicher, aber hinsichtlich dieser Reaktionen identischer Erzählgedichte, Monologe und Szenen soll die Schüler nach und nach dazu bringen, über die Arten des Lachens nachzudenken und charakteristische gemeinsame Merkmale als mögliche Ursache dafür zu entdecken. Z.B. sind die Widersprüche, Mißverhältnisse, inkongruenten Erscheinungen, die Spannung zwischen Schein und Sein, Norm und Wirklichkeit u.ä. als Ursachen herauszustellen. Des weiteren müßten unterschiedliche Erscheinungsformen der Situations-, Charakter- und Sprachkomik untersucht werden. Schließlich sollten die gewonnenen Einsichten in eigenen szenischen Produktionen kreativ verwendet werden.

(1) Vgl. zum Begriff des Komischen Lehrerband AB 7 zu LESEZEICHEN, S. 105/06.

Aufbau des Kapitels

Die Texte sind, der Gesamtkonzeption des Lesebuchs folgend, in drei Gruppen untergliedert, wobei der zweiten der größte Raum gegeben wird.

I. Phase: Als Leitspruch für dieses Kapitel sind Eugen Roths Verse besonders geeignet:

„Ein Mensch erblickt das Licht der Welt –
Doch oft hat sich herausgestellt
Nach manchem trüb verbrachten Jahr,
Daß dies der einzige Lichtblick war.“

Obwohl die Gedichte, Monologe und Szenen dieses Kapitels die Leser bzw. Zuschauer immer wieder zum Lachen herausfordern, zeigen sie zugleich die Bürden einer Welt, denen gerade die Menschen hilflos ausgeliefert sind, die den Werten und Normen der Gesellschaft nicht entsprechen. Erinnert sei an jene kauzigen Figuren Palmström, Korf und Valentin, die aufgrund ihrer äußeren Erscheinung, ihres den üblichen Regeln widersprechenden Verhaltens, ihres gestörten Verhältnisses zu den Mitmenschen und aufgrund ihres Kampfes mit der Sprache mit den Gesetzen ihrer Umwelt immer wieder in Konflikt geraten. Die Einsicht in den Vorgang einer überraschenden ungleichen Konfrontation und die sichere Erwartung eines *guten* Ausgangs ohne ernsthaften Schaden für die betroffene Person lösen beim Leser bzw. Zuschauer das Lachen aus.[2]

II. Phase: Der zweite Teil des Kapitels enthält in historischer Anordnung jeweils drei komische Erzählgedichte von Wilhelm Busch (1832 bis 1906), Christian Morgenstern (1871 bis 1914) und Erich Kästner (1899 bis 1975).

Wilhelm Busch zeichnet in seinen Gedichten ein eher kritisches und negatives Bild vom Menschen. Seine Gedichte sind trotz ihrer Sprach- und Situationskomik (vgl. jeweils den Schluß der drei abgedruckten Gedichte) keineswegs nur humorvoll, sondern zugleich bitter, ernst und ironisch. Busch entlarvt den Widerspruch zwischen Schein und Sein, Lehre und Leben, moralischen Anspruch und Lebenswirklichkeit („Einleitung“), er zeigt provozierend die tödlichen Folgen der Wehrlosigkeit („Humor“) und verweist auf die Gefährdung des Arglosen, der allzusehr auf die Güte der Menschen vertraut („Der Begleiter“). Darüber hinaus enthalten seine Gedichte aber auch eine versöhnliche Dimension: Der zum Mord bereite Begleiter führt seine Tat nicht aus, sondern ergreift am Ende mit schlechtem Gewissen die Flucht; und der Vogel „will noch ein wenig quinquilieren/ und lustig pfeifen“, nicht obwohl, sondern weil ihn „doch der Kater frißt“ (vgl. Wiederholung der Konjunktion „weil“ in Z. 9/10). Die Bedrohung durch den Tod erhöht den Wert der noch vor dem Vogel liegenden Lebenszeit. Sein Blick ist nicht starr auf das Ende, sondern auf das Leben gerichtet: Von seiner Begrenztheit her gewinnt das Leben wegen seiner Einmaligkeit seinen besonderen Wert.

Christian Morgenstern geht von banalen Alltagssituationen aus – z.B. vom Schneuzen in „ein rotes Taschentuch“, von den Folgen eines Verkehrsunfalls oder vom Ausfüllen eines „geharnischt(en) Formulars“ der örtlichen Polizeibehörde –, wie sie um die Jahrhundertwende für Gedichte im allgemeinen als unangemessen empfunden wurden. Allerdings werden die dargestellten Situationen verfremdet und auf höchst belustigende und erhellende Weise auf den Kopf gestellt: Palmström „entfaltet groß ein rotes Taschentuch“ und wagt aus Ehrfurcht vor der abgebildeten Eiche und dem Menschen „mit einem Buch“ nicht hineinzuschneuzen („Palmström“); oder er verweist einen Verkehrsunfall, von dem er selbst betroffen ist, ins Reich der Träume, weil „nicht sein kann, was nicht sein darf“ („Die unmögliche Tatsache“). Korf reagiert auf ein Schreiben der Behörde nicht mit dem üblichen Verhaltensmuster eines unselbständigen, zum Gehorsasm erzogenen Untertanen, sondern er beantwortet das an die „hohe Direktion“ gerichtete Schreiben auf provozierende Weise mit den sprachlichen Mitteln der Behörde: „Stellt sich, laut persönlichem Befund,/ untig angefertigte Person/ als nicht existent im Eigen-Sinn bürgerlicher Konvention ... wennschonhin/ mitbedauernd nebigen Be-

(2) Vgl. zum Begriff des Komischen und zur Abgrenzung vom Tragischen Lehrerheft zu LESEZEICHEN AB 7, S. 105/06.

treff …" („Die Behörde"). Im Widersinn der Sprache und der dargestellten Situationen wird Morgensterns Blick für die Unzulänglichkeiten der Menschen und ihrer Gesellschaft sichtbar. Seine Kritik gilt der Deutschtümelei, den als selbstverständlich hingenommenen Ordnungsprinzipien, den wirklichkeitsfremden Leitvorstellungen und der Umständlichkeit, Schroffheit und Anonymität der Behörde.

In *Erich Kästners* Gedichten tritt die Struktur der Satire noch deutlicher hervor. Kästner orientiert sich an Schillers Überlegungen über die Aufgaben eines satirischen Dichters, der in der Satire „den Widerspruch der Wirklichkeit mit dem Ideale zu seinem Gegenstand macht" und der „die Wirklichkeit als Mangel dem Ideal als der höchsten Realität" gegenüberstellt.[3] In diesem Sinne ist Kästner ein enttäuschter Idealist, dem es „ein Herzensbedürfnis ist, an den Fehlern, Schwächen und Lastern der Menschen … Kritik zu üben".[4] Er karikiert mit dem Mittel der Übertreibung z. B. den sonntäglichen Familienausflug in der Autoschlange, um an die wirklichen Schönheiten des Reisens zu erinnern („Im Auto über Land"). Seine Kritik am naiven Fortschrittsglauben dieses Jahrhunderts faßt er mit den Worten zusammen: „Bei Lichte betrachtet, sind sie [die Menschen] im Grunde/ noch immer die alten Affen". Diese Bemerkung ist zwar bissig, aber der Verfasser möchte auf das Ungleichgewicht zwischen den Errungenschaften des technischen bzw. materiellen Fortschritts und der unzulänglichen Entwicklung einer humanen demokratischen Gesellschaft verweisen („Die Entwicklung der Menschheit"). Mit seinem Spott und seiner Kritik setzt sich der Satiriker zwischen alle Stühle („Kurzgefaßter Lebenslauf") und erhebt dennoch immer wieder aufs neue seine Stimme, denn „im verstecktesten Winkel seines Herzens blüht schüchtern und trotz allem Unfug der Welt die törichte, unsinnige Hoffnung, daß die Menschen vielleicht doch ein wenig, ein ganz klein wenig besser werden könnten, wenn man sie oft genug beschimpft, bittet, beleidigt und auslacht. Satiriker sind Idealisten".[5]

III. Phase: Der Konzeption des Lesebuchs folgend, soll die dritte Phase des Kapitels die Schüler zu neuen Einsichten, Einstellungen und Wahrnehmungsweisen führen. Deshalb rückt mit der Inszenierungsarbeit und der Aufführung ausgewählter Monologe bzw. Szenen Karl Valentins der spielerische und kreative Umgang mit Texten stärker in den Vordergrund. Im Verlauf der szenischen Realisierung erfahren die Schüler, daß die Ironisierung der äußeren Erscheinung des Autors, der Kampf mit den Mitmenschen, mit der Tücke der Objekte und mit den Normen der Sprache die Grundbedingungen der Valentinschen Komik sind.

Möglichkeiten des Aufbaus der Unterrichtseinheiten

Es liegt nahe, die Erzählgedichte, Monologe und Szenen dieses Kapitels entsprechend seinem Aufbau in zwei Unterrichtseinheiten zu behandeln:

1. Lyrischer Humor und Satire in Erzählgedichten von Eugen Roth, Wilhelm Busch, Christian Morgenstern und Erich Kästner.
2. Inszenierung einer komischen Szene und/ oder eines Monologs von Karl Valentin.

In einer weiteren Unterrichtsreihe sollte der lyrische Humor von den Formen des Tragischen unterschieden und abgegrenzt werden (vgl. dazu das Kapitel „Handeln im Widerstreit – Formen des Tragischen").

Allerdings spricht vieles dafür humoristische Gedichte in kleinen Einheiten von zwei bis drei Stunden als Auflockerung in den Unterricht einzubeziehen. Für diesen Zweck eignen sich die Autoren Busch, Morgenstern und

(3) Friedrich Schiller, Satyrische Dichtung. In: Über naive und sentimentalische Dichtung.

(4) Erich Kästner, Sinn und Wesen der Satire. In: Kästner für Erwachsene, hrsg. v. R. W. Leonhardt, Lizenzausgabe mit Genehmigung des Atrium-Verlags, Bertelsmann/Gütersloh o. J., S. 368.

(5) Erich Kästner, Sinn und Wesen der Satire, a. a. O., S. 370.

Kästner mit den jeweils drei ausgewählten Gedichten in besonderer Weise. Bei der Erprobung hat sich als besonders reizvoll erwiesen, jene Gedichte und Monologe zu einer kleinen Unterrichtseinheit zusammenzustellen, die sich auf humorvoll/satirische Weise mit dem menschlichen Lebenslauf auseinandersetzen:

Eugen Roth: Ein Mensch erblickt das Licht der Welt,
Wilhelm Busch: Einleitung,
Erich Kästner: Kurzgefaßter Lebenslauf,
Karl Valentin: Ich bin ein armer magerer Mann.

II. Informationen zu den Dichtern und Arbeitsaufgaben zu den einzelnen Texten

Wilhelm Busch (1832–1908)

Sein Elternhaus in Wiedensahl (bei Hannover) mußte Wilhelm Busch früh verlassen, denn die Eltern schickten ihn, kaum zehnjährig, in die Nähe von Göttingen zu seinem Onkel, der Pfarrer war und ihm nach vierjähriger Volksschulzeit Privatunterricht erteilte. In den folgenden Jahren sah Wilhelm seine Eltern nur selten, er absolvierte ab 1847 ein Maschinenbaustudium und studierte anschließend Malerei an den Kunstakademien in Düsseldorf, Antwerpen und München. Schon in seiner Jugend verhielt sich Wilhelm Busch gegenüber Freunden zurückhaltend, und in späteren Jahren führte er ein zurückgezogenes Junggesellenleben. Insgesamt hat er eher ein kritisches und negatives Bild von den Menschen. Deshalb sind seine Lebensweisheiten keineswegs nur humorvoll, sondern oft auch bitter und ironisch. Hinter seinen scheinbar lustigen Bilderzählungen und Gedichten verbirgt sich oft tiefer Ernst.

▷ *Ihr kennt sicher eine Reihe seiner Bildgeschichten und Gedichte. Bringt sie mit in den Unterricht, erzählt die Geschichten nach, tragt die Gedichte vor, und formuliert anschließend eure Eindrücke.*

Die Einleitung (S. 146)

▷ Vergleicht das Erzählgedicht mit anderen euch bekannten Gedichten des Autors. Welche Erzähler lassen sich unterscheiden?

▷ Im Mittelteil erklärt „der Weise" den Verlauf des menschlichen Lebens. Wie beurteilt er die einzelnen Lebensstationen?
Erklärt auch seinen dreifach wiederholten „Schmerzensruf" (vgl. Refrain, Zeile 26, 34 und 58).

▷ In den Rahmenstrophen wird der Weise selbst beurteilt (Z. 3–10 und 59–68).
Vergleicht das Verhalten des Weisen mit der Lebenslehre, die er seinen Zuhörern erteilt (Z. 53–58).
Was haltet ihr von der Belehrung durch den Weisen?

Es sitzt ein Vogel auf dem Leim (S. 147)

▷ *Die Situation des Vogels macht Wilhelm Busch so anschaulich, daß ihr sie malen könntet.*
Wie würdet ihr den Kater zeichnen (Z. 5–8)? Welche Verhaltensweise des Vogels sollte auf der Zeichnung besonders herausgearbeitet werden (Z. 9–13)?

▷ Der letzte Vers des Gedichts nimmt eine Sonderstellung ein. Was meint ihr dazu, daß der Verfasser dem Vogel „Humor" zuschreibt?

▷ Könnt ihr erkennen, für wen der Autor Partei ergreift? Auf wessen Seite steht ihr?

Der Begleiter (S. 147)

▷ Welche Erwartungen weckt die Überschrift „Der Begleiter"?

▷ Versetzt euch in den Begleiter: Wie läuft die Geschichte aus seiner Sicht ab, und wie fühlt er sich jeweils?

Wo liegt der Wendepunkt der Handlung?

▷ Was meint ihr: Für wen ergreift der Sprecher Partei, für Hans oder seinen merkwürdigen Begleiter (vgl. Z. 39–46)?

▷ Überprüft auf der Grundlage eurer Leseerfahrungen die einleitenden Aussagen über den hintergründigen Ernst der Gedichte und die Einstellung des Autors gegenüber den Menschen?

Christian Morgenstern (1871–1914)

Weil seine Mutter früh starb, kam Christian Morgenstern in ein Internat nach Landshut. In der ungewohnten Umgebung hatte er zunächst Schwierigkeiten, denn er empfand seine Mitschüler als Quälgeister und erhielt von seinen Erziehern wegen geringster Verfehlungen „amtliche“ Ohrfeigen. Sein Vater tröstete ihn mit dem griechischen Spruch: „Der nicht geschundene Mensch wird nicht geformt.“ Während seiner Schüler- und Studentenzeit machte sich Christian Morgenstern einen Spaß daraus, seine Mitschüler und Freunde mit seinen einfallsreichen Versen zu unterhalten. Er ließ sie über seine Wortspiele rätseln und spielte mit Silben, Wörtern und Sätzen wie mit Figuren auf einem Schachbrett. Seine bekanntesten Gedichte sind die „Galgenlieder“ (1905) und „Palmström“ (1910).

Palmström steht an einem Teiche (S. 138)
Die unmögliche Tatsache (S. 148)

▷ Tragt die beiden Gedichte vor. Welche „unmöglichen Tatsachen“ aus dem Leben Palmströms kommen zur Sprache?

▷ Der Verfasser nennt Palmström einen „komischen Kauz“.
Was wirkt an seinem Verhalten komisch?

▷ Erklärt alle witzigen bzw. ungewöhnlichen sprachlichen Wendungen, die das Verhalten Palmströms kennzeichnen.

▷ Auf welche menschlichen Verhaltensweisen möchte Christian Morgenstern mit der von ihm erfundenen Figur hinweisen?

Die Behörde (S. 149)

▷ Inwiefern unterscheidet sich Korf von dem kauzigen Palmström?

▷ Beschreibt Inhalt und sprachliche Form des Behördenformulars, das Korf zugeschickt wird (Z. 3–14).
Wie reagiert Korf auf die Aufforderung der „hohen Direktion“ (Z. 15–24)?

▷ Betrachtet anschließend die zwei Zeichnungen Paul Floras. Welche Beziehungen zwischen Gedichten und Zeichnungen erkennt ihr?

Erich Kästner (1899–1975)

Erich Kästner ist durch zeitkritische Gedichte, satirische Erzählungen, Romane, vor allem aber durch seine Jugendbücher (z.B. „Emil und die Detektive“, „Pünktchen und Anton“, „Das fliegende Klassenzimmer“) weit über Deutschland hinaus bekannt geworden. Seine Ausbildung im Lehrerseminar mußte er 1917 abbrechen, weil er zum Kriegsdienst eingezogen wurde. Nach seiner Entlassung studierte er u.a. in Leipzig (Literatur, Geschichte und Philosophie) und arbeitete gleichzeitig als Redakteur an der „Neuen Leipziger Zeitung“. Seit 1927 lebte Kästner als freier Schriftsteller in Berlin. Nach der Machtübernahme Hitlers im Jahre 1933 gehörte Kästner zu jenen Schriftstellern, deren Bücher wegen angeblich „zersetzender und unmoralischer Geisteshaltung“ öffentlich verbrannt wurden. Kästner konnte zwar in Deutschland bleiben, durfte aber seine Bücher nicht mehr in deutschen Verlagen veröffentlichen. Statt dessen erhielt er die befristete Erlaubnis, unpolitische Bücher im Ausland erscheinen zu lassen. Deshalb erschien 1938 der Gedichtband „Dr. Erich Kästners lyrische Hausapotheke“, dem das folgende Gedicht entnommen ist, in einem Zürcher Verlag.

Kurzgefaßter Lebenslauf (S. 150)

▷ Tragt das Erzählgedicht vor. Welche Lebensstationen nennt der Verfasser in seinem „kurzgefaßten Lebenslauf“?

▷ Untersucht alle ungewöhnlichen und witzigen sprachlichen Wendungen, aus denen die kritische Einstellung des Verfassers gegenüber seiner Zeit und den zurückliegenden Stationen seines Lebens sichtbar wird.

Im Auto über Land (S. 151)

▷ Beschreibt Ziel, Verlauf und nähere Umstände des Familienausflugs. Aus welcher Perspektive wird er erzählt?

▷ Untersucht das Verhalten der Personen: des Vaters (vgl. direkte Rede) und der mitfahrenden „übrigen Verwandtschaft“.

▷ Erklärt alle Redensarten und Wendungen, über die ihr gelacht habt, weil sie ungewöhnlich und komisch wirken.

▷ Über seine Ziele und Absichten teilt Erich Kästner mit: Dem satirischen Schriftsteller ist es „ein Herzensbedürfnis, an den Fehlern, Schwächen und Lastern der Menschen ... Kritik zu üben. Ihn plagt die Leidenschaft, wenn irgend möglich das Falsche beim richtigen Namen zu nennen“.[6]
Löst der Verfasser mit diesem Gedicht seine kritischen Absichten ein?

Die Entwicklung der Menschheit (S. 152)

▷ Tragt das Erzählgedicht vor, und erläutert die Überschrift „Die Entwicklung der Menschheit“.

▷ Welche Einstellungen und Urteile des Sprechers erkennt ihr?
Achtet besonders auf alle Wendungen, mit denen der „Fortschritt“ gekennzeichnet wird, und auf die zusammenfassende letzte Strophe.

▷ Über das Verfahren des satirischen Schriftstellers teilt E. Kästner mit: „Der satirische Schriftsteller ... stellt die Dummheit, die Bosheit, die Trägheit und verwandte Eigenschaften an den Pranger. Er hält den Menschen einen Spiegel, meist einen Zerrspiegel, vor, um sie durch Anschauung zur Einsicht zu bringen.“[7]
Was ist mit den Bildern des „Prangers“ und des „Zerrspiegels“ gemeint? Zu welcher Einsicht will der Verfasser die Menschen führen?

Karl Valentin (1882–1948)

Der in München geborene Valentin Ludwig Frey – so hieß der Kabarettist, Autor und Volksschauspieler mit seinem bürgerlichen Namen – erlernte nach dem Besuch der Volksschule zunächst das Schreinerhandwerk und trat danach in eine Münchner Varietéschule ein. Während seiner Freizeit bastelte er einen Musikapparat, mit dem er 1907 als Musikclown Charles Frey Gastspiele in Halle, Leipzig und Berlin gab. Seine Tournee blieb jedoch völlig erfolglos, er kehrte mittellos nach München zurück und schlug sich als Zitherspieler und Volkssänger in Münchner Gaststätten durch. Als Valentin beim Bäderwirt seinen Monolog „Das Aquarium“ vortrug (1908), hatte er auf Anhieb einen so durchschlagenden Erfolg, daß er ein gut bezahltes Engagement an der Volkssängerbühne im „Frankfurter Hof“ erhielt. Freunde rieten ihm, Solovorträge zu verfassen, die auf die spindeldürre Figur ihres Verfassers abzielten. Auf diese Anregung hin entstand u.a.

---

(6) Erich Kästner, Sinn und Wesen der Satire. In: Kästner für Erwachsene, hrsg. v. R. W. Leonhardt, Lizenzausgabe mit Genehmigung des Atrium-Verlages f. Bertelsmann/Gütersloh o.J., S. 368.

(7) ebenda, S. 369.

der Monolog „Ich bin ein armer magerer Mann"; seine magere Gestalt war fortan ein bedeutendes Moment seiner schauspielerischen Komik. Die Szene „Im Zoologischen Garten" hat Valentin mit der Laienschauspielerin Liesel Karlstadt immer wieder mit größtem Erfolg aufgeführt.

▷ Lest die drei Sprechstücke, und klärt alle mundartlichen Wendungen, die ihr nicht versteht. Könnt ihr euch denken, warum die Monologe und Szenen beim Münchner Publikum so gut ankamen?

▷ *Vielleicht macht es euch Spaß, einen oder alle drei Monologe und Szenen selbst zu spielen.*
Die folgenden Arbeitsanweisungen sollen euch dabei helfen. Ihr könnt die Aufgaben aber auch als Hilfen zum besseren Verständnis der Texte benutzen. Damit die Handlung euren Zuschauern nicht nur klar wird, sondern das Zuschauen auch Spaß macht, solltet ihr euch fragen, was an der Handlung, den Personen und ihrer Sprache zum Lachen reizt.

Ich bin ein armer magerer Mann (S. 153)

▷ *Wie sollte der Schauspieler aussehen, der diesen Monolog vorträgt?*
Besondere Wirkung könnt ihr erzielen, wenn ihr die Kleidung ein paar Nummern zu groß wählt.

▷ *Bestimmt alle Episoden aus dem Leben des „armen Mannes", die im Spiel besonders herausgearbeitet werden müssen: Geburt – Kindheit – Musterung ...*

▷ *Ermittelt den Höhepunkt bzw. die Pointe (= überraschende Wendung) jeder Episode.*

▷ *Erhält der Monolog sprachliche Besonderheiten, z. B. Wortspiele oder witzige Redewendungen, die ihr besonders herausspielen müßt?*

Das Aquarium (S. 154)

▷ Welche Situationen in diesem Monolog werden die Zuschauer besonders zum Lachen reizen?

▷ Klärt alle Wortspiele und witzigen Redewendungen, die ihr beim Vortrag herausarbeiten müßt.

▷ Achtet aber auch auf die mit Absicht umständliche Sprache, z. B. bei der Beschreibung der Wohnung und des Aquariums, beim Vertauschen der Tiere und dem abschließenden „Malheur".

▷ In welcher Kleidung sollte der Schauspieler auftreten?
Der Monolog gibt euch Hinweise über das Gebärdenspiel des Schauspielers (= Mimik), wenn er z. B. die Größe des Aquariums und die Ursache seines „Malheurs" erklärt.

Im Zoologischen Garten (S. 155)

▷ Welche Personen treten auf? Warum wirken sie in ihrem Handeln und ihrer Sprechweise komisch?
Ihr solltet die komische Wirkung durch die Kleidung hervorheben.

▷ Kennzeichnet alle witzigen und sprachspielerischen Wendungen, die eure Zuschauer zum Lachen reizen.

▷ Könnt ihr Zusammenhänge zwischen dem abschließenden Bildwort und dem Verhalten der beiden Hauptpersonen erkennen?

▷ *In diesem Dialog solltet ihr die Geräusche besonders wirkungsvoll einsetzen: Löwengebrüll, Wolfsgeheul ...*
Die Geräusche könnt ihr selber herstellen oder von der Schallplatte übernehmen.[8]
An welchen Stellen des Dialogs müssen sie eingesetzt werden?

---

(8) Vgl. Valentin: Das große Erinnerungsalbum (1), Teldec, 2 mal 30 cm, 6.28015 DP.

Aber Jakob habe ich geliebt – Jugendroman

I. Zur Konzeption des Kapitels

Begründung und Zielsetzung

Das Lesebuchkapitel „Aber Jakob habe ich geliebt – Jugendroman" setzt die Reihe der Kapitel in LESEZEICHEN A/B fort, die sich des Bereichs „Jugendbuch" annehmen, und schließt somit an die Kapitel „Bücherwurm und Leseratte – Jugendbücher" in Band 5 und „Das Jahr der Wölfe – Erlebte Vergangenheit im Jugendbuch" in Band 6 an. Wie dort geht es auch in diesem Kapitel vornehmlich darum, die Schüler an Bücher heranzuführen, sie zum Lesen zu „verführen", sie zu motivieren, auch außerhalb der Schule längere Texte zu lesen, und sie zu einer verstehenden Lektüre zu befähigen. „Das Ziel ist um so eher erreichbar, wenn die Schüler die Erfahrung machen, daß sie sich den Text relativ selbständig erschließen können und daß er für sie interessant ist, d.h. ihre Bedürfnisse (bzw. Lesebedürfnisse) befriedigt."[1]

Mit dem ausgewählten Jugendroman wird den von Malte Dahrendorf genannten Bedingungen Rechnung getragen. Auch wenn „der spannungsarme, ganz auf die innere Dramatik der Selbstfindung des Mädchens Louise abgestimmte Roman"[2] hohe Anforderungen an die Lesefähigkeit und Lesebereitschaft der Schüler stellt, ist er von ihnen durchaus selbständig erschließbar, da der jugendliche Leser von der Erzählerin geschickt geführt wird und so die Personen, die Personenkonstellation, die einzelnen Handlungsstränge und das Handlungsgefüge, die Konflikt- und Problemstruktur der Handlung und einzelne Themen und Motive leicht verfolgen und durchschauen kann.

Es kommt hinzu, daß die Ich-Erzählerin als Erwachsene auf ihre Jugend zurückschaut und deshalb aus der zeitlichen Distanz heraus das Geschehen erzählen und auch erläutern und kommentieren kann und so dem jugendlichen Leser das Verständnis der psychischen Situation des Mädchens Louise, der Hauptperson des Romans, und ihrer Probleme erleichtert.

Mit der jugendlichen Heldin Louise steht ein Mädchen im Mittelpunkt des Geschehens, das einen langwierigen und schmerzlichen Prozeß der Selbstfindung durchmacht und das in die Probleme der Pubertät tief verstrickt ist. Mit ihr können sich Schüler und Schülerinnen der 8. Klasse identifizieren und in ihr sich selbst und ihre Probleme wiederfinden. Insofern dürfte der Roman für sie interessant sein und ihre Bedürfnisse befriedigen.

Die Auseinandersetzung mit Problemen und Konflikten, die die Schüler so oder ähnlich betreffen, soll auch „die Bereitschaft zur Auseinandersetzung mit individuellen und sozialen Problemen via Literatur"[3] fördern, und die Erörterung und die Beurteilung der Konfliktlösungen sollen zu einer Erweiterung der Handlungsmöglichkeiten der Schüler beitragen.

Die Auswahl der Romanausschnitte ist auf diese Zielsetzung hin abgestimmt. So werden nach kurzer Einführung in Ort, Zeit und Personenkreis die Konflikte Louises dargestellt (Ausschnitte aus dem 2., 6. und 11. Kapitel) und dann die Lösungsversuche gezeigt (Ausschnitte aus dem 15. Kapitel), die schließlich zur Lösung des Konflikts führen, wobei Lösung hier im doppelten Sinne des Wortes zu verstehen ist, da die Lösung des Konflikts darin zu sehen ist, daß sich Louise aus ihrer heimatlichen Umgebung, aus dem Kreis ihrer Familie löst.

(1) Malte Dahrendorf: Umgang mit Jugendliteratur. In: Norbert Hopster (Hrsg.): Handbuch „Deutsch" Sekundarstufe I, Paderborn 1984, S. 212

(2) Ulrike Müller-Hückstadt: Nöte des Erwachsenwerdens, in LESEZEICHEN A/B Bd. 8, S. 184

(3) Dahrendorf, a. a. O., S. 212

Das Lesebuchkapitel bemüht sich also in seinem Zentrum darum, die Lesefähigkeit des Schülers zu erweitern, indem es ihn an die epische Großform, den Roman, heranführt und ihm Strukturen umfangreicher erzählender Texte verdeutlicht, und es will mit der Lesefähigkeit auch die Motivation für die außerschulische Lektüre fördern.
Weiterhin soll dem Schüler deutlich werden, daß in Literatur allgemein gültige Fragen und Probleme aufgeworfen und menschliche Grundsituationen gezeigt werden, die auch dann den Leser betreffen können, wenn die Geschichte in einer Zeit spielt, die der Leser aus eigener Erfahrung nicht kennt, und in einer Welt, die nicht die Welt des Lesers ist. Die Beschäftigung mit einer ihm fremden, fernen Wirklichkeit und mit der Lebensgeschichte eines anderen Menschen kann und soll den Schüler zu seiner eigenen Lebenswirklichkeit zurückführen und ihm helfen, seine Welt und sein eigenes Leben besser zu durchschauen und zu verstehen, und damit besser zu bestehen.
Das Lesebuchkapital will außerdem über die Beschäftigung mit dem Jugendroman hinaus den jugendlichen Leser auch mit einem Teilbereich des „Buchbetriebs“ bekanntmachen, der den ökonomischen Bereich tangiert.
Der wirtschaftliche Erfolg eines Buches hängt stark von einer Prämierung und von guten Kritiken ab. Am Beispiel des ausgewählten Romans wird der Schüler im letzten Teil des Kapitels in diesen Bereich des „Buchbetriebs“ eingeführt.
Darüber hinaus sollen die abgedruckten Materialien die Schüler ermutigen, selbst aktiv zu werden, ihre eigene Kritikfähigkeit zu schulen und Zutrauen zu eigenem Urteil zu gewinnen.

Aufbau des Kapitels

Das Kapitel „Aber Jakob habe ich geliebt – Jugendroman“ gliedert sich wie jedes Kapitel der Lesebuchreihe in drei Teile, wobei die größte Bedeutung dem Mittelteil, den Romanausschnitten, zukommt.

I. Phase:

Werbeanzeige:	Aber Jakob habe ich geliebt

II. Phase:

Katherine Paterson:	Aber Jakob habe ich geliebt (Ausschnitte aus dem Roman)

III. Phase

Dokumentation:	Jugendbuchprämierung: Der „Preis der Leseratten“ Zwei Bewertungsbögen zu „Aber Jakob habe ich geliebt“
Lucie Binder:	Rezension einmal anders. Klub der Jugend für Jugendbuchkritik gegründet
Lioba Betten:	Wer arbeitet mit Buchbesprechungen?
Ulrike Müller-Hückstädt:	Nöte des Erwachsenwerdens. Katherine Patersons Jugendroman „Aber Jakob habe ich geliebt“
Schweizerische Arbeitsgemeinschaft für das Jugendbuch:	Buchbesprechungen: Katherine Paterson, „Aber Jakob habe ich geliebt“
Österreichische Studien- und Beratungsstelle für Kinder und Jugendliteratur:	Gutachten zu Katherine Paterson, „Aber Jakob habe ich geliebt“

Der einleitende Werbezettel des Ueberreuther Verlags hat eine doppelte Funktion. Zunächst soll er das Interesse der Schüler auf den Roman lenken und bei ihnen eine bestimmte Erwartungshaltung wecken. Das im Zentrum des Werbezettels stehende Titelbild, das auch das Umschlagsbild der Originalausgabe des Romans ist, weist einen potentiellen Käufer und die Schüler in eine falsche Richtung. Titel und Foto lassen eine Liebesgeschichte erwarten, nicht aber die Geschichte eines Mädchens, das unter ihrer Zwillingsschwester leidet und sich von Gott (Römer 9,13: „Den Jakob habe ich geliebt, den Esau aber habe ich gehaßt") und der Welt verlassen und vernachlässigt vorkommt. Nur der Seitentext, vor allem der kleingedruckte auf der rechten Spalte, weist auf die zentrale Thematik des Romans hin; es ist aber offenkundig, daß dem Verlag nicht daran gelegen ist, den Eindruck, es handle sich um eine Liebesgeschichte, zu verwischen, da er sich wohl für eine Liebesgeschichte bessere Verkaufschancen ausrechnet. Auch bei den Schülern stellt sich in der Regel diese falsche Erwartungshaltung ein und läßt sich motivational nutzen.

Auch der groß- und fettgedruckte Hinweis auf den höchsten Jugendbuchpreis in den USA trägt zu der Neugierde auf das Buch bei, welche die Schüler anhand des Werbezettels entwickeln sollen.

Die zweite Funktion des Werbezettels steht in engem Zusammenhang mit dem dritten Teil des Lesebuchkapitels, dem Materialienteil, der sich auf einen Teilbereich des Buchbetriebs mit ökonomischer Bedeutung konzentriert, auf Buchpreise und Buchrezensionen. Insofern soll das Titelbild des Lesebuchkapitels nicht nur der Motivation der Schüler und der Hinführung zur Lektüre des Romans dienen, sondern es soll auch die Brücke schlagen zum dritten Teil und zusammen mit ihm einen Rahmen um die Romanausschnitte bilden, um auch so deutlich zu machen, daß ein Buch immer in ein nichtliterarisches Umfeld eingebettet ist und nur so als Buch existieren kann.

Im Mittelpunkt des Lesebuchkapitels steht der Roman. Aus dem 20 Kapitel umfassenden Original sind 40 Seiten abgedruckt, knapp 20% des Gesamtumfangs. Die Ausschnitte sind so gewählt, daß man den Gang der Handlung verfolgen kann. Kurze Zwischenzusammenfassungen schaffen Übergänge, so daß man nicht unbedingt auf den Gesamttext zurückgreifen muß, was ja auch finanzielle Probleme mit sich brächte, da selbst die Taschenbuchausgabe, die im September 1986 bei dtv pocket erscheint, 8,80 DM kostet.

Wie oben schon angedeutet, geht es bei den Ausschnitten nicht so sehr darum, den inhaltlichen Zusammenhang des Geschehens in allen Einzelheiten deutlich zu machen, vielmehr kommt es darauf an, das Augenmerk der Schüler auf die Probleme zu lenken, mit denen sich die Heldin des Romans auseinandersetzen muß, und Lösungsversuche und Lösungen zu zeigen.

Um dies zu erreichen, müssen zunächst der Ort des Geschehens, der für die Entwicklung Louises von großer Bedeutung ist – nicht umsonst setzt die Autorin der Romanhandlung ein einleitendes Kapitel „Die Insel Rass" voran –, die Lebensumstände der Heldin und die beteiligten Personen und ihr Verhältnis zueinander Konturen gewinnen.

Der im Lesebuch abgedruckte Teil des Romans läßt das Ende der Geschichte offen. Die Schüler können allerdings Hinweise auf die letzten beiden Kapitel aus den Materialien entnehmen. Auf Ausschnitte daraus ist bewußt verzichtet worden. Diese beiden Kapitel umfassen nur 15 Seiten des Romans und erzählen in sehr geraffter Form von Louises weiterem Lebensweg, von ihrer Ausbildung als Hebamme, ihrer ersten beruflichen Tätigkeit in Truitt, einem verlassenen Nest in den Bergen Nordamerikas (einem Ort, der Louise an Rass erinnert), von ihrer Heirat mit Josef Wojtkiewicz (einem Witwer mit 3 Kindern), von einer Geburtshilfe bei einer Zwillingsgeburt, in der sie ihre eigene Geburtsgeschichte gespiegelt sieht, und von Louises Heimweg nach erfolgreicher Geburtshilfe und dem von ihr dabei empfundenen unsäglichen Glücksgefühl.

Diese beiden Schlußkapitel, die etwas ins Triviale abgleiten, sind sicher mit Rücksicht auf die junge Leserschaft verfaßt, die wissen will, wie die Geschichte ausgeht, und die ein Happy-End erwartet. Für das zentrale Geschehen des Romans sind die beiden Schlußkapitel un-

erheblich. Der offene Schluß des im Lesebuch abgedruckten Ausschnitts wirkt härter, unbefriedigender, ist aber zugleich konsequenter. Der Selbstfindungs- und Abnabelungsprozeß Louises ist mit dem Ende des 18. Kapitels abgeschlossen, und nicht die Frage, wie es weitergeht, ist für die unterrichtliche Arbeit von Bedeutung, sondern die Frage, welche Stationen Louise durchlaufen muß, um sich selbst finden zu können.
Wenn man den Roman in der Originalfassung liest, kann man auf die beiden Kapitel eingehen, deren Funktion untersuchen und anhand von ihnen vorsichtige Ansätze von Literaturkritik wagen.
Auf die Funktion des dritten Teils des Lesebuchkapitels ist anfänglich schon hingewiesen worden. Es geht darum, die Schüler mit Formen von Buchpreisen und Buchbesprechungen vertraut zu machen und ihnen deren Bedeutung zu verdeutlichen.
Besondere Bedeutung kommt in diesem Teil dem Text „Rezension einmal anders“ zu. Er fällt insofern aus dem Rahmen der anderen Texte heraus, als er sich nicht auf den ausgewählten Roman bezieht und auch nicht zu der oben genannten Information beiträgt, sondern den Schülern zeigt, welche Möglichkeiten sich denen bieten, die selbst aktiv werden wollen und nicht bereit sind, sich nur auf die Meinungen (Rezensionen) anderer zu verlassen. Es wäre erfreulich, wenn der Aufforderungscharakter dieses Textes seine Wirkung nicht verfehlte.

Möglichkeiten der Erschließung

Die Arbeitsvorschläge für die Schüler zeichnen einen Weg vor, den man bei der Erschließung dieses Kapitels gehen kann. Dabei ist zunächst eine stärkere Lenkung der Schüler und ihrer Erkenntnisinteressen durch die vorgegebenen Fragen vorgesehen, dann aber wird den Schülern schrittweise eine freiere Beschäftigung mit dem Jugendroman ermöglicht, wobei die Schüler allerdings angehalten werden, Strukturen des Romans kriterienorientiert zu untersuchen. Dazu sind die Schüler in dieser Altersstufe allein noch nicht in der Lage; sie brauchen bei größtmöglicher Selbständigkeit die helfende und lenkende Hand des Lehrers.
Man könnte daran denken, sich ganz von den im Lesebuch abgedruckten Textausschnitten zu lösen und den gesamten Roman im Unterricht zu besprechen. Vieles spricht für ein solches Vorgehen, zumal Ausschnitte nur ein unvollständiges Bild eines Romans vermitteln können. Dagegen ließe sich allerdings einwenden, daß die Schüler an der Auswahl einer Ganzschrift beteiligt werden sollten, was erfahrungsgemäß sehr zur Motivation einer Klasse beiträgt.
Da die Auswahl des Textes durch das Lesebuch vorgegeben ist, empfiehlt es sich, der unterrichtlichen Arbeit die im Lesebuch abgedruckten Textausschnitte zugrunde zu legen und sich bei der Behandlung des Jugendromans darauf zu beschränken. Vor allem, wenn die Klasse in der Behandlung umfangreicher Texte noch nicht geübt ist, bietet sich eine Textauswahl an, damit die Schüler sich leichter im Text zurechtfinden und sich auf die zentralen Stellen des Romans konzentrieren können. Parallel zur Arbeit mit dem Lesebuch könnte eine „Expertengruppe“ den ganzen Roman lesen und in Einzelfragen zu Rate gezogen werden.
Erprobungen haben gezeigt, daß man, vom Umschlagfoto und dem Titel des Romans ausgehend, einen Zugang zum Roman gewinnen kann. Es ist allerdings zu empfehlen, zunächst nicht den Werbezettel des Verlags heranzuziehen, sondern sich des Umschlagsfotos der Originalausgabe zu bedienen. Bild und Titel reizen die Schüler dazu, Vermutungen über den Inhalt des Romans anzustellen, die sichtbar (Folie, Wandzeitung) festgehalten werden sollten, damit man später darauf zurückgreifen kann, vor allem dann, wenn es gilt, einen Zugang zum dritten Teil des Lesebuchkapitels

zu finden. Im Anschluß daran sollten die Schüler den Text lesen. Am naheliegendsten ist es, den Schülern die Lektüre zur häuslichen Arbeit aufzugeben; man sollte allerdings die Möglichkeit nicht ganz von der Hand weisen, den Schülern umfangreiche Abschnitte aus den abgedruckten Romankapiteln vorzulesen und unmittelbar danach mit den Schülern zu ersten Auswertungen zu kommen.

Die Diskrepanz zwischen erwarteter und wirklicher Romanhandlung und die daraus resultierende Überraschung der Schüler bringen ein Unterrichtsgespräch in Gang, in dem sich in der Regel verschiedene Fragerichtungen abzeichnen.

Die eine Gruppe der Fragen bezieht sich auf den Roman, seine Handlung und seine Personen, die andere zielt darauf ab herauszufinden, wie es dazu gekommen ist, daß man sich falsche Vorstellungen von dem Roman gemacht hat. Diese Fragen erleichtern den Einstieg in den dritten Teil des Lesebuchkapitels. Die Fortsetzung der Arbeit wird sehr davon abhängen, an welche Arbeitsweisen die Klasse gewöhnt ist und welches Maß an Selbständigkeit ihr zuzumuten ist.

Auf jeden Fall müssen Fragen geordnet, zu Fragengruppen gebündelt und Arbeitsweisen abgesprochen werden. Um die selbständige Arbeit der Schüler zu erleichtern, empfiehlt es sich, zunächst Leitlinien zu entwickeln, an denen sich die Schüler später orientieren können. Wenn man gemeinsam die ersten beiden Abschnitte bespricht, das Kapitel „Die Insel Rass“ und das erste Kapitel des Romans, findet man vielfältige Gelegenheiten dazu. Beide Abschnitte ermöglichen es, Handlungsstränge aufzuzeigen und auf fernere Ereignisse hinzuweisen. Motive, die sich durch den ganzen Roman ziehen, das Motiv der Gebundenheit an die Insel Rass, das Fluchtmotiv, das Schattenmotiv, könnten gemeinsam im Text nachgewiesen werden; solche Textstellen könnten Fixpunkte sein, an denen sich die Schüler orientieren. Im einzelne finden sich in den Interpretationsskizzen dazu Hinweise.

Der dritte Teil des Lesebuchkapitels hat ausgesprochenen Angebotscharakter. Der Lehrer sollte mit seinen Schülern darüber beraten, auf welche Schwerpunkte man sich bei der Arbeit konzentrieren soll. Verschiedene Möglichkeiten werden bei der Behandlung der Textgruppe aufgezeigt.

Wichtig ist es, daß die Schüler die Möglichkeit erhalten und dazu angeregt werden, Bereiche kennenzulernen, die ihnen bisher vielleicht noch fremd waren, Erkundungen anzustellen und Befragungen durchzuführen. In der Regel tun das die Schüler sehr gerne, und nicht selten entwickeln sich aus solchen Erfahrungen Aktivitäten, die auch im außerunterrichtlichen Bereich (z. B. in Arbeitsgemeinschaften) weiter entfaltet werden können.

II. Zu den einzelnen Teilen des Kapitels

Arbeitsvorschläge zum Titelblatt des Kapitels (S. 157)

Das Titelblatt des Kapitels gibt den Werbezettel des Ueberreuter Verlages wieder.

▷ Schaut euch zunächst nur die auf dem Werbezettel reproduzierte Vorderseite des Schutzumschlages an und notiert, welche Erwartungen Titel und Umschlagbild wecken.

▷ Lest den Text in der Spalte rechts vom Umschlagbild. Was erfahrt ihr über den Inhalt des Romans? Werden eure Erwartungen bestätigt? Welche Fragen bleiben offen?

▷ Welche Mittel werden angewandt, um die Aufmerksamkeit eines möglichen Käufers zu wecken?

Achtet auf
- den Informationsgehalt des Werbezettels,
- seine Aufmachung (Verhältnis von Bild und Text, Großdruck und Kleindruck, Fettdruck und Magerdruck),
- auf die Gestaltung des Umschlagbildes,
- den Inhalt der Texte in der rechten und linken Spalte.

▷ *Meint ihr, daß dieser Werbezettel seine Aufgabe erfüllt? Wenn ihr nicht dieser Meinung seid, solltet ihr versuchen, einen wirkungsvolleren Werbezettel zu entwerfen.*

Inhaltsangaben und Interpretationsskizzen zu den Romanausschnitten

Die Insel Rass

Das Vorspann-Kapitel des Romans (eine Überschrift hebt es von den numerierten Kapiteln des übrigen Romans ab) führt den Leser behutsam an den Ort des Geschehens, auf die Insel Rass, die vor der Küste des nordamerikanischen Staates Virginia liegt. Der Leser fährt mit der Ich-Erzählerin dorthin und lernt die Insel mit ihren Augen kennen.

Die Ich-Erzählerin, Louise Bradshaw, die Heldin des Romans, erzählt ihre Lebensgeschichte rückschauend aus der Sicht des Erwachsenen, aus der zeitlichen Distanz heraus, und diese Distanz zum Geschehen und zum Ort des Geschehens wird nicht nur im Anfangskapitel deutlich, sondern findet sich durchgehend im ganzen Roman.

Die räumliche Distanz zum Ort des Geschehens wird für den Leser mit der Fahrt auf der Fähre schrittweise überwunden, und auch die Erzählerin sieht sich mit fortschreitender Fahrt mehr und mehr auf ihre Insel versetzt und damit in die Zeit, die sie auf dieser Insel verbracht hat. Schrittweise wird der Blick auf die Insel freigegeben. Als erstes „wird der Kirchturm aus der Bucht springen" (S. 158, Z. 12). Immer noch ist die Methodistenkirche für sie ein bedrohliches Element. Die sprachliche Wendung weist darauf hin, welch eine bedeutende, allerdings auch belastende Rolle die Kirche und ihre Lehre im Leben Louises gespielt haben; eine Kirche, die in der Großmutter bösartige und bedrückende Gestalt angenommen hat, durch die Louise lange Zeit eingeengt und daran gehindert worden ist, zu sich selbst zu finden.

Der Kirchturm ist das beherrschende Moment der Insel. Er „wird eine Kette weißer Holzhäuser nachziehen" (S. 158, Z. 137), und mit den Häusern kommen ein paar Menschen in den Blick, Randfiguren, Captain Billy, der Gemüsehändler Kellam, die nur im Zusammenhang mit ihren Häusern erwähnt werden, welche die Umrisse des Dorfes zeichnen.

Die Insel lebt von der Krabbenfischerei. Krabbenhäuser und Boote sind für diese Insel und für das Leben auf ihr kennzeichnend. Louise kennt sich in der Krabbenfischerei aus. Jahrelang ist sie keiner anderen Beschäftigung nachgegangen, und die Erinnerung an diese Tätigkeit, von der auch die Familie Bradshaw gelebt hat, führt der Erzählerin die Zeit ihrer Jugend lebhaft vor Augen, die Zeit, die sie auf der Insel verbracht hat und derer sie sich in allen Einzelheiten erinnern kann.

Der Leser wird auf diesem Weg in die Vergangenheit mitgenommen, er lernt den Ort des Geschehens detailliert kennen, erfährt andeutungsweise etwas über das enge Verhältnis, das Louise mit ihrem Vater verbindet, und kann einen kurzen Blick auf das Ende der Geschichte werfen, die ihm im folgenden erzählt werden soll.

Kapitel 1

Mit Kapitel 1 beginnt die eigentliche Handlung des Romans. Nachdem der Leser mit der Erzählerin die Insel betreten hat und mit dem Ort der Handlung vertraut ist, werden ihm jetzt alle Personen vorgestellt, die in Louises Leben eine bedeutende Rolle gespielt haben, und es werden ihm einzelne Handlungsstränge des Romans sichtbar.

McCall Purnell, genannt Call, ist der einzige Freund, den Louise zu haben glaubt, und außer Louise hat auch Call keine Freunde. Er ist das völlige Gegenteil von Louise, sie „grobknochig und lang aufgeschossen und voll falscher Vorstellungen von Schönheit und Romantik“ (S. 159, Z. 34f), er „klein und dick, Brillenträger und bar jeglicher Sentimentalität“ (S. 159, Z. 35). Beide verbindet das gemeinsame Interesse an einer erfolgreichen Krabbenfischerei, sie bilden „ein gutes Team auf dem Wasser“ (S. 160, Z. 34f), sind aufeinander eingespielt und können deshalb gut miteinander arbeiten.

Aus ihren „romantischen Phantasien“ (S. 160, Z. 41) vom Heiraten reißt Call Louise mit der lakonischen Frage heraus: „Wer würde dich heiraten?“ (S. 159, Z. 39), und der Kommentar der Erzählerin, „es war nicht bös gemeint, er hielt sich nur an die Tatsachen“ (S. 159, Z. 39f), deutet auf den Ausgang dieses Handlungsstranges hin. Call heiratet nicht Louise, obwohl im Verlaufe der Geschichte alles darauf hindeutet und obwohl immer wieder auf die enge Beziehung zwischen Call und Louise hingewiesen wird.

Mit Call zusammenzusein, ist für Louise eine Selbstverständlichkeit. Über ihre Beziehung zu Call macht sie sich keine Gedanken. Erst als er die Schule verläßt und bei Louises Vater als Sortierer an Bord der Portia Sue, dem Schiff des Vaters, anheuert, wird sie sich dessen bewußt, was sie verloren hat.

„Natürlich war ich eifersüchtig auf Call, gleichzeitig aber auch überrascht, als mir bewußt wurde, wie sehr er mir fehlte. Mein Leben lang war Vater dem Wasser gefolgt, und so hatte ich es nie als ungewohnt empfunden, ihn unterwegs zu wissen, aber Call war immer in meiner Nähe gewesen“ (Katherine Paterson: Aber Jakob habe ich geliebt, Wien-Heidelberg, 1981, S. 152, zit. Pat.). Die berufliche Tätigkeit läßt Call zum Mann heranreifen und entfremdet ihn mehr und mehr Louise, die sich ihrer Gefühle zu Call nicht bewußt ist, zumindest nicht sicher, und die im Gegensatz zu ihrer Zwillingsschwester Caroline ihren Gefühlen auch keinen Ausdruck geben kann. Erst als Louise erfährt, daß Call Caroline heiraten will, wird sie sich des Verlustes völlig bewußt.

„Schon lange bevor mein Verstand begriff, hatte mein Körper begriffen. Erst fröstelte mich, dann überlief es mich heiß, und mein Herz hämmerte gegen meine Rippen. Sie (gemeint sind Call und der Captain) tauschten Hohlheiten aus über die Schrecken und Gefahren New Yorks, aber mein Körper wußte, daß es um etwas viel Bedrohlicheres ging“ (Pat.: S. 182). Es bleibt offen, ob Louises Bitterkeit über diese Entwicklung der Dinge auf enttäuschte Liebe zurückzuführen ist oder auf die ernüchternde Erkenntnis, auch in dieser Hinsicht Caroline unterlegen zu sein. Der endgültige Verlust Calls wird auch den Wendepunkt in Louises Leben einleiten, die Befreiung von der Insel und von ihrer Familie und die Möglichkeit, ihren eigenen Weg zu gehen.

Mit der Rückkehr Louises vom Krabbenfang mit Call ins elterliche Haus wird der Leser im 1. Kapitel in den Kreis der Familie eingeführt. Zunächst werden die beiden Personen vorgestellt, mit denen Louise in ständiger Spannung lebt: die stets nörgelnde Großmutter, die mit ihrer ständigen Kritik die Familie tyrannisiert und die sich als, wie sie meint, gute Methodistin als Hüterin der reinen Lehre aufspielt und die die buchstabengetreue Einhaltung des Gesetzes überwacht, ohne dabei für sich selbst Ausnahmen auszuschließen, und Caroline, die hübsche, musisch begabte Zwillingsschwester Louises, der sich Louise stets unterlegen fühlt und deren Attacken sie

nichts als Zähneknirschen entgegenzusetzen hat.
Mit beiden verbindet Louise eine merkwürdige Haßliebe. Sie will sich von ihnen lösen, will aus dem Bannkreis der nörgelnden Großmutter und der stets bevorzugten und erfolgreichen Schwester ausbrechen, muß aber gleichzeitig erkennen, daß sie Angst davor hat, sich zu lösen: „Ich hatte so viel davon geträumt, aber in Wirklichkeit immer Angst fortzugehen. Ich hing an ihnen, an Rass, ja sogar an meiner Großmutter. Ich fürchtete, mich kalt und allein in einem verlassenen Körbchen wiederzufinden, wenn ich meine Finger nur ein ganz klein wenig lockerte" (S. 178, Z. 25ff).
Auf der anderen Seite stehen Louises Eltern, die von Louise bewunderte Mutter, die allen Familienmitgliedern stets mit Ruhe und Freundlichkeit begegnet und zwischen ihnen auszugleichen sucht, und der Vater, der Louise wie einen Jungen behandelt, zu dem sich Louise besonders hingezogen fühlt und dessen Schiff im weiteren Verlauf der Handlung für Louise zur Zuflucht wird.
Die Erzählerin lenkt den Blick des Lesers sehr bald wieder auf Caroline und kommt damit auf das zentrale Thema des Romans zu sprechen, auf das Verhältnis der beiden Zwillingsschwestern zueinander, und sie weist auf das Problem Louises hin, die glaubt, neben ihrer Zwillingsschwester nur eine untergeordnete Rolle spielen zu können.
Bei der Analyse des ersten Kapitels sollte nicht darauf verzichtet werden, die Erzählerin und ihre Erzählweise genau zu beobachten. Die Erzählerin zeigt sich auch in diesem Kapitel als diejenige, die das Geschehen aus rückschauender Distanz schildert. Bewertungen des Geschehens und erläuternde Kommentare zu Handlungsweisen der anderen Personen weisen deutlich auf die Sicht des Erwachsenen hin, an bestimmten Stellen aber versetzt sie sich so in die Zeit ihrer Jugend, daß sie aus der Sicht der 14jährigen Louise erzählt und damit dem Leser das Geschehen unmittelbar vor Augen führt, worauf die Eindrücklichkeit ihres Erzählens zurückzuführen ist.
Die Schüler müßten diese zwei Erzählerperspektiven herausarbeiten und sehen, daß immer da, wo das Geschehen sich dramatisch zuspitzt und wo Louise unmittelbar betroffen und getroffen ist, die Sicht des Kindes bevorzugt wird.

Arbeitsvorschläge

Lest zunächst das einleitende Kapitel „Die Insel Rass" und die Ausschnitte aus dem ersten Kapitel des Romans. Die Aufgaben zu diesen Kapiteln sollen euch helfen, einen Zugang zu dem Roman zu finden und die Untersuchung des Romans später selbständig durchzuführen.

Die Insel Rass (S. 158)

▷ Was erfahrt ihr über die Ich-Erzählerin? Wann erzählt sie ihre Geschichte? Ist der Zeitpunkt des Erzählens von Bedeutung?

▷ Was erfahrt ihr über die Insel Rass, den Ort der Handlung, und ihre Bewohner?
Wie führt die Erzählerin den Leser in den Ort der Handlung ein?
Welche Einstellung hat sie zur Insel Rass? Was ist für sie da von besonderer Bedeutung? Achtet auf sprachliche Signale.
Wie berichtet sie vom Leben und von der Arbeit der Inselbewohner?

▷ Welche Personen spielen in diesem Roman eine entscheidende Rolle?
Welche Personen sind offenbar für die Erzählerin von entscheidender Bedeutung? Warum? Woran kann man das erkennen?

▷ Welche Funktion hat das Kapitel „Die Insel Rass"?

Kapitel 1 (S. 159)

▷ Wie schließt das 1. Kapitel an das Einleitungskapitel „Die Insel Rass" an?
Worin unterscheidet es sich / gleicht es dem Einleitungskapitel?
Welche Hinweise aus dem Einleitungskapitel werden aufgenommen und verstärkt?

▷ Was erfahrt ihr im ersten Kapitel über
- die Lebensverhältnisse der Familie Bradshaw,
- die Beziehungen der einzelnen Familienmitglieder zueinander,
- das Aussehen, das Alter, die Einstellungen, den Charakter der einzelnen Familienmitglieder,
- Konflikte innerhalb der Familiengemeinschaft?

▷ Aus welcher Perspektive wird das Geschehen erzählt?

Kapitel 2

Das Thema, das am Ende des ersten Kapitels nur angedeutet wird, wird im 2. Kapitel eingehend entfaltet.
Mit der Geschichte der Geburt der Zwillinge Louise und Caroline beginnt der Weg, den Louise als Leidensweg empfindet. Caroline zieht vom ersten Augenblick ihres Lebens alle Aufmerksamkeit auf sich. Sie „war so klein und zerbrechlich, man mußte ihr jede Chance geben“ (S. 161, 42f), und ihr wird jede Chance gegeben. Aus der Sicht Louises ist „Caroline eben eine Person, für die Opfer zu bringen andere Menschen als Selbstverständlichkeit ansehen“ (S. 165, Z. 4f).
Louise dagegen wird von Anfang an kaum wahrgenommen. Die Fragen „Aber wo war ich?“ (S. 162, Z. 49) und „Und ich? Wer hat sich um mich gekümmert, während du weg warst?“ (S. 163, Z. 6) können von Mutter und Großmutter nicht beantwortet werden. „Es ist schon so lange her“ (S. 162, Z. 35 und S. 163, Z. 14), lautet die Antwort.
Louise erscheint das Dasein „sauber und kalt und mutterlos“ (S. 163, Z. 8). Der Trost der Mutter, Louise sei ein braves Baby gewesen, das den Eltern nie Sorgen gemacht habe, bedrückt Louise, weil sie sich einbildet, daß sie deshalb den Eltern auch nichts bedeute.
„Es gibt“, heißt es in dem nicht im Lesebuch abgedruckten Teil des Kapitels, „einen Schnappschuß, als wir eineinhalb Jahre alt waren. Wir sitzen auf der vorderen Veranda. Caroline ist schmächtig und zart; sie lacht über das ganze, von blonden Locken umrahmte Gesicht, sie streckt dem, der die Aufnahme macht, die Ärmchen entgegen. Ich hocke wie ein dicker Schatten daneben und habe die Augen nach Caroline verdreht“ (Pat. S. 21).
Erst als ihr nach langem, leidvollen Erkenntnisprozeß klar wird, daß sie den Eltern fehlen wird, wenn sie von Rass weggeht, gelingt es ihr, sich von dem „langen, langen Schatten“ ihrer Zwillingsschwester zu lösen (S. 178, Z. 23–40).
Das Schattendasein, das Louise zu führen glaubt, hat seinen Grund vor allem in der großen musikalischen Begabung Carolines, die zu einer besonderen Förderung Anlaß gibt und die dazu führt, daß Caroline die Person ist, „um die sich alles drehte“ (S. 164, Z. 37).
Mit der Erinnerung daran, daß Caroline allen anderen und natürlich auch Louise im Klavierspielen überlegen gewesen ist, taucht auch der Name „Tantchen Braxton“ auf, und das an dieser Stelle nicht von ungefähr.
Mit dem Geld von Trudy Braxton wird Caroline ein Gesangsstudium ermöglicht. Tantchen Braxton ist das Stichwort, das auf den Handlungsstrang verweist, in den der Captain verwoben ist. Daß es der Captain ist, zu dem sich Louise außerordentlich hingezogen fühlt und den sie zu lieben glaubt, der Caroline und nicht sie mit dem Geld von Trudy Braxton begünstigt, erlebt sie als die entscheidende Niederlage ihres Lebens.
Im zweiten Kapitel führt die Erzählerin ins Zentrum der im Roman dargestellten Problematik und zeigt die Gründe auf, die für Louise entscheidend für das Gefühl sind, neben ihrer Schwester nur ein Schattendasein zu führen.
Am Ende des Kapitels deutet die Erzählerin aus der rückschauenden Distanz des Erwachsenen an, daß es die beginnende Pubertät Louises ist, die dieses Gefühl des Verloren- und Alleinseins verstärkt, und daß nicht Caroline, die Großmutter oder die Mutter an ihrer Bekümmernis schuld sind, sondern Louise selbst.

Kapitel 6

Das Verständnis des 6. Kapitels wird erleichtert, wenn man vorher einen Blick auf das 3. Kapitel wirft. Darum wird im folgenden zunächst darauf eingegangen.
Der Ausbruch des Krieges und der Angriff auf Pearl Harbor sind einschneidende Ereignisse auch im Leben der Zwillinge. Bei der Probe für ein Weihnachtskonzert erscheint Louise die Tatsache, daß sie die Geburt des Friedensfürsten feiern, als „unerträgliche Ironie“, und sie macht den Vorschlag, „unter den gegebenen Umständen das Weihnachtsfest“ abzuschaffen. Auf den Einwand des Lehrers, Mr. Rice, „Tausende litten und starben auch, als Christus geboren wurde“, erwidert Louise: ... „aber die Welt von damals

kannte keine so tragische Schicksalswende, wie wir sie heute erleben." (Pat., S. 29/30)
Die Klasse reagiert auf Louises Einwände mit höhnischem Gelächter, und Mr. Rice geht ohne weitere Erklärungen zur Tagesordnung über.
Louise ist tief gekränkt, kehrt nach der Schule nicht nach Hause zurück und beschließt wegzugehen. Caroline holt sie zurück und hilft ihr mit nüchterner Sachlichkeit.
Das Weihnachtskonzert sieht wieder einmal Caroline als strahlenden Mittelpunkt, was Louise nach der Blamage in der Klasse besonders gereizt macht. An diesem Abend fühlt sich Louise völlig verlassen. Wieder empfindet sie sich nur als „grauer Schatten", und wieder sehnt sie sich danach, daß die Eltern sich um sie Sorgen machen. „Wußten sie denn nicht, daß die Sorge um einen Menschen Beweis dafür ist, daß man Zuneigung zu ihm empfindet? Begriffen sie nicht, daß ich ihrer Sorge bedurfte, um sicher sein zu können, daß ich etwas wert war." (Pat., S. 38)
Das 3. Kapitel endet mit einem Hinweis auf Jakobs Traum, den Louise in ihren Tagträumen auf sich und Caroline überträgt. Wie sich vor Jakob Eltern und Brüder verneigen, so verneigt sich Caroline, durch eine Riesenhand vom Himmel gezwungen, vor Louise. Louise versucht so die Überlegenheit der Schwester zu kompensieren.
Das 3. Kapitel beginnt mit der Geschichte der methodistischen Kirche auf der Insel Rass und zeigt, wie sehr die Kirche und die methodistische Lehre die Bewohner von Rass in ihrem Verhalten beeinflussen und lenken; auch für Louise ist der Einfluß der Kirche von ausschlaggebender Bedeutung.
Das 6. Kapitel wird eingeleitet mit einer Erklärung der Erzählerin, die den Konflikt, der ihre Jugend überschattet hat, immer noch nicht vollends bewältigt zu haben scheint.
Im Anschluß daran macht sie an einem alltäglichen, im Grunde unbedeutenden Ereignis deutlich, wie verletzlich Louise ist, und wie hilflos sie ihrer Situation gegenübersteht. Minderwertigkeitsgefühle und mangelnde Selbstsicherheit sind der Grund für ihre übersteigerte Reaktion auf Carolines unbedachte Äußerung, durch die Louise sich in ihrem Innersten getroffen fühlt und sich als Person in Frage gestellt sieht, weil sie meint, daß man ihr „keine Tugend zugestehen – kein Restchen Stolz und Anstand (S. 175, Z. 29f) zubilligen wolle.
Abwertende Bemerkungen über Caroline, ein Wutausbruch, bei dem sie ihre eigenen Verdienste lautstark herausstellt und von Caroline Anerkennung und Dank fordert, lassen Louise für einen kurzen Augenblick das Gefühl der Genugtuung erleben, zumal Caroline aus der Fassung gerät. Aber die Tatsache, daß Caroline sich nicht dem Kampf stellt, sondern der Entscheidung ausweicht und Louise wortlos verläßt, empfindet Louise als persönliche Mißachtung, und diese Mißachtung ist der Grund dafür, daß sie, wie sie meint, Caroline haßt.
„Haß. Das war das verbotene Wort. Ich haßte meine Schwester. Ich, die ich mich zu einer Religion bekannte, die da lehrte, daß es schon genügte, auf jemanden zornig zu sein, um von Gott zur Verantwortung gezogen zu werden, und daß Haß gleichbedeutend mit Mord war." (S. 166, Z. 1ff)
Die Lehre der Kirche und ihre Forderungen verstärken für Louise den Konflikt. Sie kann den vermeintlichen Haß gegenüber Caroline nicht überwinden, wie es die Kirche fordert, und der Wunsch, sich von der drückenden Überlegenheit Carolines zu befreien, wird in ihr so stark, daß sie davon bis in ihre Träume verfolgt wird und im Traum einen brutalen Mord an Caroline verübt. Traum und Wirklichkeit vermischen sich in ihrem Bewußtsein so sehr, daß sie sich als Mörderin fühlt. Die kirchliche Lehre hat für sie keinen Trost bereit. Das Gefühl, als Mensch minderwertig und ungeliebt zu sein, wird durch die Erkenntnis verstärkt, daß sie als Sünderin von Gott verstoßen und der ewigen Verdammnis überliefert wird, und so wenig, wie sie der Liebling der Menschen ist, so wenig gehört sie auch zu den Lieblingen Gottes, für die alleine „er immer einen Weg findet, um sie ungestraft davonkommen zu lassen" (s. S. 166, Z. 31ff).
Traum und Wirklichkeit, menschliche Erfahrung und religiöse Vorstellungen vermischen sich und verstärken sich gegenseitig und führen zur völligen Verunsicherung Louises und lassen ihr keinen Ausweg mehr offen, zumin-

dest nicht auf der Insel und in ihrer Familie. So bleibt als einziger Ausweg, von der Insel fortzukommen und sich aus dem Bannkreis ihrer Umgebung zu lösen.

Kapitel 11

Im 4. Kapitel des Romans beginnt ein Handlungsstrang, in dessen Mittelpunkt Hiram Wallace, der Captain, steht. Nachdem der Captain auf die Insel zurückgekehrt und in das Haus seiner verstorbenen Eltern eingezogen ist, versuchen Call und Louise auf Betreiben Louises, die sich einbildet, der Captain sei ein Spion, den es zu entlarven gelte, mit dem Captain Kontakt aufzunehmen. Sie werden bei ihren Erkundungen vom Captain bemerkt und freundlich aufgenommen. Bei weiteren Besuchen der beiden beim Captain muß Louise erkennen, daß sie diesmal in Calls Schatten steht, da der Captain sich zu Call hingezogen fühlt. „Wäre ich ein hochherziger Mensch gewesen", erinnert sich die Erzählerin, „ich würde mich gefreut haben, daß Call einen Mann gefunden hatte, mit dem ihn etwas verband. (...) Aber ich bin kein hochherziger Mensch. Edelmut konnte ich mir nicht leisten. Call war mein einziger Freund. Wenn ich ihn dem Captain überließ, würde ich keinen mehr haben." (Pat., S. 67)

In der Folgezeit besuchen Call und Louise den Captain regelmäßig und helfen ihm, sein Haus wieder instand zu setzen.

Im Hause des Captains taucht wiederholt ein orangefarbener Kater auf, der Tantchen Braxton gehört. Als Louise ihn zurückbringen will, findet sie die alte Dame, die wie tot am Boden liegt. Der Captain sorgt für ihre Einlieferung ins Krankenhaus auf dem Festland.

Louise fühlt sich mehr und mehr zum Captain hingezogen, und sie merkt, daß sie ihm mehr bedeutet als sie geglaubt hat.

Call, Louise und der Captain räumen Trudy Braxtons verwahrlostes Haus auf. Dabei erzählt der Captain von Trudys Vergangenheit und erwähnt, daß Trudy reich sein müsse. Trudy Braxtons Haus ist voller verwahrloster Katzen. Da Call, Louise und der Captain es nicht übers Herz bringen, die Katzen zu ertrränken, muß eine andere Lösung gefunden werden. An dieser Stelle stößt Caroline zu der Gruppe der drei. Sie hat den rettenden Einfall. Einmal mehr gelingt es Caroline, sich erfolgreich in den Vordergrund zu spielen. Louise ist darüber sehr betroffen und fühlt sich jetzt auch in dem Kreis, in dem sie Carolines Überlegenheit nicht hatte fürchten müssen, von ihr eingeholt.

Der Sturm, der über die Insel hereinbricht und schwere Verwüstungen auf der Insel verursacht, wirkt auf Louise geradezu befreiend. An keiner anderen Stelle des Romans erscheint sie so gelöst, so heiter und den anderen Menschen gegenüber so aufgeschlossen. Abenteuer- und unternehmungslustig überredet sie den Captain, der die Sturmnacht im Hause der Familie Bradshaw zugebracht hat, zu einer Erkundungsfahrt, auf der sie sich in ihren Tagträumen wie eine ägyptische Sklavin fühlt, wie eine vertraute des Pharao, die dem Pharao versichert, „daß die Flut ein Geschenk der Götter war und daß nach ihrem Zurückweichen die fruchtbare Erde des Deltas reichlich Getreide hervorbringen würde" (S. 168, Z. 40ff).

Die Wirklichkeit reißt sie aus diesen Träumen heraus. Die Flut hat keinen Segen gebracht, sie hat das Haus des Captains weggeschwemmt. Ihre Heiterkeit verwandelt sich in Betroffenheit, Mitleid und Angst. Daß sie den Captain spontan umarmt, löst schließlich bei ihr völlige Verwirrung aus. Zum erstenmal erlebt sie, daß sie sich zu einem Mann körperlich hingezogen fühlt. Von diesem Augenblick an ist sie in den Captain verliebt, und weder Vernunft noch religiöse Skrupel können ihre Gefühle beeinträchtigen.

Für einige Tage wohnt der Captain bei den Bradshaws. Für Louise sind diese Tage eine Qual, weil sie nicht weiß, wie sie dem Captain begegnen soll, und weil sie Angst hat, von ihrer Familie, was ihre Gefühle betrifft, entdeckt zu werden. Unsicherheit und Unzufriedenheit entladen sich in Streitereien mit Caroline und führen dazu, daß Louise wieder einmal vor allem fliehen will.

Später zieht der Captain in Trudy Braxtons Haus, heiratet Trudy und finanziert von Trudys Geld Caroline eine Gesangsausbildung. Louise ist darüber tief betroffen, und sie wird von der Großmutter, die Römer 9,13 zitiert, „Jakob habe ich geliebt, aber Esau habe ich gehaßt", zusätzlich an ihrem wundesten Punkt getroffen.

Kapitel 15

Das Kapitel 15 zeigt, wie Louise versucht, die Niederlage zu überwinden, die sie erlitten zu haben glaubt.
Zuerst flieht sie in eine religiöse Wahnvorstellung. Das Zitat der Großmutter weist sie in diese Richtung. Die Geschichte von Jakob und Esau birgt für sie die Antwort auf ihre Frage, warum ihre Schwester ihr immer vorgezogen wird. Wie einst Esau, so hat Gott jetzt sie verstoßen. Gott haßt sie. Gott verstockt ihr Herz. Diese Antworten liegen ganz auf der Linie der religiösen Erziehung, die Louise erhalten hat, einer Lehre, die den strafenden Gott in den Vordergrund rückt. Die Überzeugung, Gott habe sie vor ihrer Geburt gerichtet und vor ihrem ersten Atemzug ausgestoßen (s. S. 173, Z. 31f), führt zu Louises Lösung von der methodistischen Gemeinde.
Später flieht sie auf das Schiff ihres Vaters und verbringt einen „sonderbaren Winter" mit ihrem Vater auf der „Portia Sue" (S. 174, Z. 8), und diese Tage sind für sie die schönsten ihres Lebens. „Sicher beruhte meine tiefe Zufriedenheit zum Teil auf meinem Zusammensein mit Vater, zum Teil aber auch auf der Tatsache, daß es nichts mehr zu kämpfen gab. Meine Schwester war fort, meine Großmutter eine flüchtige Sonntagserscheinung und Gott, wenn nicht tot, so doch ohne jede Bedeutung für mich." (S. 174, Z. 20ff)
Die Tage auf der „Portia Sue" bringen Louise Augenblicke des Glücks und der Zufriedenheit, eine Lösung ihrer Probleme bringen sie nicht.

Kapitel 18

Am Heiligen Abend des Jahres 1946 – Louise ist zu diesem Zeitpunkt 18 Jahre und hat ein erfolgreiches Abitur hinter sich – heiraten Caroline und Call. Louises Eltern reisen zur Hochzeit nach New York. Zum Weihnachtsessen laden Louise und die Großmutter den Captain ein. Nach dem Essen kommt es zwischen Louise und dem Captain zu einem Gespräch, das wesentlich dazu beiträgt, daß Louise ihren eigenen Weg findet.
In diesem Gespräch macht der Captain Louise klar, daß es einzig und allein darauf ankomme, daß sie wisse, was sie wolle, daß sie ihren Weg konsequent gehen müsse und daß ihre Überzeugung, es gebe für sie von der Insel kein Entkommen, weil sie ihre Eltern nicht allein lassen könne, nichts anderes sei, als ein Ausweichen vor einer Entscheidung und eine Entschuldigung für ihre eigene Unentschlossenheit (Kap. 17; Pat., S. 191ff).
Zu Beginn des 18. Kapitels wird deutlich, daß der Captain, zumindest was die Eltern anbelangt, recht hat. Die gemeinsamen Tage in New York haben ihnen gut getan, sie sind auch nach ihrer Rückkehr auf die Insel noch ganz auf sich bezogen und verlassen die Fähre wie ein junges Liebespaar, das alles um sich herum vergißt. Louise nimmt diese Veränderung mit Verwunderung und Schrecken wahr. Ihre Eltern sind auf sie nicht angewiesen. Ihretwegen braucht sie nicht auf der Insel zurückzubleiben.
Auch die Großmutter sieht sofort, daß die Eltern sich verändert haben. In ihrer aus Eifersucht geborenen Bösartigkeit zieht sie die Beziehung der beiden zueinander in den Schmutz und gibt durch das Bibelwort zu erkennen, daß für sie das Glück der Eltern nichts anderes ist als sündhaftes Begehren.
Louise ist wütend, daß die Mutter auch diese Gemeinheit der Großmutter ohne Gegenwehr über sich ergehen läßt, und sie tut das, was sie wohl von ihrer Mutter erwartet hätte, sie setzt sich gegen die Großmutter zur Wehr und schlägt sie mit ihren eigenen Waffen.
Zum erstenmal läßt sich Louise von ihrer Großmutter nicht unterdrücken, zum erstenmal zeigt sie Selbstbewußtsein und Überlegenheit, zum erstenmal läßt sie sich durch die Beschwörung göttlicher Rache und ewiger Verdammnis nicht einschüchtern; ein Zeichen dafür, daß sie sich auch aus den Fesseln der Kirche löst und die Angst vor einem Gott, der die Sünder straft und verdammt, überwindet.
Den letzten Schritt auf dem Weg zu ihrer Selbstfindung tut Louise in dem Gespräch mit ihrer Mutter.
Zu Louises großer Überraschung zeigen die Entwicklung und das Leben der Mutter deutlich Parallelen zu ihrem eigenen Leben. Auch

die Mutter hatte in ihrer Jugend hochfliegende Pläne und gab sich phantastischen Vorstellungen hin. Auch ihre Wünsche und Hoffnungen gingen nicht in Erfüllung, weil sie nicht das Herz hatte, ihrem Vater zu trotzen und weil sie glaubte, ihn nicht allein lassen zu können.
Louise, die nichts sehnlicher wünscht, als von Rass wegzukommen, kann nicht verstehen, warum die Mutter nach Rass statt nach Paris gegangen ist, und sie wirft der Mutter vor, ihr Leben weggeworfen zu haben und nicht das geworden zu sein, was sie hätte werden können. In diesem Vorwurf spiegelt sich Louises Angst, es könne ihr genauso ergehen. Die Mutter läßt den Vorwurf nicht gelten: „Aber ich bin, was ich sein wollte. Ich habe meine Wahl getroffen, niemand hat mich gezwungen, zu werden, was ich bin" (S. 178, Z. 6f), und sie betont damit das, was auch der Captain schon gesagt hat, daß es darauf ankomme, daß man wisse, was man selbst wolle. Louises letzte Versuche, andere dafür verantwortlich zu machen, daß sie ihren Weg nicht gehen könne, scheitern. Sie muß erkennen, daß es nur an ihr liegt und gelegen hat. Diese Erkenntnis ermöglicht es ihr schließlich auch, wahrzunehmen und zu glauben, daß ihre Eltern sie lieben und vermissen werden.

Arbeitsvorschläge

Ausschnitte aus dem 2., 6., 15. und 18. Kapitel (S. 162ff)

Nachdem ihr die einleitenden Kapitel des Romans gelesen und untersucht habt, solltet ihr, wenn ihr es nicht längst getan habt, die restlichen Ausschnitte lesen.
Es wäre gut, wenn wenigstens einige von euch den ganzen Roman läsen, damit sie Auskunft geben können, wenn die abgedruckten Ausschnitte inhaltliche Fragen aufwerfen.
Dann solltet ihr euch darüber verständigen, welche Fragen ihr intensiv untersuchen wollt und auf welche Weise ihr sie am besten beantworten könnt. Es ließe sich z. B. denken, daß ihr mehrere Kleingruppen bildet, die jeweils einer Frage nachgehen, die Ergebnisse ihrer Arbeit in einem Protokoll festhalten und der Klasse vorstellen. Manche Fragen lassen sich vielleicht besser in der Klassengemeinschaft beantworten. Manche von euch sind sicher auch dazu bereit, zu Hause eine Aufgabe zu lösen und dann der Klasse zu berichten.
Es ist wichtig, daß ihr zunächst ein Programm aufstellt, das über Untersuchungsgesichtspunkte und Arbeitsweisen Auskunft gibt.
Im folgenden findet ihr eine Liste von möglichen Untersuchungsgesichtspunkten.

1. *Handlung*
a) Handlung des Romans
b) Haupthandlung, Nebenhandlung
c) Handlungsstränge und Verknüpfung von Handlungssträngen

2. *Ort der Handlung*
a) Die Insel Rass
b) Bedeutung der Insel für Louise

3. *Personen*
a) Geschichte, Charakter, Verhalten der einzelnen Personen
b) Personenkonstellation
c) Einstellungen und Verhaltensweisen der Personen und deren Bedeutung für Louise

4. *Die methodistische Gemeinde*
a) Die religiöse Erziehung:
Auswirkungen auf das Verhalten und die Einstellung einzelner Personen – Bedeutung für Louise
b) Die biblischen Bezüge und ihre Bedeutung im Roman
c) Der Titel des Romans

5. *Die Hauptperson*
a) Louises Entwicklung
b) Die Konflikte, in die Louise gerät, und deren Gründe
c) Louises Versuche, Konflikte zu lösen
d) Voraussetzung für die Lösung des zentralen Konflikts

6. *Die Ich-Erzählerin*
Fortsetzung der bei der Analyse des Einleitungskapitels begonnenen Untersuchung von Standort und Perspektive der Erzählerin, der Zeit des Erzählens und des Erzählten und der Erzählweise

Zum Abschluß eurer Beschäftigung mit dem Text solltet ihr zu folgenden Fragen Überlegungen anstellen.

▷ Die Geschichte spielt 1941 auf einer kleinen Insel in Amerika. Gibt es Bezüge zu unserer Zeit und unserem Land?
▷ Konntet ihr euch mit einer Figur identifizieren?
Mit welcher? Warum?

Preis der Leseratten (S. 179–181)
Rezension einmal anders (S. 182)
Wer arbeitet mit Buchbesprechungen? (S. 183)
Buchbesprechungen zu „Aber Jakob habe ich geliebt" (S. 185/186)

Methodische Hinweise

Die im dritten Teil des Lesebuchkapitels abgedruckten Materialien bedürfen keiner interpretatorischen Hinweise. Sie sollen nicht analysiert werden, ihre Aufgabe ist es, die Schüler mit einem Teilbereich des Buchbetriebs bekannt zu machen (Werbung – ein Rückgriff auf die Werbeanzeige des Verlags bietet sich an –, Buchpreise – ein wesentlicher Faktor im Buchgeschäft –, Buchbesprechungen und ihre Verwertung) und sie anzuregen, selbst aktiv zu werden, sich also nicht damit zu begnügen, sich über bestimmte Bücher informieren zu lassen, vorgegebene Urteile zu übernehmen, sondern sich selbst ein Urteil zu bilden und anderen die Ergebnisse ihrer Untersuchung mitzuteilen.

Aus den abgedruckten Materialien lassen sich für eine solche Arbeit verschiedene Ansatzpunkte gewinnen:

Die Bestimmungen für den „Preis der Leseratten" geben Preiskriterien vor (S. 180, Z. 25ff). Jeder Schüler sollte zunächst für sich klären, was er unter „fesseln und/oder Vergnügen bereiten" versteht, wann für ihn „Inhalte klar und anschaulich vermittelt werden", wie seiner Meinung nach „Bücher sprachlich und graphisch ansprechen und überzeugen" können.

Es werden dabei ganz unterschiedliche Ergebnisse zutage treten. Den Schülern wird dadurch bewußt, wie grobmaschig ein solches Kriterienraster ist und daß bei so wenig präzisen Beurteilungskriterien ein Jugendbuchpreis nicht unbedingt Zeichen für die literarische Qualität eines Buches sein muß und schon gar nicht darauf schließen läßt, daß ein prämiertes Buch auch von der jugendlichen Leserschaft angenommen und gelesen wird.

Diese Arbeit läßt sich in unterschiedlicher Weise fortsetzen:

- Die Kritik an vorgegebenen Beurteilungskriterien führt zu einem von der Klasse erarbeiteten „besseren" Kriterienkatalog, der an dem Roman „Aber Jakob habe ich geliebt" ausprobiert und überprüft werden kann. Die Schüler entwerfen einen neuen Bewertungsbogen und erstellen mit seiner Hilfe eigene Bewertungen, in denen sie sich auch mit den in den abgedruckten Bewertungsbögen enthaltenen Urteilen (Buch für Mädchen, unklare Zielsetzung, wenig Spannung) auseinandersetzen können. Bei der Auswertung der Bewertungsbögen der Klasse sollte man mit den Schülern auch der Frage nachgehen, wie weit die Bewertung von der Person des Bewertenden, von seinen Lebensbedingungen, seiner Erfahrung und von dem Maß seiner Identifizierungsmöglichkeiten mit der Hauptperson des Romans abhängig ist.
- Die Klasse stellt Hypothesen auf über den Erfolg des Romans „Aber Jakob habe ich geliebt". Die Schüler müßten ihre möglicherweise recht unterschiedlichen Prognosen begründen und die Gründe (z. B. auf Wandzeitungen) festhalten. Mit Nachfragen bei der örtlichen Jugendbücherei und bei Buchhandlungen ließen sich die Prognosen überprüfen. Die Schüler müßten feststellen, ob das Buch in der Jugendbücherei vorhanden ist, wenn nicht, warum der verantwortliche Bibliothekar das Buch nicht angeschafft hat, wenn ja, wie oft es bisher ausgeliehen worden ist, welche Bücher aus dem Themenbereich „Erwachsenwerden" weit mehr / weniger Leser finden, und die Schüler könnten erfolgreichere Bücher lesen und mit dem Roman vergleichen.
- In der Buchhandlung könnten die Schüler, ausgehend von Fragen nach Patersons Roman erkunden, was für Jugendbücher vornehmlich gekauft werden und von welchen Käuferschichten, woran sich Buchhändler bei ihren Einkäufen für die Jugendbuchabteilung orientieren und welche Rolle für sie Werbung und Buchbesprechungen spielen. Um geeignete Fragen zusammenstellen zu können, müßte im Unterricht der Artikel „Wer arbeitet mit

Buchbesprechungen“ gelesen und die darin enthaltenen kritischen Ansätze besprochen werden.

● Der Roman „Aber Jakob habe ich geliebt“ erscheint im Herbst 1986 bei dtv pocket. Die Erkundungen der Schüler könnten sich auf diese und ähnliche Taschenbuchreihen ausweiten, und auch hier bietet es sich an, daß einzelne Schüler andere Titel der Reihe lesen und der Klasse vorstellen.

● Die Klasse sucht in Zeitungen nach Jugendbuchbesprechungen, hört Rundfunksendungen und sieht Fernsehsendungen, die sich mit Jugendbüchern beschäftigen. Dabei könnten sie das Augenmerk darauf richten, ob im Jugendbuchbereich bestimmte Themen vorherrschen (in der Regel lassen sich bestimmte Trends feststellen) und in welchem Verhältnis die Themen der Jugendbücher zu öffentlich diskutierten Themen stehen, wieweit diese Themen „in der Luft liegen“.

● Die Schüler überlegen, wie sie die im Verlauf der Unterrichtsreihe gewonnenen Erfahrungen weitergeben können. Möglichkeiten werden in dem Artikel „Rezension einmal anders“ vorgestellt. Auf keinen Fall sollte man darauf verzichten, die Arbeit in einen Elternabend einfließen zu lassen, an dem Katherine Patersons Roman (und andere Romane zum Thema „Erwachsenwerden“) vorgestellt wird, eingehende Leseproben geboten werden, Ergebnisse der Besprechung im Unterricht zusammenfassend vorgetragen werden und von den Erfahrungen und Befragungen in der Bücherei und im Buchhandel berichtet wird.
Ein Bericht über einen solchen Elternabend und eine Besprechung des Romans „Aber Jakob habe ich geliebt“, sollte der Schülerzeitung zugehen.

Arbeitsvorschläge

Im Anschluß an die Romanausschnitte findet ihr im Lesebuch Materialien abgedruckt, die Auskunft über den Buchbetrieb (Buchpreise, Rezensionen) geben.

▷ Stellt anhand der Informationen zum „Preis der Leseratten“ fest,
  – welche Stationen ein Buch durchlaufen muß, bevor es den Preis der Leseratten erhalten kann,
  – wer über den Preis entscheidet und wie diese Entscheidung zustande kommt.

▷ Werden eurer Meinung nach der Beurteilung geeignete Kriterien zugrunde gelegt? Begründet euer Urteil und macht gegebenenfalls Änderungsvorschläge.

▷ Woran liegt es wohl, daß zwei Jungen das Buch „Aber Jakob habe ich geliebt“ ganz gegensätzlich beurteilen?
Meint ihr auch, daß dieses Buch mehr „für Mädchen als für Jungen ist“, daß man nicht weiß, „was das Ziel der Autorin ist“, und daß es in ihm „gar nichts Spannendes“ gibt?
Faßt euer Urteil in eigenen Bewertungsbögen zusammen.

▷ *Informiert euch über andere bekannte Jugendbuchpreise (z.B. den „Deutschen Jugendbuchpreis“ oder den „Buxtehuder Bullen“). Worin unterscheidet sich das jeweilige Auswahlverfahren von dem beim „Preis der Leseratten“?*

▷ *Überlegt, ob ihr einen „Preis der Klasse 8“ ins Leben rufen wollt, und entwickelt ein Auswahlverfahren.*
Anregungen findet ihr im Text „Rezension einmal anders“.

▷ *Erkundigt euch in einer Jugendbücherei darüber, ob prämierte Bücher in der Regel auch beim Lesepublikum ankommen, d.h. von vielen Lesern gelesen werden.*
Fragt dabei auch nach dem Erfolg des Buches „Aber Jakob habe ich geliebt“ und nach möglichen Gründen für Erfolg oder Mißerfolg.

▷ *Sprecht mit einem/einer der Bibliothekare/-innen darüber, nach welchen Kriterien sie Bücher für ihr Lesepublikum aussuchen und welche Rezensionen für sie ausschlaggebend sind.*
Lest zur Vorbereitung auf dieses Gespräch den Text „Es bedürfte noch einiger Anstrengungen“.
Worin sieht Lioba Betten den Wert von Rezensionen, warum bedarf es ihrer Meinung nach „noch einiger Anstrengungen“?

▷ Vergleicht die drei abgedruckten Buchbesprechungen miteinander.
  – Worin gleichen/unterscheiden sie sich?
  – Nennt Gründe für Ähnlichkeiten/Unterschiede.

Die unwürdige Greisin – Literaturverfilmung

I. Zur Konzeption des Kapitels

Begründung und Zielsetzung der Beschäftigung mit Literaturverfilmungen

Die Dominanz der visuellen Medien in der modernen Industriegesellschaft gegenüber dem auf der Basis der litterae, der Buchstaben aufgebauten „alten" Medium Buch ist wohl eine Tatsache. Der Literaturunterricht versucht allerdings immer wieder, die traditionelle gesellschaftliche Dominanz des Schrift- und Druck-Mediums zu behaupten. Das bedeutet z.B. für die Beschäftigung mit Literaturverfilmungen im Unterricht, daß der literarische Text als das Eigentliche angesehen und die Verfilmung zur zusätzlichen oder aber – angesichts der Schülerschwierigkeiten im Umgang mit den litterae – zur grundlegenden Motivation, als „Flaschenzug" sozusagen (I. Degenhardt), herangezogen wird.
Im Medienkapitel von LESEZEICHEN ist nun der Versuch unternommen, dieses Dominanzdenken zu relativieren und die unterschiedlichen Medien zueinander in Beziehung zu setzen, also z.B. die „Übersetzung" einer Erzählung vom Buch in den Film genau nachzuvollziehen. Wie bereits im Lehrerband zu LESEZEICHEN 5 (S. 106ff.) dargelegt, geht es um ein zeichentheoretisch begründetes Konzept der Transformationen oder Transpositionen zwischen den Medien, das sich als Alternative zur „Illusion der Realität" bei der Film-Rezeption und der „analytischen Illusion" beim unterrichtlichen Umgang mit dem Buch versteht und die Schüler zu einer Sensibilität für die unterschiedlichen Möglichkeiten der einzelnen Medien und Zeichensysteme und zur eigenen Ausdrucksfähigkeit in diesen Zeichensystemen führen will.
Der Beschäftigung mit Literaturverfilmungen kommt in diesem Zusammenhang natürlich eine besondere Bedeutung zu, weil sie selber bereits das Ergebnis einer Grenzüberschreitung von einem Medium in ein anderes sind, an ihnen also die einzelnen Verfahren genau studiert werden können. Wenn entsprechend diesem Konzept Spielfilme als Erzählungen und Literaturverfilmungen als „verwandelter Text" betrachtet werden (vgl. Irmela Schneiders „Wege zu einer Theorie der Literaturverfilmung" in „Der verwandelte Text", Tübingen 1981), erweist es sich als notwendig, im Unterricht die Komplexität sowohl der schriftlichen wie auch der kinematographischen Zeichensysteme zu berücksichtigen. Zu diesem Zweck darf die Erzählung nicht auf den kleinsten beiden Medien gemeinsamen Nenner gebracht werden, also auf das Erzählte, die „Geschichte". Vielmehr sollte sich die Aufmerksamkeit auf alle Ebenen der Texte gleichermaßen richten: auf

- das Erzählte
- das medienspezifische Erzählen
- und das jeweilige Zeichenmaterial, wie es sich der sinnlichen Wahrnehmung darbietet (s.u.).

Eine solche Zielsetzung für den Umgang mit Literaturverfilmungen ist – wie sich an den Arbeitsvorschlägen zeigen wird – nicht zu anspruchsvoll für Schüler des 8. Schuljahres, vor allem dann nicht, wenn in den ersten Jahren der S I Voraussetzungen für einen sachverständigen Umgang mit Filmen geschaffen worden sind – für den Umgang mit Literatur ist er uns ja mittlerweile selbstverständlich. Zwar kann im Fernseh-Zeitalter die Rede vom Bild- oder Film-Analphabetismus mit Recht zurückgewiesen werden, aber eine passive Alphabetisierung ist noch keine aktive, entautomatisierte. Eine solche aber wäre nicht nur für die selbständige Verwendung der „Filmsprache" beim Filmemachen, sondern auch schon für eine bewußte Rezeption und deren Verbalisierung unabdingbar. Aus diesem Grunde hat LESEZEICHEN A/B 5 am Beispiel eines Chaplin-Kurzfilms und LESEZEICHEN A/B 6 am Beispiel eines Ausschnitts aus Hark Bohms Film „Tschetan, der Indianerjunge“ eine fundamentale Film-Sehschule angeboten, die nun in LESEZEICHEN 8 an einem günstigen Beispiel einer Literaturverfilmung aufgegriffen und erweitert werden soll.

Das Unternehmen, Literaturverfilmungen als Ergebnisse der Transformation literarischer Texte im Unterricht zu behandeln, trifft sich mit dem rezeptionsgeschichtlichen Ansatz: Der Lehrer stellt sich und die Schüler in den geschichtlichen Prozeß der literarischen Kommunikation, in dem ständig das Lesen in Reden und dieses Reden in neues Schreiben – oder auch gleich das Lesen in Schreiben – transformiert wird, auch dann entsteht Text aus Text, wenn „Lesen“ und „Schreiben“ nicht nur auf wortsprachliche, sondern auch auf filmische Texte bezogen werden. Der rezeptionsgeschichtliche Ansatz wird durch das Ernstnehmen der Frage nach den Transformationsverfahren auf allen Ebenen der Texte ergänzt und präzisiert. Außerdem entspricht das Ziel, die Schüler zur Teilnahme am Prozeß der literarischen Kommunikation in mehreren Zeichensystemen zu befähigen der Zielsetzung eines produktionsorientierten Literaturunterrichts: In Form von literarischen Rollenspielen, von Transkripten, Drehbuch-Simulationen, fotografiertem szenischem Spiel oder Schnitt-Zusammenstellungen bestimmter Sequenzen der Verfilmung (von Video zu Video), vielleicht auch eigenen Filmversuchen – je nach Möglichkeit – können sich die Schüler in „Übersetzungen“ aus dem einen ins andere Medium üben.

Zur Wahl der Literaturverfilmung „Die unwürdige Greisin“

Im allgemeinen bewirkt eine Literaturverfilmung eine Komprimierung der Erzählzeit, genauer der Erzähldauer: einen Roman von mehreren hundert Seiten, die viele Stunden Lesezeit erfordern, entspricht ein Film mit einer Spiel- und Rezeptionsdauer von ca. 1½ Stunden. Im Fall der Verfilmung der Brechtschen Kalendergeschichte durch René Allio verhält es sich umgekehrt, die Spieldauer des Films *dehnt* die Lesedauer der Kalendergeschichte in beträchtlichem Umfang. Dennoch lassen sich an dieser Literaturverfilmung exemplarisch die wesentlichen Grundprobleme und Charakteristika von verfilmter Literatur aufzeigen, und die Kürze und Überschaubarkeit der Kalendergeschichte bietet für Schüler des 8. Schuljahres große unterrichtspraktische Vorteile, während die Beschäftigung mit einem Roman und dessen Verfilmung die Schüler wahrscheinlich überfordern würde. Jedoch kann die Einübung der Aufmerksamkeit auf die Buch-Film-Transformation in diesem Beispiel den Weg für eine spätere Beschäftigung mit Romanverfilmungen ebnen.
Diesen Vorteil hat das Institut für Film in Wissenschaft und Unterricht (FWU) erkannt und in Absprache mit René Allio eine ca. 50minütige Kurzfassung des 95minütigen Originalfilms produziert, die auf überzeugende Weise ein „neues Ganzes“ darstellt (Näheres dazu s. u.). Auf diese Weise ist die Praktikabilität des Literaturverfilmungs-Exempels bedeutend erhöht: Der Film kann in (fast) einer Unterrichtsstunde gezeigt werden, vor allem aber kann er überall über die Kreis- und Landesbildstellen ausgeliehen werden.

Entscheidend ist selbstverständlich, daß – unabhängig von Praktikabilitätserwägungen – die Schüler hier ein bedeutendes literarisches Werk und einen bedeutenden Spielfilm kennenlernen und daß hier bei der durch die Übersetzung ins andere Medium notwendigen Veränderung doch etwas Analoges entstanden ist, die Schüler also die für Literaturverfilmungen grundlegende Frage nach dem Verhältnis von Veränderung und Analogie auf verschiedenen Ebenen sinnvoll stellen können.

Zum Filmautor René Allio

Das rororo-Filmlexikon (Bd. 4, S. 790f.) macht zum Filmautor René Allio folgende Angaben:
Allio, René (*1924). Französischer Regisseur, war Maler und gleichzeitig Kostümdesigner und Theaterarchitekt. Seit 1957 arbeitete er regelmäßig bei Roger Planchons Théâtre de la Cité in Lyon und wurde für die Gestaltung des dortigen Kulturzentrums und verschiedener ähnlicher Einrichtungen verpflichtet. Er begann, sich für das Kino zu interessieren, erweckte eine seiner eigenen Zeichnungen zum Leben und drehte 1963 den Kurzfilm *La Meule.* 1965 machte er seinen ersten Spielfilm, *La Vieille dame indigne,* eine köstliche Erzählung von einer alten Witwe, die anfängt, sich in einer von ihrer Familie völlig unerwarteten Weise zu verhalten. Der Film, der besonders durch die schauspielerische Leistung Sylvies als alter Dame glänzte, gewann verschiedene Preise, ist aber außerhalb Frankreichs wenig gezeigt worden. 1967 drehte Allio *L'Une et l'autre* und 1968 *Pierre et Paul,* beide nach eigenen Drehbüchern. Ein ehrgeizigeres Unternehmen stellte *Les Camisards* (1970) dar, ein Kostümfilm mit einer großen Anzahl Schauspieler, darunter viele aus Planchons Ensemble. Les Camisards war der Name einer Gruppe von Protestanten in den Cevennen, die angesichts ihrer Unterdrückung nach der Aufhebung des Edikts von Nantes 1685 zu Aufständischen wurden und gegen die königlichen Truppen einen wirkungsvollen Guerillakrieg führten. [...]
Rude journée pour la reine (1974) zeigt Simone Signoret als überlastete Hausfrau, die ihr trübseliges Leben nur mit Hilfe romantischer Fantasien durchhält.
Allio, ein nach eigener Überzeugung politischer Filmemacher, unterscheidet sich von seinen Zeitgenossen, die ebenfalls politische Filme machen, wie Godard, Marker und Straub, insofern, als er versucht, durch Belustigung subversiv zu wirken. Seine Filme sind in der Form zugänglich, vollendet in der Ausführung und verführerisch schön. Trotz seines sanften Vorgehens bleibt das Thema seiner Arbeit eindringlich: jede soziale Situation muß ständig in Frage gestellt werden, wenn die Ausbeutung des Menschen durch den Menschen ein Ende finden soll.

Zu Brechts Kalendergeschichte: Das Erzählte und das Erzählen

Die folgende Interpretation der Kalendergeschichte und ihrer Verfilmung beschreibt nicht die möglichen Arbeitsergebnisse der Schüler. Sie bietet vielmehr dem Lehrer, der eine exemplarische Unterrichtseinheit „Literaturverfilmung“ durchführen will, eine Einführung.
Brechts Kalendergeschichte „Die unwürdige Greisin“ (1939, erstmals 1949 veröffentlicht) erzählt von den letzten zwei Lebensjahren der „Frau B.“, der Großmutter des Ich-Erzählers: „Meine Großmutter war 72 Jahre alt, als mein Großvater starb.“ Die zwei Lebensjahre nach dem Tod ihres Mannes unterscheiden sich grundlegend von ihrem bisherigen Leben. Die Großmutter löst sich von fast allem, was bis dahin ihr Dasein ausgemacht hat, sie gibt vor allem den Lebensinhalt „Familie“ auf und geht neue Wege, so daß sich der Ich-Erzähler mit der ganzen Verwandtschaft fragt: „Was war in sie gefahren?“ Zum Schluß resümiert er: „Genau betrachtet lebte sie hintereinander zwei Leben. Das eine, erste, als Tochter, als Frau und als Mutter und das zweite einfach als Frau B., eine alleinstehende Person ohne Verpflichtungen und mit bescheidenen, aber ausreichenden Mitteln.“ Und im letzten Satz der Kalendergeschichte heißt es: „Sie hatte die langen Jahre der Knechtschaft und die kurzen Jahre der Freiheit ausgekostet [man beachte: beide Phasen ihres Lebens ausgekostet!] und das Brot des Lebens aufgezehrt bis auf den letzten Brosamen.“
Die positive Wertung am Schluß steht im Gegensatz zum Titel der Erzählung. In dem Ad-

jektiv „unwürdig“ ist das Urteil der Repräsentanten des ersten, des alten Lebens der Frau B. fixiert; vor allem das Urteil des jüngsten Sohnes, der zunächst darüber enttäuscht ist, daß seine Mutter ihn, seine Frau und die vielen Kinder nicht zu sich in das große Haus aufnimmt, und der zum Schluß „verzweifelt“. Aus der Perspektive dieses Sohnes sieht das Sündenregister der Großmutter so aus: 1. Kinobesuch einer 72jährigen Frau; 2. regelmäßiges Essen im Gasthof; 3. Umgang mit einem trinkenden und dazu noch sozialdemokratischen Flickschuster; 4. Umgang mit dem „Küchenmädchen“ eines Gasthofs, einem geistigen „Krüppel“, wie es heißt; 5. Fahrt mit einer Bregg, einer Art Kutsche; 6. Besuch eines Pferderennens; 7. einsame nächtliche Spaziergänge; 8. Kartenspiel und Rotwein-Trinken. Dieses Verhalten paßt nicht zu der in 72 Jahren erreichten und aufrechterhaltenen Würde und widerspricht dem bürgerlich-kleinbürgerlichen Normensystem und der darin fest verankerten Forderung, „Knechtschaft“ z.B. als Frau und Mutter lebenslang zu ertragen. (Zu bedenken ist jeweils, daß die Geschichte zwischen 1910 und 1920 spielt; Brechts Großmutter starb 1919.)

Der Titel, der von Unwürde in diesem Zusammenhang spricht, steht auch nach der Lektüre der Kalendergeschichte noch da. Also muß der Leser nach der Lektüre den Widerspruch zwischen dem Titel und der Schlußbemerkung des Erzählers, der „viel Kleines, aber nichts Kleinliches“, also doch Würde in dem Gesicht der Greisin auf ihrem letzten Foto erkannt hat, selber auflösen.

Für die Beschreibung der Transformation zum Film ist es v.a. wichtig, die Ebene des Erzählens genauer zu betrachten. Die Kalendergeschichte erzählt von einer entscheidenden Veränderung im Leben der Protagonistin, aber der Prozeß dieser Veränderung ist nicht der Inhalt der Geschichte. Die Erzählung beginnt nach einer gerafften Darstellung der Vorgeschichte mit der Tatsache der bereits vollzogenen Veränderung. Auf die Folie der Vorgeschichte ist die Veränderung als solche erkennbar: „Aber die Greisin verhielt sich abweisend zu den Vorschlägen [der verschiedenen Familienmitglieder].“ Der Erzähler schildert keine allmähliche Entwicklung und psychologisiert nicht, sondern setzt ein „Aber“. Die emanzipatorische Kraft dieser Frau – das ist ja wohl der Sinn – ist auch nach einem 72jährigen Leben in „Knechtschaft“ noch ungebrochen, so daß sie vom ersten Augenblick des nachlassenden Drucks an „voll da“ sein kann.

Wenn der Erzähler zunächst über ihre Loslösung von der Familie, dann in drei Schritten über ihre neuen Aufenthaltsorte Kino, Schusterwerkstatt und Gasthaus berichtet, handelt es sich nicht um Phasen eines Entwicklungsprozesses auf der Ebene der erzählten Zeit, sondern um Stationen des Erzählers auf der Ebene der Erzählzeit; das Gleichzeitige wird nicht gleichzeitig erzählt. Dennoch gibt es ein Nacheinander in der erzählten Zeit, das den Aufbau des zweiten Abschnitts der Kalendergeschichte (zwischen Vorgeschichte und Besuch des Erzähler-Vaters) bestimmt: Der Erzähler läßt den Gewährsmann, von dem alle Informationen über die Großmutter herrühren, nämlich den Buchdrucker und jüngsten Sohn, nacheinander vier Briefe schreiben. Die eigentlichen Ergebnisse auf der Ebene der Geschichte, in der erzählten Welt, sind also das Schreiben und Lesen von Briefen – nicht der Protagonistin, sondern ihrer Söhne.

Dabei bleibt es in der ganzen Kalendergeschichte: Bis zum Resümee am Schluß hat der Ich-Erzähler, der Enkel, seine Großmutter nie selber im Blick, sondern nur aus der Perspektive von Gewährsleuten, die aber ihrerseits kaum persönlichen Kontakt zu der Greisin haben. Erst im fünften Abschnitt löst er sich von den fremden Perspektiven und sagt in eigener Verantwortung „In Wirklichkeit“ – beruft sich allerdings auch hier mehrfach auf seinen Vater als Gewährsmann. Die Indirektheit der Beziehung des Ich-Erzählers und damit auch des Lesers zur Protagonistin ist sorgfältig konstruiert; das ist wichtig, wenn man bedenkt, daß in der Verfilmung der Zuschauer (wie die Kamera) die Person der Greisin unmittelbar vor Augen hat, möglicherweise sogar in Großaufnahme.

Auf der Ebene der Geschichte wird also zwischen Anfang und Ende der Erzählung zwar eine Entwicklung gezeigt, aber nicht die Entwicklung der Hauptfigur, sondern des Erzäh-

ler-Onkels und Briefschreibers, eine Entwicklung von anfänglicher „Enttäuschung" bis zu „Verzweiflung" und „Hysterie". Auf diese „Hysterie" wird nun – den zunächst scheinbar uneingeschränkt geltenden Titel widerrufend – das Werturteil „unwürdig" zurückgeführt.
In die entgegengesetzte Richtung verläuft der Entwicklungsprozeß des Ich-Erzählers auf der Ebene des Erzählens (auf der Ebene des Erzählten kommt er nicht einmal als Briefempfänger vor). Er beginnt im ersten Abschnitt, der die Exposition samt Rückblende enthält, mit einer neutralen, unbeteiligt scheinenden Erzählhaltung. Dieser Abschnitt endet mit dem Satz, in dem der Erzähler seine spätere Erzählstrategie auf engstem Raum zusammenfaßt: „Seine [des Buchdruckers] Briefe an meinen Vater// *und* was dieser bei einem Besuch// *und* nach dem Begräbnis meiner Großmutter zwei Jahre später// erfuhr, geben mir ein *Bild* von dem, was in diesen zwei Jahren *geschah*."
Dann aber läßt sich der Ich-Erzähler auf die Perspektive des Onkels ein, wenn auch, mit den ersten Worten schon, leicht relativierend: „Es *scheint,* daß der Buchdrucker von Anfang an enttäuscht war ..." Mehr und mehr gerät er aber ins Fahrwasser des Onkels und äußert im Kommentar Verständnis („Man muß verstehen"), ja, er identifiziert sich mit dessen kleinbürgerlichen Werturteilen: Es sind seine, des Erzählers Worte, wenn es heißt, daß in der Werkstatt des Flickschusters „nicht besonders respektable Existenzen" („unwürdige" also!) verkehren, und daß der Schuster „jedenfalls (!) kein Verkehr für meine Großmutter war(!)".
Im dritten Abschnitt übernimmt der Ich-Erzähler die Perspektive seines Vaters bei dessen Besuch. (Aus dieser Figurenperspektive wird das einzige Mal in der Kalendergeschichte szenisch erzählt, einschließlich Dialogäußerungen!) Statt Enttäuschung oder gar schon leichter Empörung („Was war in sie gefahren?") hier humorvolles, leicht distanziertes Geltenlassen, aber auch Verständnislosigkeit („Aber was wollte sie?").
Von hier aus probiert der Ich-Erzähler im vierten Abschnitt noch einmal die Perspektive des Briefschreiber-Onkels aus. Dessen Entwicklung in diesem Abschnitt, in „Verzweiflung" und „Hysterie" endend, veranlaßt den Ich-Erzähler zuerst zu Relativierungen („wie der Buchdrucker schrieb", „Meine Großmutter schien ..."), die die Identifikation im zweiten Abschnitt zurücknehmen, dann zu eigenständiger „genauer Betrachtung" der „Wirklichkeit". Damit beginnt der fünfte Abschnitt.
Nachdem am Ende des ersten Abschnitts von dem Bild die Rede ist, das dem Ich-Erzähler die ihm zugänglichen Berichte von der Großmutter indirekt vermitteln, steht ihm zum Schluß doch noch ein wirkliches Bild von ihr zur Verfügung, die „Fotografie", „die sie auf dem Totenbett zeigt". Was er von diesem Foto sagt – „viel Kleines, aber nichts Kleinliches" – gibt in äußerster Verdichtung das Endergebnis eines fünfschrittigen Erkenntnisprozesses auf der Ebene des Erzählens wieder. Auch dem Leser ist die Möglichkeit geboten, diesen wirklich dialektischen Prozeß durchzuspielen. Der fünfte Abschnitt bringt für den Ich-Erzähler eine qualitative Veränderung seines Urteils über die Großmutter und damit seines Normensystems.
Brechts Kalendergeschichte „Die unwürdige Greisin" erzählt die Wandlung dreier Personen: Der Sohn ändert nicht sein kleinbürgerliches Normensystem, von dem sich seine Mutter in wichtigen Punkten verabschiedet hat, er ändert seine Einstellung seiner Mutter gegenüber und wird darüber unglücklich und hysterisch. Der Enkel ändert sich und seine Grundeinstellung und ist am Ende dort angelangt, wo die Großmutter schon zu Beginn der Geschichte steht. Das gelingt ihm wohl deshalb, weil er, wie das indirekte Erzählen zeigt, von Anfang an der alten Frau nicht mit Forderungen und Ansprüchen auf den Leib rückt, sondern eine Distanz wahrt, die sowohl Erkenntnis als auch Freundlichkeit zuläßt.

Zu René Allios Verfilmung

Das Erzählte

Genau die Geschichte der letzten zwei Lebensjahre dieser Frau B. versucht auch René Allio in seiner Verfilmung der Brechtschen Kalendergeschichte zu erzählen. Er erzählt sie

- in einem Film, nicht verbalsprachlich,
- in einem 90minütigen (bzw. auf 50 Minuten gekürzten) Spielfilm, nicht in einer 4seitigen Kalendergeschichte
- und ohne Ich-Erzähler.

Mögen die Änderungen gegenüber der Kalendergeschichte auf der Ebene des Erzählten gravierend sein – die durch das Fehlen eines Ich-Erzählers bedingten Änderungen auf der Ebene des Erzählens machen diese Literaturverfilmung zu einem exemplarischen Fall für die Frage nach dem, was in der Transformation analog sein kann.

Zunächst eine knappe Darstellung der wichtigsten Änderungen in Allios Film (der nicht gekürzten Originalfassung) auf der Ebene des Erzählten – hinsichtlich Personen, Ort und Zeit.

Der Brechtsche Erzähler erzählt aus einer 30jährigen Distanz. Der Erzähler des Films, der – auf den ersten Blick jedenfalls – nicht explizit auftritt, bleibt mit der erzählten Welt in seiner Gegenwart, die für uns heute allerdings beim Zuschauen deutlich sichtbare Vergangenheit ist: Die Handlung spielt in der Entstehungszeit des Films, also ungefähr 1965. Sie spielt nicht in der badischen Kleinstadt wie die Kalendergeschichte, sondern in der französischen Hafenstadt Marseille.

Wichtig ist im Zusammenhang des Orts der Handlung: Marseille – das sind drei verschiedene Orte. Da gibt es einerseits den alten kleinbürgerlichen Vorort L'Estaque mit seinen verwinkelten engen Gäßchen und einfachen freundlichen Häusern – dort wohnt Frau B., die in Allios Film (doppelte Hommage à Bertolt Brecht!) Berthe Bertini heißt. Da gibt es am anderen Ende der Hafenstadt auch einen Vorort, einen modernen mit häßlichen Hochhäusern und vielen Baustellen – dort lebt Albert Bertini, der jüngere Sohn der Madame Bertini, der im Film nicht, wie in der Kalendergeschichte, als Buchdrucker in die Fußstapfen seines Vaters getreten ist, sondern ein kleines Transportunternehmen führt, mit einem Lastwagen, einem Arbeiter (seinem 20jährigen Sohn Pierre), ohne Büro, so daß er alle Telefongespräche in seiner Stammkneipe erledigen muß. (So häufig wie in der Kalendergeschichte Briefe geschrieben werden, wird im Film telefoniert.)

In beiden Vororten, im alten und im modernen, gilt das gleiche kleinbürgerliche Normensystem: Hier muß man sich abrackern, man darf nicht über seine Verhältnisse leben, „leben“ heißt „Niederlagen einstecken“. Allio macht deutlich: Überall sind die einen von den anderen abhängig, indem sie für sie arbeiten müssen, sowohl in der Familie wie im wirtschaftlichen Bereich. Die Rollen sind jeweils klar festgelegt: Auf der einen Seite müht sich der kleine Transportunternehmer Albert täglich ab, von Privatleuten oder Unternehmern wie dem Großunternehmer Kitzinakis neue Lieferaufträge zu bekommen – den Auftraggebern zu „dienen“. Auf der anderen Seite wird der Spieß herumgedreht: Wenn Albert nach Hause kommt oder wenn er einmal seine Mutter besucht, ist es selbstverständlich, daß die Frauen ihn bedienen. Und wenn sein Sohn sein Arbeiter ist, sind die Familienbande nur die Mittel zu einer noch ungeschminkteren Unterdrückung als der, die sich der Chef und Familienvater selbst von Mächtigeren gefallen lassen muß.

Dann gibt es in Marseille aber auch Regionen, in denen andere Normen zu gelten scheinen, dort scheint ein freieres Leben möglich zu sein. Die City der Hafenstadt mit ihrem bunten Leben gibt der „Greisin“ auf ihren neuen Wegen die Möglichkeit, sich treiben zu lassen. Da ist erlaubt, was gefällt. Der Film zeigt dialoglose, dafür mit beschwingter Musik unterlegte Episoden (s. u.). Das Gegenstück zu diesem beschwingten Leben in der Öffentlichkeit sind die nächtlichen einsamen Spaziergänge im Hafen von Marseille. In einer sehr lyrischen Episode des Films sieht der Zuschauer, wie sehr sich Berthe frei und zu Wind und Wellenschlag zugehörig fühlt.

Seit dem Tod ihres Mannes, mit dem die Filmhandlung beginnt, lebt Berthe Bertini in dem geräumigen Haus über der Druckerei ihres Mannes allein. Die Druckerei müßte nun zur Abdeckung der Schulden verkauft werden. Während es in Brechts Kalendergeschichte heißt „Die Kinder schrieben sich Briefe über das Problem, was mit ihr [der Greisin] zu geschehen hätte", führt der Film die Familie am Totenbett zusammen. Das, was die Kalendergeschichte zeitraffend-zusammenfassend erzählt, wird im Film zu einer Reihe von episodischen oder auch breiter ausgeführten Szenen, die teils stumm verlaufen (die einzelnen Familienmitglieder am Totenbett), teils heftigen Familiendisput vorführen. Albert möchte Druckerei und Haus übernehmen. Das aber traut ihm sein älterer Bruder Gaston nicht zu; im Verein mit seiner intellektuell wirkenden Frau sagt er es ihm auch sehr deutlich. Gaston, wie der Bruder ein Transportunternehmer, lebt in irgendeiner anderen Stadt. Er hat sein Leben lang geschäftlichen Erfolg gehabt, so daß er seinem Bruder immer wieder unter die Arme greifen konnte. Allerdings geschah dies nicht in brüderlicher Liebe, sondern aus Geschäftstüchtigkeit: Am Schluß des Films ist Albert dem Bruder gegenüber so verschuldet, daß ihm gar nichts anderes übrigbleibt, als sein kleines Transportunternehmen von Gaston schlucken zu lassen. Dieser Gaston ist also ein anderer Mensch als die entsprechende Figur der Kalendergeschichte, die dort als Vater des Ich-Erzählers eine besondere Bedeutung bekommt und vom Erzähler gegen den immer hysterischer werdenden Onkel ausgespielt wird. Aus einer vom Ich-Erzähler positiv gewerteten Gegenfigur zum jüngsten Sohn der Großmutter ist im Film eine negativ gezeichnete Gegenfigur geworden.

Der vom Motiv der feindlichen Brüder bestimmte Handlungsstrang ist in der FWU-Fassung auf ein Minimum reduziert worden. Mit der Konzentration auf die Titelfigur liegt die gekürzte Fassung nur oberflächlich gesehen näher an der Brechtschen Kalendergeschichte. Wie gezeigt worden ist, ist schon die Kalendergeschichte auf der Ebene des Erzählten genauso durch das Handeln der Söhne gekennzeichnet wie durch das der Greisin. Sinnvollerweise wird im Originalfilm die Erzählung von Berthes neuen Wegen immer wieder gekreuzt durch die Darstellung der Beziehung der feindlichen Brüder zueinander, die letztlich nichts anderes als das Gewinnen und Verlieren im kapitalistischen Konkurrenzkampf ist. So wird dem Zuschauer im Film – in Handlung und Dialog umgesetzt – eine ökonomische Erklärung für die Entstehung des moralischen Normensystems angeboten, von dem aus der Versuch der Befreiung aus Unterdrückungsverhältnissen als „unwürdig" gebrandmarkt wird.

Auch an einer anderen Stelle führt die FWU-Kürzung dazu, daß die gesellschaftskritische Zielsetzung des Original-Films leicht verkürzt wird. Der Film Allios zeigt eine Szene, in der Berthe den Flickschuster Alphonse besucht, von dem an drei Stellen der Kalendergeschichte die Rede ist. Brechts „in der ganzen Welt herumgekommener", sozialdemokratischer Flickschuster erzählt in der Filmszene flunkernd aus seinem Leben (im Hintergrund hängt ein Plakat mit der Aufschrift „Viva Socialista"): von Shanghai 1927, von Tschiangkeischek, Kuomintang und erstickter Revolution, vom eigenen Vater als „altem Revoluzzer". Des Flickschusters über 4 Minuten langer Monolog, der gewissermaßen die Funktion eines Brechtschen Songs hat, dann die dadurch herbeigeführte Unterbrechung des Handlungsfortgangs, der epische Charakter also, inhaltlich die vom Flickschuster vorgetragene Lobrede auf das Auto und die Revolution, und schließlich die von dem Schuster aus einem alten chinesischen Buch zitierte antiindividualistische Poetik – das alles soll wohl eine Hommage à Brecht sein.

Wenn diese Szene in der FWU-Fassung bis auf ihren dem Handlungsfortgang dienenden Beginn gestrichen ist, wenn die Figur des Schusters sowohl als Symbolfigur als auch – in der Handlung – als Gegenpol zum profitgierigen Unternehmer Gaston Bertini fortfällt, bleibt nur noch der witzige, weltgewandte Lebemann Alphonse übrig, der von der Suche der Greisin nach Alternativen zur Kleinkariertheit und Hilflosigkeit oder berechnenden Kälte der eigenen Söhne profitiert.

Während der Flickschuster im Film das Gegengewicht zu den beiden im Kampf ums wirtschaftliche Überleben vereinten, im unterschiedlichen Erfolg getrennten Brüdern darstellt, ist die Kellnerin Rosalie, diese schöne junge Frau, die allen Männern den Kopf verdreht, offensichtlich als Gegenfigur zur Greisin selber konzipiert, genauer: zu ihren Rollen als Tochter, als Frau und als Mutter in ihrem alten, ersten Leben. Damit geht der Film über die Kalendergeschichte hinaus: aus einem armen Ding, einem „möglicherweise schwachsinnigen Küchenmädchen", an dem Frau B. „einen Narren gefressen" hat, wird eine sehr selbständige junge Frau, die ständig wechselnde Männerbekanntschaften hat und dabei sehr wählerisch ist, die sich zwar offensichtlich für die finanziellen Möglichkeiten der Männer und z.B. ihre „schicken Autos" interessiert, aber andererseits diese Gesichtspunkte sofort fallenläßt, wenn ein armer Schlucker wie Albert Bertinis Sohn Pierre auftaucht, den sie einfach mag. Jedenfalls verhält sie sich in jeder Situation im Film, außer gegenüber der Greisin Berthe, nach bürgerlichem Verhältnis „unwürdig", und so wird sie auch schon vor ihrem ersten Auftreten von dem Wirt Ernest als „Hure" bezeichnet. Und für Albert ist – hier in Parallelität zur Kalendergeschichte – gerade die Beziehung seiner Mutter zu dieser jungen Frau der eigentliche Skandal.

In dieser (vom FWU gestrichenen) Szene wehrt sich Rosalie empört gegen Pierre, der mittlerweile meint, aus ihrer Freundschaft Besitzansprüche ableiten zu können: „Willst du etwa werden wie die anderen? ... Ich gehör dir nicht, ich bin nicht dein Eigentum ... Bind mich nicht an!" Pierre, im Besitzdenken der Väter-Generation gefangen, unterstellt ihr, sie wolle besitzen, ihn und – „Skandal!" – auch seine Großmutter. Darauf entgegnet sie: „Was denn für ein Skandal? Der einzige Skandal ist, was ihr früher von Berthe verlangt habt."

Rosalie ist also die Person im Film, die als einzige die Einsichtsfähigkeit aufbringt, die in der Kalendergeschichte allein der Ich-Erzähler hat, und selbst er erst am Schluß.

Die bisher charakterisierten Änderungen bzw. Analogiebildungen in der Verfilmung Allios gegenüber der Brechtschen Kalendergeschichte lassen sich im wesentlichen erklären

- als notwendige *Adaptionen* der verbalsprachlich erzählten Geschichte an das Medium Film: für die Geschichte im Buch mag es unerheblich sein, ob die Personen Briefe schreiben oder miteinander face-to-face reden – der Film versucht, sie mindestens miteinander telefonieren zu lassen, und bringt sie an der entscheidenden Stelle in unmittelbaren Kontakt zueinander;
- als legitime *Aktualisierungen* für das französische Filmpublikum der 60er Jahre (Zeit und Ort der Handlung: Marseille ca. 1965): daß der Kinobesuch der alten Frau im Jahr 1965 und dann auch noch in der Handlung eines Kinofilms nicht mehr als aufregendes Fehlverhalten gelten kann, ist selbstverständlich; und nicht eine Fahrt mit der Bregg, sondern der Kauf eines Autos erscheint als skandalös;
- als Berücksichtigung der Kinoerwartungen eines *Massenpublikums:* hierzu gehört v.a. der Einbau einer Liebesgeschichte (Rosalie–Pierre);
- als nachträglicher Ausgleich oder als *Korrektur solcher Konzessionen* an das Kinopublikum durch strenge Funktionalisierung des neuen Handlungsstrangs;
- als Ausbau von Andeutungen in der Kalendergeschichte, um die *eigene politische Intention,* die als Konkretisierung der Brechtschen Intention verstanden wird, zu verdeutlichen: der Flickschuster und seine Freunde als „alte Revoluzzer".

Insgesamt erscheint die Verfilmung, soweit es um die Ebene der erzählten Handlung geht, als eine in sich plausible aktualisierende Transformation, die sich bewußt in die Brecht-Nachfolge stellt und den deutschen Autor dem französischen Publikum nahebringen will.

Das Erzählen

Wie steht es nun mit der Transformation der Ebene des Erzählens, der in der Kalendergeschichte eine besondere Bedeutung zukommt, sofern sich hier das eigentliche Geschehen abspielt: der dialektische Prozeß der Aufhebung des kleinbürgerlichen Normensystems? Fällt nicht, wenn das Erzählen aus der Perspektive eines Ich-Erzählers nicht auf den Film übertragen wird, das Eigentliche der Kalendergeschichte für die Transformation aus?

Bei der genaueren Untersuchung der den Film charakterisierenden Erzählverfahren stellt sich die Frage nach Analogien zu folgenden fünf Merkmalen der Kalendergeschichte:

1. Die eigentliche Erzählbewegung in der Kalendergeschichte findet im Kopf des Ich-Erzählers bzw. in seinem Erzählen selber statt.
2. Auf der Ebene des Erzählten durchläuft der Briefe schreibende Onkel eine zu der des Ich-Erzählers gegenläufige Entwicklung.
3. Die Protagonistin hat mit dem Einsetzen der Geschichte ihren Veränderungsprozeß schon hinter sich; die Kalendergeschichte beschäftigt sich mit den verschiedenen Urteilen über das Ergebnis der erfolgten Veränderung.
4. Die Protagonistin kommt daher nie „unmittelbar" in den Blick des Erzählers, sondern nur in mehrfacher Staffelung vermittelt.
5. Der Erzähler erzählt nicht „unmittelbar" szenisch; im Berichten über die Berichte seiner Gewährsmänner wendet er fast durchweg ein zeitraffend-zusammenfassendes Erzählverfahren an. Dort, wo er für kurze Zeit eine Szene entwirft, findet – zunächst unmerklich – die Peripetie in seinem Denken statt.

Zu 2.: Der Film baut zwischen dem „neuen Leben" der Großmutter und dem unverändert „alten Leben" und dem entsprechenden Normensystem des jüngeren Sohnes eine klare Opposition auf. Das zeigt sich bis in die Opposition der Handlungsorte; dort, wo sich Berthes neues Leben abspielt, läßt sich der Sohn Albert nie blicken, und Berthe besucht zwar einmal die Familie des Sohnes in der engen Wohnung, aber nur, um sich gleich wieder abzuwenden. Die Entwicklung Alberts verläuft im groben analog zu der des Buchdrucker-Sohnes in der Kalendergeschichte (zu Abweichungen).

Zu 5.: Selbstverständlich erzählt der Film Allios die Geschichte der Großmutter szenisch, wobei es sich teils um länger ausgeführte Szenen, teils um eine Reihung kurzer Episoden handelt. Die episodischen Sequenzen, das mit ihnen verbundene stärker zeitraffende Erzählen, finden sich im zweiten Abschnitt des Films, der die Entwicklung der Greisin vom alten zum neuen Leben zeigt.

Eine erzählerische Besonderheit leistet sich der Film an der wichtigen Stelle, an der in der Kalendergeschichte „die Briefe meines Onkels ganz hysterisch" werden und „nur von der unwürdigen Aufführung unserer lieben Mutter" handeln. Auch im Film schreibt Albert einen Brief an den Bruder. Man hört, wie er den Brief vor sich hin liest; gleichzeitig zeigen ihn sechs einzelne Einstellungen bei verschiedenen Arbeiten, der dazugehörige Text beschäftigt sich mit seiner geschäftlichen Kapitulation vor dem Bruder. Erst zu den zwei folgenden Einstellungen (Albert mit Frau/allein im Café) hört man den Brieftext zum Thema „Großmutter". In die Lesung des Brieftexts ist dann eine kurze, aus zwei Einstellungen bestehende Szene (mit kurzem Dialog) eingelagert, die eine glückliche Berthe mit Rosalie und Alphonse in den Ferien (Hafen von Toulon) zeigt; Brieftext: „Sie ist mit ihren Freunden verreist. Kein Brief, keine Karte ... Wenn ich in den Zeitungen von all diesen Unfällen lese, habe ich Angst, daß sie eines Tages für ihr unwürdiges Benehmen bestraft werden könnte. Ich mach mir Sorgen."

Berthes Entwicklung ist hier auf dem Höhepunkt angelangt, die zwei Einstellungen im Hafen von Toulon – Berthe eingerahmt von den beiden neuen Freunden – beweisen es. In Opposition dazu ist Albert auf den tiefsten Punkt gesunken, bedingt durch das geschäftliche Debakel, nicht durch den Ärger über seine Mutter. Im Unterschied zur Kalendergeschichte verhält er sich nicht (nicht mehr) „hysterisch", sondern besorgt. Die Härte des im Adjektiv „unwürdig" liegenden Urteils erscheint gemildert. Das ist die Konsequenz daraus, daß Allio es unternommen hat, Alberts Denken und Fühlen aus seiner wirtschaftlichen Situation verständlich zu machen.

Wo Brecht mit dem einmaligen szenischen (statt raffenden) Erzählen die Peripetie einleitet, signalisiert Allio mit dem einmaligen raffenden Erzählen den Endpunkt einer Ent-

wicklung, auf den das unerwartete „Ende" folgt: an die Toulon-Ferien schließen sich der Abschied Berthes vom Flickschuster Alphonse (er eröffnet mit Berthes Geld in Toulon einen Schuhladen) und ihr plötzlicher Tod an.
Das zeitraffende filmische Erzählen durch Reihen von Fotos zu Beginn und am Schluß des Films stellt sich bei näherer Betrachtung als Teil der „Erzähler-Ersatz-Strategie" heraus, s. u.

Zu 4.: Die „körperliche" Distanz des Erzählens und des Lesers zur Hauptfigur der Kalendergeschichte führt nach Ablauf des Erzähl-, Lese- und Erkenntnis-Prozesses zu „geistiger" Nähe. Der Film muß, wenn er hier analog verfahren will, der Gefahr widerstehen, daß sich durch die schauspielerische Leistung der Berthe-Darstellerin beim Zuschauer von Anfang an unkritische Sympathie und Identifikation einstellen. Das gelingt Allio und der Darstellerin der Berthe, Thérèse Sylvie, dadurch, daß Berthes Mimik zu Beginn des Films sehr starr ist, keine Gefühlsregung außer einer unnahbaren Trauer verrät; ihre Arme und Hände liegen häufig eng am Körper an, zeigen gewissermaßen nach innen. Auch die schwarze Kleidung hält die Zuschauer auf Distanz. Mehrfach stehen die Personen, die mit Berthe im Bild sind, zwischen ihr und dem Zuschauer. Sie geht nie geradewegs auf die Zuschauer zu, bleibt im Halbtotal- oder Halbnah-Abstand, auch die Kamera und mit ihr der Zuschauer gehen nicht auf sie zu.
Das alles ändert sich erst mit Berthes Besuchen im Stadtzentrum, anfangend mit den neuen Requisiten Hut und Handtasche über den plötzlich offenen, neugierig sachbezogenen Blick und das leise, z. T. selbstironische Lächeln bis zu der größeren Nähe der Kamera und damit des Zuschauers, z. T. aus der „aufblickenden" Untersicht heraus.
Trotzdem rückt ihr die Kamera auch im „zweiten Leben" nicht auf den Leib, und sie behält ihre ichbezogene Gestik bei, vor allem aber: Berthe taut im ganzen Film nur in zwei Szenen soweit auf, daß sie sich in einem Dialog wirklich engagiert (beim Autokauf und im Restaurant vor dem Autoausflug). Im allgemeinen schweigt sie oder macht knappe Bemerkungen. Das fällt um so mehr auf, als ihre Gegenfigur, ihr Sohn Albert, ständig heftig gestikulierend redet. So kann der Zuschauer genügend Abstand halten, um der Greisin – vor dem Hintergrund des Mitleids mit dem Sohn Albert – kritische Empathie statt vorschnell festgelegte Identifikation entgegenzubringen.

Zu 3.: Es ist bereits deutlich geworden, daß die Wandlung der Greisin zum neuen Leben nicht wie in der Kalendergeschichte vor Beginn, sondern innerhalb der eigentlichen Handlung liegt. Sie setzt nach dem Ende des ersten Filmabschnitts (nach über 21 Min.; FWU-Fassung: nach ca. 12. Min.) ein und zieht sich dann bis in den vierten Abschnitt (Autokauf/Autofahrt), ja, bis in den Schlußabschnitt (Ferien) hin.
Hier haben wir es also mit einer klar erkennbaren Änderung im Erzählverfahren des Films gegenüber dem der Kalendergeschichte zu tun: Die eigentliche Entwicklung findet nicht auf der Ebene des Erzählens statt, sondern auf der der erzählten Handlung. Der Spielfilm läßt sich nicht die Möglichkeit entgehen, das Publikum durch das Prinzip der Steigerung zu fesseln. Dabei geht das Zeigen im Gezeigten unter (entsprechend dem Erzähl- und Aufführungscharakter der filmischen Fiktion).
Es wäre allerdings falsch, von einer Psychologisierung der Gestalt der Großmutter zu sprechen. Da der reflektierende, rechtfertigende oder Gefühle ausdrückende Dialog fehlt, bleibt der Zuschauer vor dem Rätsel eines Gesichts stehen, der Film bietet so wenig eine Sicht ins Innere der Hauptfigur wie die Kalendergeschichte. Und auch im Film ist die Wandlung plötzlich da, mit dem gleichen „Aber" wie bei Brecht (im Familiengespräch vor der Beerdigung: „Hab' schönen Dank, Gaston ... Aber ich werde nicht zu euch ziehen").
Immer entschiedenere Abwendung von der Familie und der Vergangenheit, ohne je den Boden unter den Füßen zu verlieren – ständige Erweiterung des Horizonts und Erreichen einer höheren Stufe der Unabhängigkeit: das sind die erkennbaren Tendenzen der spiralförmigen Entwicklung und Steigerung. Das

Prozeßhafte, Konstruierte dieses Vorgangs kann dem Zuschauer deutlich werden, da eigentliche Spannung ja nicht aufkommt und er in stummen, musikuntermalten Kurzszenen ruhiger, entspannter Beobachter bleiben kann. Damit versucht Allio auf der Ebene der erzählten Handlung eine Analogie zum Brechtschen Erkenntnisprozeß, der dort auf der Ebene des Erzählens verläuft, herzustellen.
Den Beginn dieses Unternehmens signalisiert er, indem er zwischen die Beerdigungsszenen und die ersten neuen Schritte in L'Estaque drei Großaufnahmen von Berthe einschiebt: während sie, noch einsam (entsprechend der Kalendergeschichte) und stumm ihr „keinesfalls üppiges" Essen zu sich nimmt („ihren geliebten Zwieback" und „einen billigen Rotwein"), ist sie zunächst von hinten zu sehen, sie blickt also „zurück"; dann blickt sie einige Sekunden zur Seite, schließlich für längere Zeit „nach vorn" (in die Zukunft).

Zu 1.: Allio hat sogar eine sinnvolle Analogie zu Brechts Ich-Erzähler gefunden: Der Film erzählt zunächst die Vorgeschichte (zeitraffend wie die Kalendergeschichte), und zwar durch eine Reihung von 12 Fotos, 8 Kameraeinstellungen und noch einmal 6 Fotos, die in die Gegenwart einmünden, und zwar so, daß die erste Einstellung der laufenden Handlung das vorletzte Foto „zitiert" und „zum Laufen bringt". Dazu singt ein (noch unsichtbarer) Sänger, von einer Band begleitet, ein Chancon, das Jean Ferrat für den Film geschrieben hat und das das auf die Hausfrauen- und Mutterrolle fixierte Leben der Protagonistin leicht melancholisch kommentiert („Man heiratet früh mit 20 ..."; siehe Lesebuch S. 201). In den letzten Szenen des Films stellt sich dann heraus, daß der Sänger niemand anderes ist als der Enkel Pierre, der seit langem mit seiner Band Chansons geübt und gespielt hat. Während in der letzten Szene die Band ohne Sänger das Chanson „Man heiratet früh mit 20" spielt und damit die Vorgeschichte der Greisin, ihr altes, erstes Leben der „Knechtschaft" in die Gegenwart holt, schaut sich Pierre die Fotos aus ihrem zweiten Leben an, dem Leben der „Freiheit" im Urlaub mit Rosalie und Alphonse. Dazu zitiert ein Off-Sprecher einen der letzten Kurzabsätze der Kalendergeschichte („Genau betrachtet lebte sie hintereinander zwei Leben ...") und den allerletzten Satz, in dem von den „langen Jahren der Knechtschaft" und den „kurzen Jahren der Freiheit" die Rede ist. Das soll wohl heißen: Dies geht dem Enkel Pierre durch den Kopf, die Gedanken des Brechtschen Ich-Erzählers sind seine Gedanken (das hörbare Brecht-Zitat zum Schluß korrespondiert einem sichtbaren Brecht-Zitat vor dem Beginn des Films, der Geschichte von Herrn K., der sich angeblich nicht verändert hat und der deshalb „erbleicht"). Pierre ist zwar nicht der Erzähler des Films, aber doch im Film Erinnerer und Kommentator von Berthes zweitem Leben.
Offensichtlich ist es notwendig, sich auch Pierres Entwicklung näher anzuschauen: Zunächst ist der Sohn des Transportunternehmers Albert Bertini zu einem Doppelleben, zur unaushaltbaren Gleichzeitigkeit eines „alten" und eines „neuen Lebens" gezwungen: er muß sich als Arbeiter seines Vaters abrakkern und unselbständig Geld verdienen, abends aber übt und spielt er mit seiner Band für wenig Geld und träumt von einer Künstler-Karriere in Paris. Für seinen Vater ist er die Kontaktperson zur Großmutter – sie mag den Enkel offensichtlich und der sie auch. Er bricht mit seinem Vater, der ihm die Gitarre zerschlagen hat, aber die Großmutter gestattet ihm den völligen Bruch mit der Vergangenheit nicht: Als der Vater verletzt ist, erwartet sie von ihm, daß er das Geschäft weiterführt, gleichzeitig mit seiner künstlerischen Tätigkeit. Soll er schaffen, was Berthe nicht mehr möglich ist: die Synthese zwischen „Freiheit" und „Knechtschaft" – indem er beides gleichzeitig „auskostet"? Jedenfalls hat er Schwierigkeiten mit seinem Leben, auch mit der Liebe: Er hat sich in Rosalie verliebt, unabhängig von Berthes Zuneigung zu der jungen Frau – versteht aber, anders als die beiden Frauen, unter „Liebe" und „Freunschaft" immer noch „Besitzenwollen". Das alles beweist, daß er zwar auf dem richtigen Weg ist, aber noch nicht die richtige Lösung für die Balance der „zwei Leben" gefunden hat. Worauf es ankommt, das allerdings hat er von der Großmutter gelernt: Auf dem Friedhof-

Spaziergang mit seinem Onkel Gaston hält er diesem entgegen: Die Großmutter „ist ganz und gar nicht verrückt – sie hat sich bloß geändert".

Der Ich-Erzähler am Schluß der Kalendergeschichte hat es, verglichen mit Pierre, leicht: er existiert nur auf der Ebene des Erzählers. Der „Erzähler-Ersatz" Pierre dagegen soll sich in seinem eigenen *Leben* auf den Weg machen zu dem Ziel, an dem der Brechtsche Ich-Erzähler in seiner *Erkenntnis* schon angekommen ist. Mit den Mitteln des Films strebt Allio etwas Ähnliches an wie Brecht mit den Möglichkeiten der Kalendergeschichte: durch die Identifikation mit dem Enkel der „unwürdigen Greisin" werden die Leser und der Zuschauer in ihr eigenes Leben entlassen mit der Möglichkeit, sich zu ändern und darin einen Schritt weiterzugehen als der eine oder der andere Enkel.

Zum Aufbau des Kapitels

Das Kapitel wird durch Brechts Kalendergeschichte eröffnet. Die beiden S. 188 und 189 eingefügten Fotos vom Autor und von seinen Großeltern veranschaulichen den autobiographischen Hintergrund der Erzählung, der für deren Interpretation herangezogen werden kann (dazu Arbeitsvorschläge S. 142). Er ist wohl auch für R. Allios Interesse an der Kalendergeschichte wichtig gewesen.

S. 192 bis S. 199 folgt ein sogenanntes Transkript des Films, das folgende Anforderungen erfüllen soll:

- Für den Leser soll das Transkript eine spannend lesbare Geschichte sein (v.a. wenn er nicht die Gelegenheit haben sollte, den Film zu sehen). Die Bilder sollen in diesem Zusammenhang unterstützend wirken.
- Das Transkript bemüht sich, möglichst nahe am Filmgeschehen zu bleiben, ohne bis in einzelne Filmeinstellungen detailgenau zu werden.
- Es gibt möglichst viel vom Filmdialog wieder, und zwar wortgetreu.
- Das Erzählverfahren des Transkripts entspricht dem Versuch, möglichst genau die szenische, sich auf keine bestimmte Figurenperspektive festlegende, die Innensicht vermeidende Erzählhaltung des Films nachzuahmen (wobei im Interesse der Verständlichkeit an einigen Stellen Deutungen des Erzählers nicht vermieden wurden).
- Das Transkript bildet den Erzählaufbau des Films (der FWU-Kurzfassung) in 25 Sequenzen ab. Den segmentierenden Schnitten entsprechen größere Absätze und die z.T. lakonischen Zeitangaben. (Die Tabelle auf S. 146 verschafft einen Überblick über diese 25 Sequenzen.)

Das Transkript repräsentiert den *Film im Lesebuch*. Einerseits ist es natürlich nur ein Ersatz für den Film. Andererseits aber hat es für die Arbeit am Film eine entscheidende Bedeutung, weil nur so ein grundlegendes Problem der Beschäftigung mit Filmen zu lösen ist: Das Davonlaufen der Bilder im Tempo der Filmvorführung, die nachträglich nur z.T. mögliche partielle und gezielte Wiederholung der Vorführung, jedenfalls die Sukzessivität in der Zeit, die nur in der Erinnerung mehr oder weniger vollständig zu „haben" ist – diese filmspezifische Flüchtigkeit sollte im Unterricht durch den Text des Transkripts und die damit gekoppelten *stehenden* Bilder ausgeglichen werden, so daß ein genauer, ruhiger Blick und Überblick sowie gezielte Vergleiche und Strukturierungen möglich sind. Erst alle Elemente zusammen,

- der z.T. mehrfach vorgeführte Film,
- die stehenden Bilder,
- das Transkript,
- außerdem vielleicht tabellarische Übersichten und graphische Darstellungen

machen das Material für einen Umgang mit dem Film aus, der die bloßen Rezeptionsresultate überbietet.

Im Lesebuch ist auf S. 200 ein Kommunikationsmodell „Literaturverfilmung" eingefügt. Es muß nicht explizit und ausführlich zum

Unterrichtsgegenstand gemacht werden; vielmehr soll es den Schülern v. a. eine Übersicht über die inhaltliche Strukturierung der nach Gruppen und unterschiedlichen Aufgabenstellungen geteilten Arbeit ermöglichen:

- In jeder Gruppe (s. S. A 43ff.) geht es um den Vergleich Text (Kalendergeschichte) – Film.
- Sowohl in der Kalendergeschichte als auch im Film sollen „Erzähltes" (erzählte/gezeigte Handlung: wer, was, wann, wo, wie, warum) und „Erzählen" (1. Erzähl/Zeige-Perspektive, 2. Aufbau der Handlung, 3. „Erzählweise" = Erzählen in der Zeit) untersucht werden.

Der dritte Teil des Lesebuch-Kapitels bietet in 3 Blöcken Vergleichsmaterial für die detailliertere Untersuchung an:

① S. 200/201: Den ersten drei Absätzen der Kalendergeschichte stehen vier der zwölf Fotos gegenüber, die zusammen den Filmanfang ausmachen und die Vergangenheit der Großmutter gerafft darstellen sollen (Jugend, Hochzeit, Kinder, Familie vor der Imprimerie). Auf eine Reihe von acht „laufenden" Kameraeinstellungen, die die gegenwärtige Lebenswelt der Großmutter repräsentieren, folgen im Film noch einmal sechs Fotos, die in die unmittelbare Gegenwart der Protagonistin weisen; das untere Foto S. 201 (Wäsche) gehört in diese Reihe und ist dann gleichzeitig die erste Einstellung der einsetzenden Filmhandlung.

Der Filmton zu den 12 + 6 Fotos und 8 Kameraeinstellungen besteht ausschließlich aus dem gesungenen Chanson (Text s. S. 201).

Die Arbeitsvorschläge enthalten genaue Hinweise auf die Zusammenhänge, in denen die Gegenüberstellung S. 200/201 ihre Bedeutung hat.

② Die S. 202 bezieht sich auf den ersten Abschnitt des Films (3. bis 6. Sequenz), die Situation vor der Beerdigung, die noch zum „ersten Leben" der Greisin gehört, in der diese aber schon die Weichen für ihr „zweites Leben" stellt.

Die 6 Bildreihen S. 204 und 205 (oben) zeigen genau die spätere allmähliche Steigerung in der Entwicklung der Großmutter in Richtung auf das neue Leben und darin eingelagert die Reaktion des jüngsten Sohnes.

Die 3 Bilder auf S. 203 geben die drei stummen Kameraeinstellungen wieder, in denen die Protagonistin schweigend ihre – von der Kamera „wörtlich" genommene – Kehrtwendung vollzieht, vom Blick zurück über das wache Besinnen bis hin zum Blick nach vorn.

Den skizzierten drei Stationen des Handlungsverlaufs im Film stehen die entsprechenden Ausschnitte aus der Kalendergeschichte gegenüber. Sie reichen von der zweiten Hälfte des ersten Erzählabschnitts (Exposition: nach der Vorgeschichte die „neue Situation", S. 202 und 203 bis "... geschah.") bis in die Mitte des zweiten Erzählabschnitts, in dem sich der Ich-Erzähler der Perspektive des Buchdrucker-Sohnes anschließt (S. 203, von „Es scheint, daß ...").

Die drei Einstellungen der Kehrtwendung S. 203 beziehen sich auch auf drei Sätze aus dem letzten, fünften Abschnitt der Kalendergeschichte.

Die Abschnitte III und IV des Films lassen sich überschreiben „Die bisherige Familie und die neuen Freunde" und „Der neue Lebensstil". Die Bildreihe S. 205 unten (Filmabschnitt III, Sequenz 14) soll exemplarisch gelten; sie zeigt die Großmutter zusammen mit Rosalie, der Mittlerin zwischen dem alten und dem neuen Leben, auf dem Weg zu dem neuen Freund, der personifizierten Alternative zu ihrer bisherigen Lebensweise – gefolgt und beobachtet von Pierre, ihrem Mittler zum alten Leben, zur Familie hin. Die Opposition Alphonse–Albert und Rosalie–Pierre werden hier deutlich.

Der Ausschnitt aus der Kalendergeschichte auf S. 205 ist die zweite Hälfte des zweiten Erzählabschnitts; der Ich-Erzähler verharrt, gerade in den Ausrufen und der Frage am Schluß, in der vom Buchdrucker übernommenen Perspektive.

Die Arbeitsvorschläge beschreiben die vielfältigen Möglichkeiten der Auswertung dieses Materialien-Blocks.

③ Die Sätze vom Ende der Kalendergeschichte S. 206 enthalten das abschließende, selbständig gewordene Urteil des Ich-Erzählers. Sie bilden auch das akustische Ende des Films: der Off-Sprecher zitiert genau diese Sätze (mit der Musik des Anfangs-Chansons im Hintergrund).

Die Bilder aus der letzten der 25 Filmsequenzen zeigen zunächst den die Ferienfotos der Großmutter findenden und betrachtenden Pierre, dann diese Fotos selbst.
Dieser Materialien-Block gibt die Möglichkeit, die Rolle des Enkels als Stellvertreter des im Film nicht realisierten Ich-Erzählers zu untersuchen und den Bogen zurück zum Filmanfang (s. S. 201) zu schlagen (s. die entsprechenden Arbeitsvorschläge).

Methodische Hinweise

Die Kalendergeschichte Bertolt Brechts kann natürlich auch unabhängig von ihrer Verfilmung, z.B. in einem lockeren Zusammenhang mit dem Lesebuch-Kapitel „Autobiographische Geschichten", behandelt werden; entsprechende Arbeitsaufgaben sind vorhanden. Aber normalerweise wird die Realisation des Kapitels „Die unwürdige Greisin" den exemplarischen Text-Film-Vergleich zum Ziel haben.

Zunächst sollte die Kalendergeschichte für sich erarbeitet werden, und zwar im Plenum der Klasse. Der Unterricht sollte neugierig machen auf die Verfilmung, ihre Untersuchung und Beurteilung: Was wird sich durch die „Übersetzung" in das Medium Film verändern? Was wird – trotz der Veränderung – analog geblieben sein, so daß man von einer adäquaten Verfilmung sprechen kann?
Die Fülle der zu bearbeitenden Fragen und des zu untersuchenden Materials ist am sinnvollsten in arbeitsteiliger Gruppenarbeit zu bewältigen. Insgesamt bekommt die Unterrichtseinheit „Literaturverfilmung" dadurch den Charakter eines Projekts, währenddessen die Schüler, angeleitet durch die Arbeitsvorschläge, in selbständiger Organisation ihrer Arbeit zu schriftlich fixierten (vielleicht auch vervielfältigten) Ergebnissen kommen, die von den Gruppensprechern dem Plenum vorzutragen sind.

II. Arbeitsvorschläge zur Umsetzung des Kapitels im Unterricht

In den letzten Jahren sind im Fernsehen und Kino ständig neue Verfilmungen bekannter Erzählungen, Romane oder Theaterstücke gezeigt worden. Aber schon vor Jahrzehnten, in der Frühgeschichte des Kinofilms, griffen die Filmemacher auf den Vorrat an Geschichten zurück, den die Literatur bereithält.
„Das ist ja ganz anders als im Buch!" sagen wir häufig, wenn wir die Verfilmung eines Buches anschauen, das wir gelesen haben, und wir finden das Buch „viel besser". Andererseits glauben sehr viele, sich die Lektüre des Buches ersparen zu können, wenn sie die Verfilmung gesehen haben: „Die Geschichte ist ja die gleiche."
Möglicherweise *muß* aber die Geschichte, um die es geht, im Film „ganz anders" erzählt werden als im Buch; und möglicherweise liegt der Reiz gerade darin, die gleiche Geschichte zweimal kennenzulernen, „gleich" *und* „ganz anders".
Am Beispiel der Verfilmung von Bertolt Brechts Kalendergeschichte „Die unwürdige Greisin" könnt ihr solche Überlegungen anstellen. Die Erkenntnisse, die ihr dabei gewinnt, könnt ihr später auf andere Literaturverfilmungen im Fernsehen oder im Kino anwenden.
Manchmal wird es so sein, daß ihr eine Literaturverfilmung seht und dann erst das „Original" (das Buch) lest. Bei der „Unwürdigen Greisin" könnt ihr die ursprüngliche Reihenfolge wählen: erst das „Original", dann die „Übersetzung".

Bertolt Brecht, „Die unwürdige Greisin“ (S. 188)

▷ Der Ich-Erzähler sagt von seiner Großmutter: „Genau betrachtet lebte sie hintereinander zwei Leben.“ Erläutert dies.
Auf welches der beiden Leben bezieht sich eurer Meinung nach der Titel „Die unwürdige Greisin“?
Könnt ihr euch dem Urteil anschließen, das in dem Titel enthalten ist?

▷ Ihr könnt zu einem genaueren Urteil in dieser Frage finden, wenn ihr zuvor folgende Sachverhalte untersucht:
- Welches Verhalten der Greisin ist im Titel gemeint?
  Stellt in einer Übersicht zusammen, welche Verhaltensweisen das neue und welche das alte Leben der Großmutter kennzeichnen, und was in dem „neuen Leben“ mit den Verhaltensweisen aus dem früheren Leben geschehen ist.
- Was ist überhaupt mit „unwürdigem Verhalten“ gemeint? Schreibt auf, was ihr darunter versteht. Vielleicht hilft euch die Begriffsbestimmung von „Würde“ aus einem Wörterbuch der deutschen Sprache: „Würde“ ist demnach „ein Achtung gebietendes Verhalten und Wesen eines Menschen auf Grund seiner starken Persönlichkeit“.
  (Seid ihr mit dieser Begriffsbestimmung einverstanden?)
- Welche Verhaltensweisen erwartet „man“, „normalerweise“, von einer würdigen 72jährigen Witwe? Notiert auch eure Gedanken darüber, wer „man“ ist.

▷ *Faßt eure Ergebnisse zusammen, indem ihr einen der Briefe des Buchdruckers schreibt, in denen dieser sich über die „unwürdige Aufführung unserer lieben Mutter“ beklagt. In diesem Brief kommt es dem Buchdrucker vor allem auf die Gründe an, warum das Verhalten der Mutter zu verurteilen ist.*

▷ Daß der Buchdrucker seine Mutter für eine „unwürdige Greisin“ hält, wird vom Ich-Erzähler berichtet. Wie der Ich-Erzähler selber seine Großmutter beurteilt, ist schwieriger herauszufinden.
- Sucht zunächst die Stellen im Text auf, an denen der Ich-Erzähler angibt, wie er zu seinem Wissen über das Leben der Großmutter gekommen ist.
  Für wie zuverlässig hält er die verschiedenen Quellen? Woran könnt ihr seine Einschätzung erkennen?
- Woran könnt ihr erkennen, daß der Ich-Erzähler am Schluß der Geschichte mehr als zuvor in Erscheinung tritt? Ist seine Berichterstattung hier zuverlässig?
- Der Ich-Erzähler macht sich allmählich ein „Bild“ vom Leben der Großmutter und gibt es den Lesern Stück für Stück weiter. Wie verändert sich das Bild im Lauf der Geschichte?
- Am Schluß der Geschichte erfahrt ihr, wie die Greisin auf einer letzten Photographie ausgesehen hat. Schaut euch genau an, was über dieses Bild gesagt wird, und nehmt den letzten Satz mit hinzu.
  Was für ein Gesamtbild ergibt sich jetzt für den Ich-Erzähler?

▷ An dieser Stelle könnt ihr eure Diskussion vom Anfang wieder aufnehmen:
Welches Gesamtbild von der Großmutter ergibt sich jetzt für *euch*?
Der Titel der Geschichte hat sich nicht geändert. Wieweit hat sich eure Einstellung zu dem Titel geändert?

▷ Der Autor Bertolt Brecht hat „in einem badischen Städtchen“, in Achern, wirklich eine Großmutter gehabt, die dort zwei Jahre nach dem Tod ihres Mannes als 80jährige „Greisin“ gestorben ist.
Auf S. 189 findet ihr ein Photo, das Karoline Brecht, geb. Wurzler, mit ihrem Mann, dem Lithographen Stefan Berthold Brecht, zeigt. Bertolt Brecht schreibt in einem Gedicht zum 80. Geburtstag seiner Großmutter im Jahr 1919: „Wenn ihr Kinder / Tief im Schatten des breiten Daches des Hauses am Markte / Schliefen – / Hatte sie voller Arbeit die Hände, denen das Brot und den Trunk / Die Kinder entrissen.“ Von ihrem Lebensabend heißt es dort: „Endlich am Abend ging sie, die alle geboren / Allein durch das Haus am Marktplatz, aufrecht und ungebeugt.“
Ob sich Brechts Großmutter in ihren letzten zwei Lebensjahren ähnlich wie die „unwürdige Greisin“ verhalten hat, ist nicht genau bekannt. Aber das ist wohl auch nicht so unbedingt wichtig; der Brecht-Forscher K. D. Müller schreibt hierzu: „Die ‚unwürdige‘ Greisin muß nicht Brechts Großmutter gewesen sein, um eine Großmutter für Brecht sein zu können.“
Wie läßt sich dieser Satz verstehen?
Wäre die „unwürdige Greisin“ auch eine „Großmutter für euch“?

René Allio, Verfilmung von „Die unwürdige Greisin" (S. 192–206)

Wahrscheinlich möchtet ihr, nachdem ihr den Film gesehen habt, zunächst eure ersten Eindrücke austauschen:
Was hat sich bei der „Übersetzung" von Brechts Geschichte in Allios Spielfilm alles geändert?
Versucht eine vorläufige Antwort auf die Frage zu finden, wieweit das „Original" wiedererkennbar ist.
Die Antwort wird genauer, wenn ihr in Gruppenarbeit die Veränderungen in vier Bereichen untersucht (Ausführliche Arbeitsanleitungen für die einzelnen Arbeitsgruppen (AG's) sind auf den folgenden Seiten gegeben):

AG 1: Veränderungen in der Eigenart und im Verhalten der Personen („erzählte Handlung")
AG 2: Veränderungen durch den Wechsel vom Ich-Erzähler der Kalendergeschichte zum „Erzähler des Films" (Erzähler-Perspektive)
AG 3: Veränderungen im Aufbau der Handlung
AG 4 und **5:** Veränderungen in der Erzählweise (Erzählzeit)

Schaut euch, bevor ihr euch der Bearbeitung dieser Aufgaben zuwendet, im Lesebuch die grafische Darstellung auf S. 200 an und beschreibt die einzelnen Momente im Vorgang der Literaturverfilmung.
Es wäre gut, wenn ihr bei der Beschäftigung mit den Aufgaben immer wieder zu einzelnen Fragen bestimmte Stellen des Films erneut anschauen könntet. Jedenfalls solltet ihr immer wieder die Nacherzählung der Filmhandlung und die Fotos am Rande auf S. 192–199 im Lesebuch zu Hilfe nehmen, um auf diese Weise das beim Filmzuschauen Gesehene aus der Erinnerung hervorzuholen und „in Sprache zu übersetzen".
Macht euch bei der Arbeit in der Gruppe genaue Notizen, damit ihr anschließend die anderen Gruppen gut über eure Arbeitsergebnisse informieren könnt.

Arbeitsanleitung für Arbeitsgruppe 1
(Veränderungen in der Eigenart und im Verhalten der Personen)

▷ Wann und wo spielt die Handlung der Brechtschen Kalendergeschichte, wann und wo die Handlung des Spielfilms von Allio?
Nennt mögliche Gründe, warum Allio die Handlung räumlich und zeitlich verlegt hat. Könnt ihr die Gründe akzeptieren?

▷ Was ändert sich im Film gegenüber der Kalendergeschichte dadurch, daß ihr die Großmutter als lebendigen Menschen seht, und zwar in Gestalt der französischen Schauspielerin Sylvie (Thérèse Sylvie, 1883–1970)? Erkennt ihr in der Berthe des Films die Großmutter der Kalendergeschichte wieder?

▷ Bei der Beschäftigung mit der Brechtschen Geschichte habt ihr eine Übersicht über die „alten" und die „neuen" Verhaltensweisen der Großmutter angelegt.
Fertigt eine zweite Übersicht an: Welche Verhaltensweisen kennzeichnen im Film das „alte", welche das „neue Leben" der Greisin? Vergleicht die beiden Übersichten: Was hat sich im Film geändert, was ist gleich oder ähnlich geblieben?

▷ Vergleicht die Personen der Kalendergeschichte und des Films. Fertigt eine Tabelle an, in die ihr alle Personen aus der Kalendergeschichte und die entsprechenden (und zusätzlichen) Personen aus dem Film eintragt:

Kalendergeschichte	Spielfilm
Großmutter	Großmutter Berthe
jüngster Sohn, Buchdrucker	Albert, Fuhrunternehmer
usw.	usw.

– Sobald ihr die Tabelle fertiggestellt habt, könnt ihr die Frage beantworten, was aus den Personen der Kalendergeschichte im Film geworden ist?
– Was hat sich dadurch geändert, daß neue Personen hinzukommen? Welche Rolle im Rahmen der Handlung spielt die in der Verfilmung hinzuerfundene Person des Enkels Pierre? Berücksichtigt, daß er zu mehreren Personen in enger Beziehung steht.

- Wie hat sich die Wichtigkeit der einzelnen Personen für die Handlung verschoben?
- Wie haben sich die Beziehungen der Personen untereinander verändert?
- Vor allem: Welche Rolle spielen die einzelnen Personen für die Großmutter und für ihren Weg in das „neue Leben": Welche Rolle in der Kalendergeschichte, welche im Film?

▷ Faßt den Vergleich der im Film gezeigten Handlung mit der in der Kalendergeschichte erzählten Handlung zusammen: Stehen Veränderungen und Wiedererkennbarkeit in einem „ausgewogenen" Verhältnis?

Arbeitsanleitung für Arbeitsgruppe 2

(Veränderungen in der Erzählperspektive)

▷ Ihr habt festgestellt, daß die Kalendergeschichte „Die unwürdige Greisin" von einem Ich-Erzähler erzählt wird.
Ein Ich-Erzähler steht entweder als „allwissender" Erzähler außerhalb des erzählten Geschehens, er sagt „ich", um den Leser direkt anreden zu können. Oder er gehört zu den Personen der Handlung, hat aber einen zeitlichen Abstand zum erzählten Geschehen. Im zweiten Fall kann er die im Mittelpunkt der Handlung stehende Person sein oder eine Person am Rande.
Was für ein Ich-Erzähler ist der Ich-Erzähler in der Kalendergeschichte „Die unwürdige Greisin"?

▷ Auch in Filmen können alle drei Ausprägungen des Ich-Erzählers vorkommen. Allio hat in seiner Verfilmung der Brechtschen Geschichte auf einen Ich-Erzähler verzichtet. Warum wohl? Welche Probleme hätten sich durch einen filmischen Ich-Erzähler für den Film ergeben?

▷ Beschreibt anhand der folgenden Grafik den Abstand, den der Leser der Kalendergeschichte zu der Person der Großmutter hat:

Versucht mit Hilfe einer entsprechenden Grafik den Abstand des Filmzuschauers zur Person der Berthe darzustellen und zu klären. Durch den unterschiedlichen Abstand hat der Zuschauer eine andere innere Einstellung gegenüber der Großmutter als der Leser. Beschreibt diesen Wechsel und bedenkt dabei die Wirkung der Nah- und Großaufnahmen von Berthe.

▷ Filme können nur die sichtbare und hörbare Außenwelt darstellen. Die Gedanken und Empfindungen der Person (ihre „Innenwelt") können nur soweit gezeigt werden, wie sie im Dialog zum Ausdruck kommen. (Ausnahmen: Monologe, Erinnerungen durch Rückblende oder Träume durch „Traumbilder").
Häufig aber sind Gestik, Mimik und Sprechweise so „beredt", daß den Zuschauern indirekt ein Einblick in die „Innenwelt" geboten wird.
Wie „beredt" sind Berthes Gestik, Mimik und Sprechweise?

▷ Wieviel von der „Innenwelt" der Großmutter erfahren wir in der Kalendergeschichte dadurch, daß der Erzähler direkt ihre Gedanken und Empfindungen übermittelt, wieviel dadurch, daß von ihrer Mimik, Gestik und Sprechweise die Rede ist?

▷ Was „sagt" die Musik des Chansons (siehe S. 201) zur Handlung oder zu den Gedanken und Empfindungen der Personen? Welche Rolle spielt Musik im gesamten Film? Seht und hört euch einzelne Stellen des Films noch einmal an.

▷ Schaut euch im Lesebuch die Seite 206 an: Am Anfang des Films weiß der Zuschauer und Zuhörer noch nicht, daß es am Schluß die Band des Enkels Pierre ist, die das Chanson „Man heiratet früh mit zwanzig" spielt, und daß Pierre dann, statt als der Sänger der Band den Text zu singen, die Fotos der Großmutter anschaut. Im Unterschied zum Ich-Erzähler der Kalendergeschichte sieht er

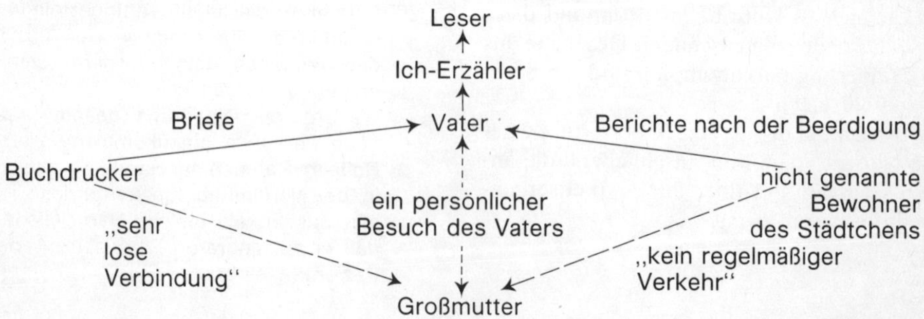

keine „Photographie von ihr", „die sie auf dem Totenbett zeigt", sondern vor allem Ferienfotos. Von diesen könnte er allerdings mit den Worten des Ich-Erzählers am Anfang der Kalendergeschichte sagen: Die Fotos „geben mir ein Bild von dem, was in diesen zwei Jahren geschah".
Die Musik der Band geht über in die von einem Off-Sprecher gesprochenen Sätze aus der Kalendergeschichte, in denen der Ich-Erzähler am Schluß das „neue Leben" der Großmutter „genau betrachtet" (s. S. 206).
Beschreibt die Funktion von Pierre im Vergleich zu der eines Ich-Erzählers.
Bezieht in eure Überlegungen auch das Urteil Pierres über die Großmutter im Gespräch mit seinem Onkel Gaston ein (siehe Film-Nacherzählung S. 198).

Arbeitsanleitung für Arbeitsgruppe 3
(Veränderungen im Aufbau der Handlung)

▷ Verschafft euch anhand der Tabelle auf der nächsten Seite einen Überblick über den Aufbau der Filmhandlung.
▷ Sucht für die 25 Sequenzen des Films (= 25 Teile der Nacherzählung von Seite 192–199) Überschriften, die den Inhalt genauer wiedergeben als die knappen Angaben in der Tabelle. Achtet bei der Formulierung darauf, daß die einzelnen Überschriften etwas miteinander zu tun haben und daß an ihrer Abfolge der Aufbau der Filmhandlung ablesbar wird.
▷ Wie könnten die Überschriften für die Abschnitte I–V lauten? Was tragen die einzelnen Abschnitte zur Darstellung des „alten" und des „neuen" Lebens der Großmutter bei?
▷ *Stellt eure Ergebnisse in einer Tabelle übersichtlich zusammen, ähnlich der Tabelle auf der nächsten Seite, und vervielfältigt sie.*
▷ Auch die Kalendergeschichte kann in 5 Abschnitte gegliedert werden. Wie ihr bereits bei der Bearbeitung der Arbeitsaufgaben zur Kalendergeschichte herausgefunden habt, sind es 5 Schritte des Ich-Erzählers auf seinem Weg, ein Bild von den beiden letzten Lebensjahren seiner Großmutter zu gewinnen:
Abschnitt I: Lesebuch, Seite 188, Zeile 3–30
Abschnitt II: Lesebuch, Seite 188, Zeile 35–189, Zeile 43
Abschnitt III: Lesebuch, Seite 189, Zeile 44–190, Zeile 25
Abschnitt IV: Lesebuch, Seite 190, Zeile 26–191, Zeile 2
Abschnitt V: Lesebuch, Seite 191, Zeile 8–Zeile 43
Vergleicht die Reihenfolge der Schritte des Ich-Erzählers mit der Reihenfolge der Schritte der Großmutter auf ihrem Weg vom „alten" zum „neuen" Leben?
▷ Versucht das Anordnungsprinzip zu erkennen, nach dem die 5 Abschnitte des Films aufeinanderfolgen. In welchem Verhältnis stehen die Abschnitte zum Weg Berthes in ein „neues" Leben? Warum verfährt der Film anders als die Kalendergeschichte?
▷ Untersucht die besondere Bedeutung der folgenden Sequenzen (bzw. einzelnen Szenen) für die gesamte Filmhandlung:
- Sequenz 4 (Die Familie am Küchentisch)
- Sequenz 8, darin die erste Szene: Berthe allein (vgl. S. 203 oben) und Sequenz 20 (Berthe am Hafen)
- Sequenzen 11, 13, 15, 23 (Alberts Standpunkt: Vergleicht mit der Kalendergeschichte!)
- Sequenz 19, darin vor allem das Gespräch Gaston – Pierre (Vergleicht mit dem mittleren, dem III. Abschnitt der Kalendergeschichte S. 189, Z. 27 – S. 190, Z. 8!)

  Welche Handlungselemente der Kalendergeschichte werden hier in Filmhandlung übersetzt?

Arbeitanleitung für Arbeitsgruppe 4
(Veränderungen in der Erzählweise)

Hinweis: Benutzt zur Beantwortung der Arbeitsaufgaben die Darstellungen, die im Lesebuch auf den Seiten 200, 201, 202 gegeben sind.
▷ Die Kalendergeschichte und der Film benutzten zu Beginn das Erzählverfahren der Zeitraffung (Verkürzung der Erzählzeit gegenüber der erzählten Zeit). Es gibt zwei Möglichkeiten der Zeitraffung: die in Richtung der erzählten Zeit fortschreitende Aneinanderreihung einzelner Begebenheiten und die Zusammenfassung von Begebenheiten, die sich über einen längeren Zeitraum hinweg mehrmals, z. B. täglich, wiederholen oder die ständig andauern.
Zeigt, wie zu Beginn der Kalendergeschichte beide Verfahren angewandt werden.
▷ Wo wendet der Filmbeginn das eine, wo das andere Verfahren an? (Schaut euch die 5 Filmbilder auf Seite 201 und darüber hinaus, wenn möglich, den Filmbeginn nochmals an.)
▷ Auch in dem Chanson wird eine Geschichte

Die 25 Abschnitte des Films

Film Nacher-zählung (Seite/ Zeile)	Film Ab-schnitt	Se-quenz	Zeit Min./ Sek)	Handlung
			0.18	Vorspann: Brecht-Zitat („Ein Mann, der Herrn K ...") / Hafenbild Marseille
192/6	I	1	1.46	Fotos/Filmbilder aus Berthes Leben
/16		2	5.17	Der Tod von Mr. Bertini (darin: 0.45 Einschub Filmtitel)
/38		3	6.18	Die Trauerfamilie am Bett des Toten
193/11		4	8.26	Die Familie am Küchentisch
/24		5	9.26	Ernests Gespräch mit Pierre
/30		6	10.42	Vor der Beerdigung
/49		7	12.10	Nach der Beerdigung
194/6	II	8	15.31	Berthe in L'Estague
/28		9	17.22	Berthe im Stadtzentrum von Marseille (1)
/39		10	19.41	Berthes Besuch bei Albert
195/8		11	20.23	Albert im Gespräch mit seiner Frau
/18		12	23.46	Berthe im Stadtzentrum von Marseille (2)
/42	III	13	25.55	Alberts Reaktion im Gespräch mit Pierre
196/7		14	30.35	Berthe und Rosalie bei Alphonse / Pierre als Beobachter
/50		15	31.09	Alberts Brief an Gaston (1)
197/1	IV	16	32.44	Der Altwarenhändler bei Berthe
/9		17	35.58	Verkauf und Autokauf
/27		18	39.48	Autoausfahrt mit Rosalie und Pierre
/53		19	42.51	Gastons Besuch
198/26	V	20	44.02	Berthe allein am Hafen
/34		21	44.59	Abfahrt in die Ferien
/48		22	45.59	Albert – Alphonse
199/8		23	46.46	Alberts Brief an Gaston (2); Berthe zurück
/19		24	48.18	Berthes Tod
/44		25	49.44	Pierre mit den Fotos

erzählt. Welchen Umgang mit der Zeitraffung könnt ihr hier feststellen?

▷ Was leistet insgesamt der Beginn der Kalendergeschichte für den Ablauf der gesamten Handlung, was der Beginn des Films?
Macht der Beginn der Kalendergeschichte oder der des Films das, worum es geht, deutlicher und verständlicher?

▷ Zu S. 202: Der Film zeigt das Geschehen vom Tod des Großvaters an „szenisch“. Welches Verhältnis von Erzählzeit und erzählter Zeit ist für eine Szene im Film charakteristisch (z. B. die Szene der Bilder 4–9 auf S. 202)?

▷ Lest auf S. 192, Zeile 38–193 Z. 10 die Nacherzählung zur S. 3. Sequenz des Films und schaut euch die Bilder 1–3 (Familienmitglieder am Totenbett) auf S. 202 an. Auf welche Weise kombiniert der Film szenisches und zeitraffendes Erzählen?

▷ Nach dem Tod des Großvaters müssen die „Kinder“ das „Problem“ lösen, „was mit ihr (der Großmutter) zu geschehen hätte“. Der Erzähler der Kalendergeschichte berichtet, daß sie Briefe schreiben.
Versucht einen anderen Beginn der Filmhandlung zu entwerfen, der den brieflichen Kontakt der Geschwister „wörtlich“ nimmt und in eine Filmsequenz „übersetzt“.
Welche Probleme ergeben sich für den Filmemacher, wenn er am Anfang eines Films solches Briefeschreiben „ins Bild setzen“ will?
Wie hat René Allio dieses Problem gelöst?

▷ Welche Bedeutung haben die Filmsequenzen 3–7 (siehe Tabelle auf Seite A 46) für die Filmhandlung im ganzen?

Arbeitsanleitung für Arbeitsgruppe 5
(Veränderungen in der Erzählweise)

Hinweis: Benutzt zur Beantwortung der Arbeitsaufgaben die Darstellungen, die im Lesebuch auf den Seiten 203, 204 und 205 gegeben sind.

▷ In der Kalendergeschichte und im Film kommt das Handlungselement „Die Großmutter geht ins Kino“ vor. Was hat der Filmemacher Allio im Film gegenüber der Kalendergeschichte hierbei geändert?
Warum hat er diese Änderungen wohl vorgenommen?

▷ Der Film zeigt in einer kurzen Szene, wie Großmutter Berthe zum Kino geht. Welche Erzählweise wendet der Erzähler der Kalendergeschichte für die Darstellung dieses Vorgangs an? Beachtet das Verhältnis der Erzählzeit zur erzählten Zeit.

▷ Versucht, die Handlung im II. Filmabschnitt (s. Tabelle auf S. A46) als Darstellung einer Entwicklung Berthes in einzelnen Schritten zu beschreiben. Orientiert euch dabei an den sieben Bildreihen auf S. 203 bis S. 205 oben. Schreibt das Ergebnis eurer Untersuchung in Form einer Tabelle auf.

▷ Der Ich-Erzähler der Kalendergeschichte berichtet ausführlich über die Ansichten, die der im Städtchen verbliebene Sohn über seine Mutter und deren Verhalten gebildet hat. Auch der Film beschäftigt sich in seinem II. Abschnitt mit der Perspektive dieses Sohnes. – Worin unterscheidet sich die Art und Weise, wie er das tut, von der des Ich-Erzählers in der Kalendergeschichte?

▷ Zu Seite 205, Abschnitt „Familie und neue Freunde“: Welchen neuen Schritt in der Entwicklung Berthes bringt der hier angedeutete III. Filmabschnitt (vgl. Tab. S. A46)?

▷ Schaut euch den Filmabschnitt III noch einmal an und lest die Nacherzählung des Films auf S. 195/196. Beschreibt den Aufbau dieses Abschnittes: Auf welche Weise werden hier die beiden Handlungsstränge „Berthe/Rosalie/Alphonse“ und „Alberts Probleme mit Berthe“ miteinander verbunden?

▷ Vergleicht den Aufbau des III. Filmabschnitts mit dem des II.

Überblick über die Stoffverteilung in den Bänden 5–10 von LESEZEICHEN A/B

Gattungsformen, Textarten, Schreibweisen / Kapitel in LESEZEICHEN Band	5	6	7	8	9	10
Gedichte	• Flügelflagel-Spiele mit Sprache	• Jahr und Tag – Naturgedichte	• Zusammen leben – Gedichte und Skizzen	• Wir sind ein Teil der Erde – Gedichte, Skizzen, Bilder	• Irgendwann dienstags – Alltagsgedichte • Willkommen und Abschied – Liebesgedichte	• Manche Wörter lockern die Erde – Lyrik aus acht Jahrhunderten • Wo man Bücher verbrennt – Verfolgte Schriftsteller 1933–1945 (Gedankenlyrik, politische Lyrik)
Balladen und Erzählgedichte			• Auf Leben und Tod – Balladen und ihre Geschichten	• Ein Mensch erblickt das Licht der Welt – Humoristische Dichter	• Wer bist du Fürst? – Balladen und Erzählgedichte	
Geschichten, Erzählungen	• Odysseus und Kolumbus – Abenteuergeschichten • Der fliegende Robert – Traumgeschichten • Geschichtenerzähler	• Wer bin ich? – Geschichten und Gedichte • Gestern war heute – Erinnerungsgeschichten	• Unheimliche Begegnungen – Gruselgeschichten • Komische Figuren – Geschichten, Bilder, Szenen	• Abschied von der Kindheit – Autobiographische Geschichten • Reise zum Mond – Zukunftsgeschichten von gestern und heute	• Von 1945 bis heute – Zeitgeschichten • Der Fall X – Kriminalgeschichten	• Lebensläufe – Prosa der Gegenwart
Kurzgeschichten			• Augenblicke der Entscheidung – Kurzgeschichten	• Handeln im Widerstreit – Formen des Tragischen	• Von 1945 bis heute – Zeitgeschichten	
Märchen, Fabeln, Parabolische Geschichten	• Der fliegende Robert – Traumgeschichten • Spaß und Ernst – Überraschungen beim Lesen	• David und Goliath – Beispielgeschichten	• Einzeltexte (siehe Gattungsregister)	• Wir sind ein Teil der Erde – Gedichte, Skizzen, Bilder	• Wer bist du, Fürst? – Balladen und Erzählgedichte	• Orientierungsversuche – Parabeln
Roman	• Bücherwurm und Leseratte – Jugendbücher	• Das Jahr der Wölfe – Erlebte Vergangenheit	• Komische Figuren – Geschichten, Bilder,	• Aber Jakob habe ich geliebt – Jugendroman	• Der junge Schiller – Umrisse einer Biographie	• Jugend im Aufbruch – Literatur um die Jahrhun-